21世纪高等院校"应用创新"课程教材·水利工程

水运工程施工组织及概预算

主　编　王祖志
副主编　林　云
主　审　赵利平

黄河水利出版社

内 容 提 要

本书为适应港口与航道工程现代项目施工组织与管理要求，依据现行法规、规范和定额编写。主要内容有：水运工程施工组织概论，施工组织管理的技术、方法和原理，水运工程施工组织设计的内容与实务，水运工程定额和概预算编制，P3 软件在水运工程施工组织管理中的应用等。本书兼顾教材内容的规范性和实践操作的指导性，与工程实践相结合，辅以案例解析。可作为高等院校港口航道与海岸工程及相关专业本专科学生的教科书，也可作为从业工程技术管理专业人员学习和工作的参考书。

图书在版编目（CIP）数据

水运工程施工组织及概预算/王祖志主编. —郑州：黄河水利出版社，2010.3 重印

21 世纪高等院校“应用创新”课程教材·水利工程

ISBN 978-7-80734-264-9

Ⅰ.水… Ⅱ.王… Ⅲ.①航道工程—施工组织—高等学校—教材②航道工程—概算编制—高等学校—教材③航道工程—预算编制—高等学校—教材 Ⅳ.U615

中国版本图书馆 CIP 数据核字(2007)第 138979 号

策划组稿：马广州　　电话：0371-66023343　E-mail：magz@yahoo.cn

出 版 社：黄河水利出版社

地址：河南省郑州市金水路 11 号　　邮政编码：450003

发行单位：黄河水利出版社

发行部电话：0371-66026940　　传真：0371-66022620

E-mail：hhslcbs@126.com

承印单位：河南承创印务有限公司

开本：787 mm×1 092 mm　1/16

印张：12.75

字数：294 千字　　印数：3 101—5 100

版次：2007 年 9 月第 1 版　　印次：2010 年 3 月第 2 次印刷

书号：ISBN 978-7-80734-264-9/U·26　　定价：25.00 元

前　言

为适应我国水运事业的快速发展，培养从业于水运工程建设技术、管理、经济方面的应用型合格人才，适应港口航道及海岸工程的专业教学需要，编者组织编写了本教材。

本教材内容分水运工程施工组织和水运工程概预算两部分。水运工程施工组织的内容适应现代项目施工组织与管理模式要求，其原理体系、结构体系清晰，内容的实践和操作指导性较好；水运工程概预算的内容依照水运行业最新的概预算编制规定和沿海港口、内河航运、疏浚工程系列定额编写，辅之以工程概预算案例，实现了教材内容的规范性和操作指导性兼顾。本教材是为港口航道及海岸工程专业的教学编写，也可作为相关工程建设从业人员的参考书。

本教材由长沙理工大学水利学院王祖志副教授主编、中交第四航务工程勘察设计院林云高级工程师副主编，由长沙理工大学水利学院赵利平教授主审。

教材的编写分工是：第一章、第二章由王祖志编写；第三章由游涛博士编写；第四章由林云编写；第五章由陈红萍编写；第六章由陈红萍、王祖志合编；第七章由盛松涛编写。

承蒙赵利平教授对全书进行了详细认真的审阅，提出了许多建设性意见，对保证本书的质量起到了十分重要的作用。

本教材在编写过程中得到了中交第二航务工程设计院罗年生高工、中交第四航务工程设计院何文钦高工的支持与帮助，也得到了长沙理工大学教务处的大力支持；教材编写中参阅了参考文献的部分内容；在此一并致以诚挚的谢意。

由于编者水平所限，教材中的缺点和错误在所难免，希望使用和参考本教材的广大师生及工程建设从业人员批评指正。

编　者

2007 年 6 月

目　录

第一章 绪 论

第一节 概 述

水运工程项目建设是发展水运事业的基础,是实现国民经济持续协调发展、不断提高综合国力和人民群众物质文化生活水平的需要。工程施工是水运工程项目建设程序中非重复的物化过程,施工组织是对工程施工的过程、环节和内容所做的计划和安排,它以施工技术为基础,主要研究工程建筑产品生产过程中各生产要素之间合理的组织问题。施工组织是根据项目建设内容与特点,遵守施工生产规律和施工技术规范与规程,研究施工资源的合理使用,确保工程建筑产品优质、快速、经济建成的方案计划的学科。施工组织是一门理论与实践高度结合的专业课程。

水运工程建筑物及构筑物型式多种多样,建设条件千差万别,特别是在海洋和河流施工时,风浪、水流影响因素复杂,涨落潮或洪枯水对大型船机的施工条件、施工时间及施工费用影响大,因此合理的施工组织对水运工程施工建设的重要性是不言而喻的。

工程建设领域实行的项目法人(责任)制、招标承包制、工程监理制、合同管理制、项目经理负责制和从业资格准入制等一系列管理制度,强化了项目建设过程中的主体意识和责任意识。作为未来水运工程建设技术和管理岗位的从业人员,要熟悉工程项目建设的特点、规律和工作程序,掌握施工生产要素及其优化配置与动态控制的原理和方法,根据水运工程建设特点和条件组织安排施工计划,提高施工水平和保证施工质量及安全施工,缩短和优化施工工期,合理使用和减少施工资源消耗,提高工程建设的经济、社会和环境效益,实现建设目标。

本教材以施工组织原理为重点,结合水运工程实践,介绍水运工程项目施工组织设计中的具体内容,主要包括:

(1)工程项目建设施工条件分析,含法规、合同、现场条件分析;

(2)施工技术选择,含施工工艺、方法及技术资源确定;

(3)项目施工的时间组织,含工序流程及工作的时间计划;

(4)项目施工的空间组织,含施工作业面、区段、平面等的计划;

(5)施工资源组织,含工、料、机、费的需求、分配及使用计划;

(6)施工管理组织,含管理任务、目标与机构组织等。

施工组织设计是施工组织原理在特定项目背景下的应用成果,是理论与实践高度结合的重要课程,但长期以来一直未引起大家的高度重视。教学中要理论联系实际,克服重理论轻实践的思想,教师应根据本课程的特点,讲清原理,重视应用实践,利用多媒体、参观现场等方式和直观形象的案例教学,增强学生的感性认识和工程意识。

第二节　水运工程项目建设

一、水运工程基本建设

我们把基本建设定义为固定资产的建筑、添置和安装，它是国民经济各部门为了扩大再生产而进行的增加固定资产的建设工作。水运工程作为国民经济的交通基础产业，一般通过新建、扩建、改建、重建 4 种基本建设形式来实现水运工程固定资产的扩大再生产，以达到不断提高水路运输能力，增强港口物流功能，更好地满足国民经济生产和流通发展的需要。

二、水运工程基本建设内容

水运工程基本建设内容是指与水上运输业相关的固定资产的建筑、购置、安装等活动，以及与其相关的如项目建设的决策研究、勘察设计、征用土地、项目管理等工作，具体包括：

(1)建筑工程：航道、港口水工、陆域堆场、仓库土建、疏港道路、港口铁路等；

(2)安装工程：港机设备、检测设施、通信导航设施等的安装及试运行等；

(3)设备、工具、器具的购置：工程设备、生产工器具、办公设备及家具等；

(4)其他建设工作：项目建设的评价决策、勘察、设计、征地、拆迁、项目管理、竣工验收等。

三、水运工程基本建设程序

建设程序是指一个建设项目从酝酿提出项目概念开始到该项目建成投入生产或使用的全过程，各阶段建设工作的先后顺序和相互关系，即工程项目基本建设内容在整个建设过程中各项工作的先后顺序。它是人们在长期工程建设实践中的经验总结，是工程建设活动中自然规律和社会经济规律的客观反映。

水运工程基本建设项目涉及面广，受地质、气候、水文等自然条件和资源供应、技术水平等物质条件的严格制约，需要建设项目关联各方及建设工作各个环节的密切配合，并按照符合既定需要和有科学根据的总体设计进行建设。水运工程建设的工作环节、流程及工作内容与要求已形成规范化的模式，并形成制度。其主要环节与内容如下所述。

(一)项目建议书

根据国民经济的长远规划和水运行业布局(如区域性、地区性、重要、主要、一般港口布局)建设规划，提出项目建议书。项目建议书是进行各项准备工作的依据，是对建设项目提出包括目标、要求、原料、资金来源等的文字设想说明，作为可行性研究的依据。

项目建议书是要求建设某一特定项目的建议文件。项目建议书经批准后，并不表明该项目立项形成，仅表明该项目可以进行详细的可行性研究工作，它不是项目的最终决策。项目建议书的内容，视项目的不同情况而有繁有简。项目建议书按要求编制完成后，依照项目建设的总规模和限额划分的审批权限，报批项目建议书。

(二)可行性研究

可行性研究是对拟建项目在技术上是否可行和经济上是否合理进行科学的分析和论证,在项目建议书批准后进行。我国从20世纪80年代初将可行性研究正式纳入基本建设程序和前期工作计划,规定新建、扩建的大中型项目、利用外资项目、引进技术和设备进口项目都要进行可行性研究。

水运工程可行性研究主要依据综合运输网的现状及水运建设项目在运输网中的地位、作用,论述项目所在地域的经济特征,研究项目与经济发展的关系,预测交通量、运输量的发展水平,建设项目所在地的地理位置、地形、地质、地震、气候、海况、水文等自然特征;论证不同建设方案,建设规模、标准,提出推荐意见;评价建设项目对环境的影响,测算主要工程量,征地、拆迁量的估算投资额,提出资金筹措方式,提出勘测、设计、施工安排意见,确定运营成本及有关经济参数,进行经济评价。

可行性研究要编制可行性研究报告。可行性研究报告是确定建设项目、编制设计文件的重要依据。

可行性研究报告必须按照国家分级和归口管理权限进行评估和审批;可行性研究报告经批准后,不得随意修改和变更。建设项目可行性研究报告经批准后,项目可组建筹建机构及项目法人(也称业主)。经过批准的可行性研究报告是下达设计任务书的依据。

(三)项目勘察设计

勘察设计是工程建设的灵魂,是科学技术转化为生产力的纽带。在建设项目立项后,勘察设计就成为工程建设的关键。设计文件是安排建设项目、投资控制、编制招标文件、组织施工和竣工验收的重要依据。

水运工程建设项目的设计一般采用两阶段设计模式,即初步设计和施工图设计。对于技术上比较复杂而又缺乏设计经验的项目,采用三阶段设计,即针对初步设计审查意见增加技术设计阶段。

1.初步设计

根据批准的可行性研究的要求和初步勘测资料,拟定修建原则,选定设计方案,计算工程量,提出施工方案的意见,编制设计概算,提供文字说明及图表资料。

初步设计不得随意改变可行性研究报告所批准的建设规模、工程标准、建设地址和投资估算等控制指标,初步设计批准后,是项目法人控制投资和编制建设计划文件的依据,是施工图设计的依据,为订购材料、机具、设备、安排重大实验项目、征用土地等提供资料。

2.技术设计

根据初步设计和更详细的调查研究资料编制,进一步对初步设计中的重大、复杂技术问题通过科学实验、专题研究及分析比较,解决初步设计中未能解决的问题,寻求更好的技术方案和技术指标。

3.施工图设计

对初步设计中审定的修建原则、设计方案、技术决定等加以具体和深化,最终确定工程量,提出文字说明和适应施工需要的图表资料以及施工组织计划,编制施工图预算。施工图设计完成后应由业主主持审查,经审查的施工图是编制招标文件、造价文件、施工合同、施工组织设计、组织施工和进行施工管理的依据。

实践中对于方案明确、技术简单的小型建设项目,也可采用一阶段设计。

(四)项目施工准备

建设项目的初步设计和概算经上级主管部门批准后,可列入国家基本建设计划。项目法人可依国家基本建设计划进行施工准备。一般项目的业主单位可直接进行项目施工准备。

施工准备的主要工作内容包括:编制项目建设管理实施规划;业主方施工条件的准备;施工合同、监理合同的招标发包;办理各种项目建设行政手续;申请办理质量监督、开工报告或施工许可证等。

(五)建设施工

施工承包人依照施工合同和施工组织设计的要求,按照项目施工程序、设计文件和施工规范,精心施工;加强各部门的合作和管理,落实施工单位内部承包的经济责任制,做好经济核算和管理,严格执行各项技术、质量、安全检验制度,做好施工组织与管理工作。监理单位将根据业主委托对项目建设目标及项目合同的施工过程及内容进行监督和管理。

(六)竣工验收交付使用

竣工验收包括对工程质量、数量、期限、生产能力、建设规模、使用条件的审查,对建设单位,勘察设计、监理和施工单位的工作及工作成果的审查,特别是施工单位编报的固定资产移交清单、隐蔽工程说明和交工结算及竣工文档资料等进行细致检查。项目业主编制的竣工决算,是反映项目整个建设工作所消耗的全部建设资金的综合性文件,也可通过货币指标对全部建设工作进行全面总结。关于竣工验收的范围、依据、条件、程序和组织等具体规定和要求可分别参照《交通部水运建设项目(工程)竣工验收办法》和《港口工程竣工验收办法》的相关规定执行。

当全部建设工程经竣工验收合格,应立即移交给生产经营单位正式使用,迅速办理固定资产交付使用的转账手续,加强固定资产的管理。

(七)后评价阶段

项目建设后评价是对已完成项目的目标、执行过程、效益、作用和影响所进行的系统客观分析,目的在于分析和评价项目建设是否实现了项目规划的目标和要求,总结项目建设与管理的经验教训,提高项目管理水平及后续项目决策的科学化水平。

第三节　水运工程项目建设施工

一、水运工程项目建设施工程序

依据现行的建设管理制度要求,施工承包的合同工程项目施工及管理流程如图1-1所示。

二、水运工程项目建设施工特点

(一)施工生产的流动性

水工建筑产品虽固定,施工资源却在不断地流动和消耗;现场施工中同一地点结构物

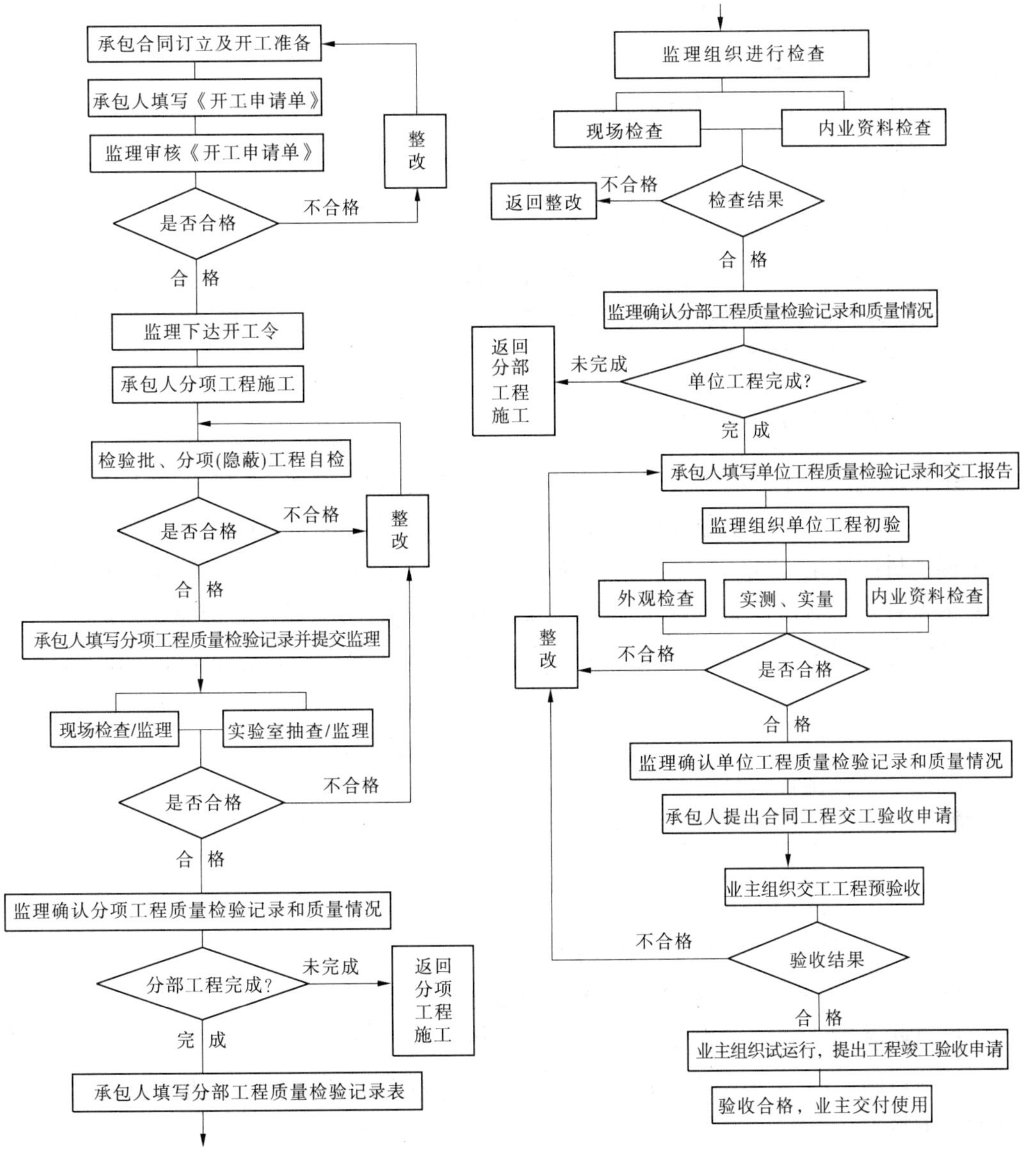

图 1-1　合同工程项目施工及管理程序流程图

在不同时间的施工工序衔接,同一时间在不同作业面平行施工的资源组织是施工组织必须解决的空间布置和时间安排上的计划问题。

(二)产品单件性

水运工程结构物的环境适应性与建设要求和建设条件的差异性决定了施工方法的独特与针对性,每个工程项目的施工方案与工艺都需要施工组织设计作出详细的论证和计划。

(三)施工协作性

水运工程建筑产品施工环节多,工序复杂,大型施工船机多,施工中要求各部门协同配合程度高；同时施工中参与当事人多，如设计、监理、业主等，需要密切的沟通和配合，因此严密的施工计划与组织沟通方式及程序是非常重要的。

（四）施工周期长

水运工程施工，因施工条件特殊、工艺复杂、资源供应和有效施工时间的约束等因素影响以及施工过程的自然规律约束，致使施工周期长，由此带来影响施工计划的可变因素多，因此在编制施工组织设计时，应适当留有余地。

（五）自然条件影响大

水运工程在施工中受风浪、水流、风、雨、雾、冻、地质、水位、潮汐、水深等各种自然条件的影响大，在施工组织设计中要充分考虑其影响范围、时段及程度，并采取有针对性的措施和计划安排来克服或适应。

三、工程项目建设施工生产要素

工程建筑产品生产的过程，就是生产资源和要素的投入、消耗、转移和占用过程。施工组织设计实际上是对工程项目建设中的施工生产要素的配置、优化和动态管理，以期实现工程项目的质量、进度、费用和安全等建设目标的计划安排。建设工程项目的施工生产要素一般有人工、材料、船机设备、施工方法、时间、资金以及相关的信息、环境要素投入等。施工资源要素与工程项目建设目标的关系如图 1-2 所示。

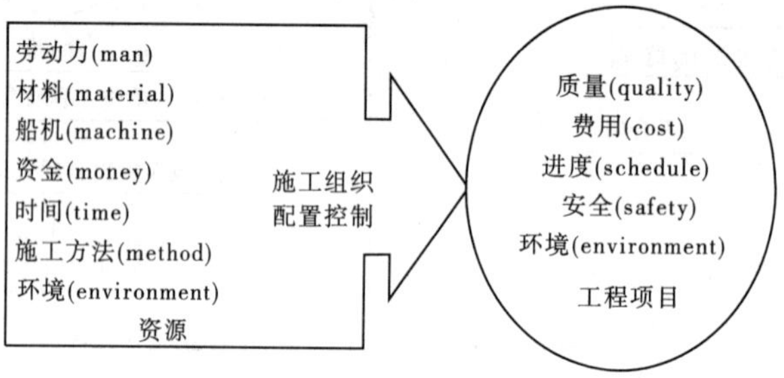

图 1-2　资源—施工组织—工程项目关系

（一）劳动力

在项目施工中，需要根据进度计划安排劳动力投入现场施工。劳动力资源在使用中具有以下特点。

1. 市场性

劳动力的供给主要来源于市场，建筑市场以农村转移劳动力居多，从业素质偏低，人员数量及工作时间不稳定。

2. 数量波动

工程项目施工进程中各阶段施工作业量不同、机械化程度差异等因素必然使施工过程中劳动力的使用时间及强度呈现不连续和波动状态。

3. 工种多样、量大

工程项目施工是由许多专业工种的劳动力共同完成的，如木工、电工、钢筋工、混凝土工、抛石工等，劳动力专业素质直接影响施工质量。

4.作业效率不稳定

劳动力资源在作业时的生产效率受计划、环境、组织安排、劳动强度等影响较大。

因此，在施工组织时，一方面要强化上岗资格管理，另一方面要贯彻以人为本的思想，配套相应的安全生产设施和吃、住、行、娱的生活设施。

（二）建筑材料

工程项目施工中所消耗的材料品种规格多、数量大，有些材料还需现场辅助生产加工，材料的市场供应受项目经济环境影响，材料的质量将直接构成或影响工程项目质量，材料的采购、运输、仓储保管、加工、使用环节多对施工成本、进度等影响较大。

因此，在施工组织时，不仅要根据工程的施工内容和进度计划编制各类材料、半成品、构配件的使用计划、需要量计划来满足施工要求，而且需要从施工管理的角度对材料、构配件的采购、加工、供应、运输、验收、保管和使用等各个环节进行周密的考虑和合理组织；同时还需要考虑配合进度计划，使材料的使用计划保持均衡稳定，减少库存与浪费，保证采购、库存、加工、使用的合理衔接。

（三）施工船机

随着生产技术的发展，施工机械设备的种类、规格、型号越来越多，水运工程项目施工的机械化程度越来越高，施工船机的大型化、专业化趋势显著，施工中能选择和使用的船机设备资源丰富，但在使用这类资源时也有其特点。

1.船机设备选择

合理选择施工船机是施工组织设计中一项重要工作内容，首先应适应项目施工计划的工艺和方法、符合现场的条件、施工进度及效率的要求，在技术性能上应先进、适用、安全、可靠，经济上应合理以及保养维修方便。

2.船机设备配套

水运工程施工现场的大型船机设备较多，船机台班费较高，如何从船机综合使用效率来全面考虑各种船机，形成最有效的配套生产能力，通常应结合具体工程实际的现场作业条件，根据船机性能、施工经验和有关定量、定性分析方法作出优化配置的方案组合。如土方工程施工的开挖、运输、填筑的施工机械配套。船机设备配套对施工进度和施工成本的影响较大。

因此，在施工组织设计中，首先要选择合适的施工船机从技术性能上满足现场施工需要，其次要从机械化配套施工的流程和综合施工效率方面进行船机配套优化，同时也要考虑设备选择应兼顾通用、维修保养方便、动力保障等相关问题，尽量提高船机设备的利用率，降低施工成本。

（四）施工方法

工程项目的建设施工内容多种多样，施工技术方法也呈现多样性。如桩基工程可以选择的施工方法有捶击沉桩、射水沉桩、振动沉桩、静压沉桩、挖孔灌注桩、钻孔灌注桩等。施工方法以工程施工技术为基础，在项目施工中对施工质量影响重大，是施工组织设计中一项重要的基础工作。

因此，在进行施工组织设计时，应根据具体施工内容和现场施工条件、环境，通过方案比选，选择适用、有针对性的施工方法，即在技术上是成熟可靠的，对施工质量是有保障的，在经济上是合理的施工方法。

（五）资金

工程项目建设的过程，表现为施工资源以物化形式投入的过程，实际上也是货币形式资金的投入与回收过程。工程项目建设需要的资金量大，随着施工进度计划进程，资金量呈现不均衡状态，同时施工承包人在投入资金后一定周期内可通过进度支付获取补偿。

因此，在施工组织设计中，应编制与进度计划相应的现金流量计划、现金回收计划、流动资金的融资、贷款等相关计划，通过对资金使用过程及方案的设计，做到施工资金使用合理，降低成本。

（六）时间

工程项目施工一方面是施工物态资源和施工过程在施工时间上的积累，另一方面施工时间受现场环境、经济环境、法规合同环境影响。在项目施工期，有效的施工时间是最容易忽视的资源，合理地利用时间将对施工进程和施工成本以及建设目标产生直接的影响。

因此，在施工组织设计中，应准确地分析可真正用于施工生产的时间要素，以此安排施工进程计划和其他资源、生产计划。

（七）环境

工程项目施工环境包括自然环境、社会环境、经济环境、生态环境等。项目施工环境一方面可能为施工活动提供有利的条件，如水、电、物资供应有保障；另一方面也可能为施工活动展开施加约束。项目施工会通过水、电、气、声、尘、光、振等对环境产生不利影响，项目环境也会对施工计划产生约束，如施工期环境出现不可抗力、环境生态要求、环境施工时间限制等。环境资源的利用或约束，不仅影响施工成本、进度、质量，而且环境本身也是建设目标之一。

因此，在施工组织设计中，应对施工现场的环境因素进行调查分析，编制合理利用或保护环境资源的方案，满足环境对施工的约束要求。

第四节　施工组织设计研究对象及任务

一、施工组织设计研究对象

施工组织设计以工程项目施工的内容、环节及过程为对象，通过对施工生产要素的计划与投入安排指导项目施工活动，展开和控制施工过程，实现工程项目建设目标。研究工程施工过程中施工生产要素之间科学合理的计划安排，即从人力、资金、材料、机械、时间、施工方法等多个要素进行科学合理的安排，使之在一定的时间和空间内得以实现有组织、有计划、协调均衡地施工，使整个工程施工达到进度快、工期短、质量高、功能好、经济合理、成本低、环境和谐可持续的建设目标。

二、施工组织设计的研究阶段

施工组织设计的研究阶段，是根据工程建设程序来决定的。在建设项目的设计阶段也存在施工组织设计,如初步设计文件中的施工方案,施工图设计文件中的施工组织计划,其内容只是主要针对设计方案提出总体施工技术方案和实施要求,对施工生产要素的计划安排不是其重点。本书不涉及设计阶段的施工组织内容,主要以工程项目建设施工阶段的施工组织设计为研究对象。

(一)投标阶段施工组织设计

施工图设计完成后,在施工项目招标发包阶段,施工投标人根据招标文件的要求和所提供的工程背景资料,结合本企业的工程技术与工程管理情况,考虑投标竞争因素,对工程施工的组织与管理,提出战略性的总体构想,其中重点是技术方案、资源配置、施工程序以及质量安全保证和工期进度目标的控制措施等,它构成投标文件的技术标,而且以其技术方案的优势和特色,形成其成本优势,并有力地支撑商务标的竞争力。

(二)指导施工的施工组织设计

施工项目承包人在工程开工前,根据投标时的施工组织设计和施工合同要求,由项目经理根据企业所确定的项目施工指导方针和项目管理目标要求,在企业技术、质量、预算部门的配合支持下,组织项目部有关人员,依据施工合同的内容,在充分理解工程特点、合同条件、现场条件和法规条件的基础上,编制详细的施工组织设计文件,并按照规定的报审程序和权限进行审查批准,形成指导现场施工的组织与计划管理文件,予以贯彻落实。这是本书分析和介绍的主要阶段及内容。

(三)投标阶段与施工阶段的施工组织设计区别

投标阶段和施工阶段的施工组织设计编制的指导思想和目的等区别如表 1-1 所示。

表 1-1 投标阶段和施工阶段的施工组织设计的区别

文件编制阶段	投标阶段施工组织设计	施工阶段施工组织设计
指导思想	任务承揽、力争中标	完成施工、获取效益
编制内容	可行、竞争、战略性	适用、经济、操作性
编制主体	以企业为主	以项目部为主

三、施工组织设计研究的任务

施工组织设计研究的任务是科学合理地编制建设项目的施工组织与管理计划。水运工程项目的类型、结构形式多,施工方案也多种多样,施工组织设计应该依据水运工程施工项目的具体任务特点、工期要求、技术水平及质量标准、施工资源的市场供给与获取,现场地质、水文、气象等自然条件及技术经济条件进行综合分析和多方案比选,从中选择最理想的方案计划。一般工程项目的施工组织设计具体任务包括:

(1)确定开工前的各项准备工作;

(2)分析工程施工特点(结构、工程量、环境等),确定施工方案;

(3)确定施工顺序及流程,编制施工进度计划;

(4)计算资源需要量,确定资源供求关系及供应计划;

(5)确定施工平面布置;

(6)确定施工管理组织机构；

(7)制定配套的工程质量、安全生产及文明施工的技术措施；

(8)优化施工技术方案及施工计划安排；

(9)形成施工组织文件。

第五节 施工管理组织机构

组织机构是生产力最具活力的第四要素，合理的组织机构可以提高其他生产要素的使用效益，特别是现代工程项目施工中多资源的复杂配合，没有合适的组织机构进行管理协调是不可想象的。

承包人为保证工程项目的顺利进行，要组建以项目经理为责任主体的施工管理组织机构即施工项目经理部，负责施工项目的施工组织规划、实施过程的管理和控制等工作，大型工程项目甚至还成立以公司领导负责的项目领导小组，负责工程项目施工过程中的协调工作和重大问题的决策处理工作。

一、施工管理组织机构的作用

施工管理组织机构是组织有效开展项目施工的保证，在施工生产过程中，通过组织形成特定的施工职能部门和指挥项目施工运行的管理系统，形成施工过程中的信息沟通流程和工作责任体系，能确保施工组织计划的合理编制，有效贯彻执行和根据条件变化做出及时调整，从而完成施工建设任务。

二、施工管理组织机构的设置原则

施工管理组织机构在设置时一般应遵守以下原则。

(一)高效精干原则

在保证履行必要工作职能的前提下，尽量简化机构、减少层次，提高工作效率和组织管理效率。

(二)目的性原则

组织机构的部门应根据项目工作需要而设，因工作任务的多少与难易定岗、定职责权限；形成组织功能，完成施工组织的管理工作和任务；项目经理部的人员配置应面向施工现场，满足现场计划与调度、技术与质量、成本与核算、劳务与物资、安全与文明施工的管理需要。

(三)管理跨度与层次相结合的原则

根据施工项目规模，确定合理的管理跨度和管理层次以适应项目有效管理要求，降低项目管理成本。

(四)业务系统化管理原则

项目部尽管是一次性的临时机构，对企业的业务系统和施工项目业务系统，必须有效地、和谐地兼顾起来。

(五)弹性与流动性原则

项目施工的单件性、阶段性和流动性,要求组织机构的工作和部门能随时进行调整和适应现场施工任务的变化。

(六)项目组织与企业组织一体化的原则

施工管理组织机构是施工企业组织的有机组成部分,是企业组织在施工项目中的延伸,因此不能超脱企业管理要求组建项目施工管理组织机构。

三、施工项目经理部的组织结构层次

任何组织的结构都是依据目标来设计的。施工项目部的组织结构一般分为3个层次:上层为项目现场施工及管理的决策层,通常由项目经理、项目副经理和项目总工程师组成;中层为施工现场组织施工开展和进行专业职能管理的管理层(执行层),通常由工程技术部、物资设备供应部、合约部、监控管理部、经营核算财务部、安全保卫部、综合部等组成;下层为负责施工作业的操作层,通常由测量、试验、材料、水电安装、木工、船舶、起重等班组形成。施工项目部的结构模式见图1-3所示。

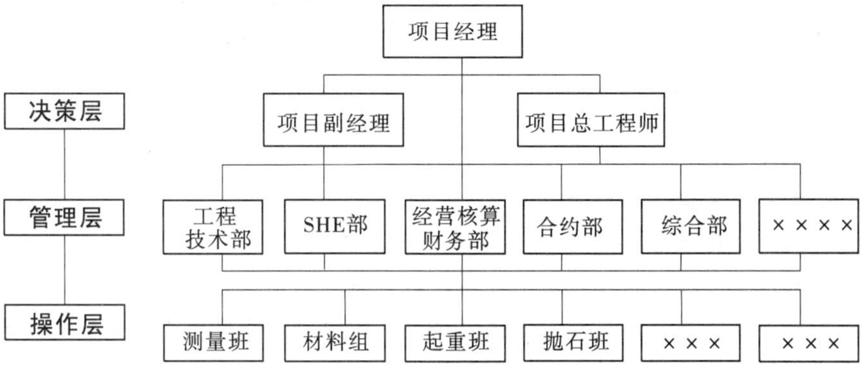

图1-3　某水运工程项目的施工项目部组织结构模式

四、施工项目经理部的组建

施工项目经理部是施工企业派出的一次性项目经营管理机构,也是施工项目经理的工作团队,承担履行项目施工的组织与管理工作及实现项目建设各方规定的施工责任目标的机构。

组建施工项目经理部时应考虑好以下几方面的问题。

(一)组建时间

工程项目施工合同通过招投标方式签订,在招标文件中一般有项目经理部的主要人员资格要求,同时投标文件中也要对项目经理部的组织结构及主要人员进行要约;另一方面在施工项目合同签订后的施工准备阶段,项目经理部的主要人员还需要熟悉施工图纸及施工合同文件、项目现场条件等。为了使投标方案及投标策略能在后续的施工组织计划编制及施工活动的开展中得到继承和发展,所以最好在投标阶段组建项目经理部,并由项目经理部的主要成员参与施工企业的投标工作。

(二)组建方式

施工项目经理部的组建,应根据工程规模和特点选择合适的组织模式和组建方式。通常以工程规模和特点为主选择组织模式,由企业的管理模式确定组建方式。

一般情况下,大中型项目施工宜采用直线职能组织模式;群体性项目施工宜采用矩阵组织模式;小型项目施工宜采用直线式组织模式。

(三)建设项目部配套管理制度

组织设计的基本要素,包括组织结构、组织制度和运行机制3个方面。组织结构根据任务目标及分解工作的需要来确定;组织制度是规范组织行为的保证;运行机制是组织活力的表现。所以,在组建项目经理部时,一定要做好相应的配套管理规章制度建设。如项目经理责任制、施工技术与质量管理制度,施工图纸与技术档案管理制度,施工计划、统计与进度报告制度,施工成本核算制度,施工材料物资与机械设备管理制度,文明施工与安全生产管理制度,施工项目管理例会与组织协调制度等。

施工项目部的运行机制,应根据现代施工企业管理理论和现代项目管理要求,树立以项目经理部为项目施工控制的主导和主体,通过企业的人力资源管理和人事分配制度的配套改革,促进优秀的施工技术和施工管理人才,能面向施工项目、服务项目施工的导向机制和激励机制。

思　考　题

1. 水运工程基本建设的内容有哪些?
2. 简述水运工程项目建设的基本程序。
3. 简述水运工程项目的建筑施工程序和施工组织特点。
4. 施工生产要素有哪些? 在施工组织中应如何组织才能发挥要素的最大效用?
5. 施工组织设计的研究对象和任务是什么?
6. 投标阶段与施工阶段的施工组织设计有哪些方面的区别?
7. 施工组织设计中为什么要完成项目管理组织机构设计?
8. 举例说明施工项目部的层次组织结构。

第二章　施工组织原理

工程项目施工由一系列的施工活动与过程组成。由于施工过程中受施工对象的单件性、施工作业活动及工序的多样性、现场施工作业面的交叉衔接和专业工种协同配合要求、施工周期长、自然环境条件、施工资源供应与消耗不均衡等因素影响，在实践中需要遵守施工的客观规律，通过对施工过程、任务的科学合理组织，使施工资源的使用、施工活动与过程的开展处于合理有序、安全经济的可控制状态，实现项目建设的预期目标。本章主要介绍施工组织对象的系统化结构组成单元，施工过程组织的基本要求，施工过程的组织方式、原理等，以及应用这些原理来考察、分析、研究和解决项目施工组织中的基本问题。

第一节　施工组织对象的单元与系统

工程项目施工组织，必须研究施工过程的组成，以适应施工组织计划编制、实施组织和管理控制工作的要求。

一、施工组织对象——施工过程

生产建筑产品的过程称施工过程，它是由一系列相关的施工活动组成的。

(1)按劳动的性质及对产品所起的作用不同可将施工过程划分为：

①施工准备，指生产前所进行的全部生产技术准备、资源准备工作，如熟悉图纸、材料采购、施工现场准备等。

②基本施工，指直接为完成产品而进行的生产活动，如挖泥、抛石、浇筑混凝土等。

③辅助施工，指为保证基本施工过程的正常进行所必需的各种辅助生产活动，如动力的生产、船机设备维修、材料加工等。

④施工服务，指为基本施工和辅助施工服务的各种服务过程，如材料运输、后勤支持保障等。

(2)按劳动成果所形成的施工活动或产品单元的不同，施工过程可划分为：

①动作，人工在劳动时一次完成的最基本活动，如拿钢筋，起重机起吊、旋转等。

②操作，若干个相互关联的动作组成操作，如钢筋下料，钢筋焊接等。

③工序，指劳动组织上不可分，施工技术相同的施工过程。它由若干个操作组成。从施工工艺流程看，工序在劳动组织、工作地点、施工工具、施工方法及施工材料等方面均不发生变化。施工组织最基本的单元往往以工序为对象，如方桩装船、运输桩、沉桩、夹桩、桩头处理等。

④操作过程，由几个在技术上相互关联的工序组成，可以相对独立完成某一分项工程施工。操作过程是项目施工组织设计的最主要单元，如基础开挖、桩基工程、混凝土工程、抛石基床施工等。

⑤综合过程，是若干个在产品结构上密切联系，能最终获得一种建筑产品的施工过程的总和，如码头工程施工、船闸工程施工等。

二、项目施工组织对象系统——项目结构组成WBS(Work Break Structure)

(1)一般水运工程施工的内容与过程较多，如港口工程项目建设施工内容可能有：

①土石方工程，包括陆上开挖、陆上铺填、水下挖泥、水下抛填、水下炸礁、砌筑工程等。

②基础工程，包括基础打入桩、基础灌注桩、地下连续墙、软土地基加固等。

③混凝土与钢筋混凝土预制安装工程，包括桩梁板构件预制、构件安装、重力式构件预制安装、钢筋加工等。

④现浇混凝土与钢筋混凝土工程，包括陆上现浇、水上现浇、水下浇注混凝土等。

⑤钢结构制作与安装工程，包括金属栈桥制作安装、钢闸门的制作安装、钢管桩导梁制作安装等。

⑥其他工程，如系船柱、橡胶护舷的安装，扶梯、栏杆、车挡的制作安装等。

这些施工内容及过程，可以参照国家发改委关于建设项目定义及交通部《水运工程质量检验标准》(JTS257—2008)等进行系统的结构化分解。

(2)项目组成结构WBS的单元。

①建设项目，按一个总体项目进行规划和设计，建成后具有完整的系统，可以独立形成生产能力或使用价值的建设工程，符合项目投资的投入产出经济模型，建设期间有独立的业主组织、经济上独立核算；是项目决策、立项申报的对象和单元。如××航电枢纽建设项目、××港口(码头)工程建设项目。

建设项目可以从不同角度进行划分：按建设规模大小分为大型、中型和小型建设项目；按建设项目性质分为新建、扩建、改建、恢复和迁建项目；按投资主体不同分为政府投资、企业投资、外资、合资建设项目；按建设项目用途分为交通、能源、水利、工业等生产性建设项目和住宅、文教卫生、公用事业等非生产性建设项目。

建设项目在施工组织与管理中，需要按照其单元组成或功能进一步分解。内河航运建设项目的结构分解可参见第六章附录1。

②工程项目，也称单项工程，是建设项目的组成部分。工程项目一般具有独立设计文件、竣工后能独立发挥生产能力或效益的工程单元。一个建设项目可以由一个工程项目或多个工程项目组成，如××航电枢纽建设项目中的通航建筑物、电站、挡水坝、输变电系统等，××港口工程建设项目中的航道工程、码头工程、陆域形成工程等。工程项目通常是施工承包合同和施工组织总设计的项目对象单元。

③单位工程，是工程项目的组成部分，一般指具有单独设计，有独立施工条件的工程单元，完工后不能独立发挥生产能力或效益的工程单元，如船闸工程、引航道、码头水工泊位等。

④分部工程，是单位工程的组成部分，按单位工程的结构部位划分，如重力式码头的基础工程、墙身结构、上部结构、辅助设施等。

⑤分项工程，是分部工程的组成部分。一般按结构施工的主要工序来划分；也有按施

工结构、施工材料、施工方法相同的对象而划分的分项工程；它是施工组织的基本对象和单元，是施工质量、进度、费用的直接载体，是编制概预算的基本单元，是质量检验评定的基础单元，如基槽挖泥、基床抛石、基床夯实、基床整平等。

(3)某港口工程建设项目的项目组成结构(WBS)划分，如图2-1所示。

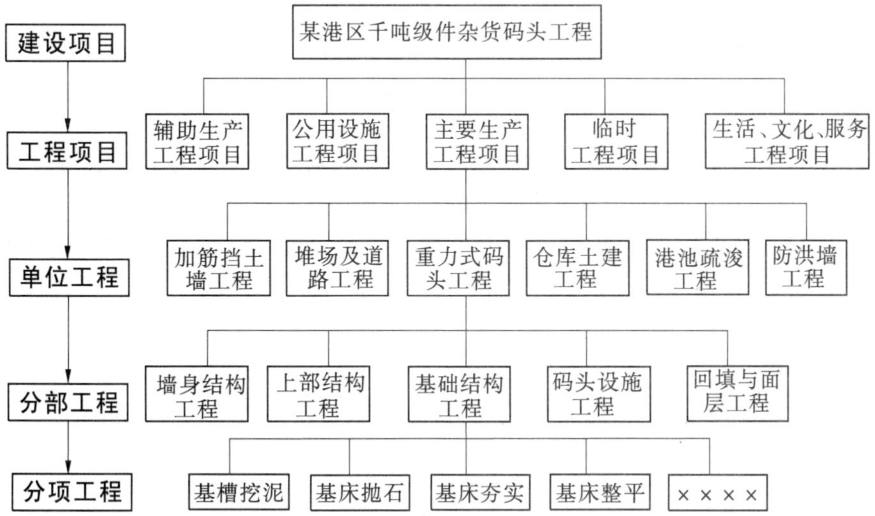

图2-1　某港口工程建设项目的项目组成结构(WBS)划分

第二节　施工过程组织基本要求

在水运工程项目施工中，施工过程多，影响施工过程组织的因素复杂，编制项目施工过程组织的难度较大、变化较多，为科学合理地进行组织，需要满足施工过程组织的基本要求。

一、施工过程组织的连续性要求

施工过程组织的连续性是指建筑产品在施工过程中的各阶段、各工序环节在时间上是紧密衔接的。不发生各种不合理的施工中断，现场表现为施工对象始终处于被加工状态。施工组织中保持施工过程的连续性，可以提高资源利用率，减少产品数量，节省流动资金，提高施工经济效益。

二、施工过程组织的协调性要求

施工过程组织的协调性是指建筑产品生产各阶段、各工序环节之间，在施工资源形成的施工能力上保持合适的比例关系。施工组织中保持施工过程的协调性，可使施工中的生产资源使用价值得到充分发挥，避免建筑产品在前后施工环节上的停顿或等待，避免不同种资源在配套施工时的浪费。为此，在施工组织设计中，对施工过程、环节的施工资源数量、生产效率、作业空间等多方面都要互相协调。

三、施工过程组织的均衡性要求

施工过程组织的均衡性是指项目施工中各个施工作业环节应按照施工组织计划的要求展开，使施工作业量、工作资源负荷、施工资源的使用数量等保持相对稳定，不发生时松时紧、前松后紧的现象。贯彻均衡性施工能充分利用现场施工资源，避免赶工或窝工时的资源变化，有利于保证施工质量、降低施工成本，有利于施工资源的计划调配和现场管理。

四、施工过程组织的经济性要求

施工活动是一种商业行为，施工过程的组织与实施除了要满足项目建设相关当事人的利益要求外，始终应考虑施工企业或业主的经济效益要求。

在工程项目的施工过程组织中，上述基本要求很可能难以全面得到满足，通常需要从现场、企业、资源、经济等多角度进行分析和协调，寻求一种更大程度满足施工过程组织基本要求的经济合理的施工组织方案。

第三节　施工作业展开方式

当存在多个施工作业面和多个施工过程的工程项目，在施工过程组织时，项目现场不同作业面的同一级不同施工过程或同一施工作业面的前后施工过程，如何组织施工作业才能尽量满足过程组织的基本要求和项目的质量、工期、成本目标及施工资源条件约束，需要研究施工过程作业展开方式的类型及特点。

在施工过程的组织生产中，各施工班组按计划开展施工作业的方式一般可分为顺序施工、平行施工和流水施工 3 种基本作业方式。

一、顺序施工

按建筑产品的施工工艺流程和施工任务计划的先后，依次进行施工操作。如重力式码头基础施工，依照挖泥、抛石、夯实、整平的施工过程顺序进行。

顺序施工的组织中，各专业施工过程对象（一般为工序或操作）只组织一个专业施工班组，该专业班组完成所有施工任务段上的专业施工工作。实际工作中在任务（即施工空间）多和工序多的情况下，可以按施工工艺顺序或任务（空间）先后顺序两种模式组织顺序施工。

如某工程中有 3 段挡土墙施工，挡土墙施工工艺过程分为基础开挖、块石浆砌、墙后回填。任务完成时间(d)见表 2-1。

表 2-1　某挡土墙工程施工任务完成时间表　（单位：d）

施工过程	任务		
	①	②	③
基础开挖 A	2	2	2
块石浆砌 B	3	3	3
墙后回填 C	1	1	1

按挡土墙的工艺过程组织顺序施工或按挡土墙分段任务(空间)先后组织顺序施工，分别见图 2-2 和图 2-3。

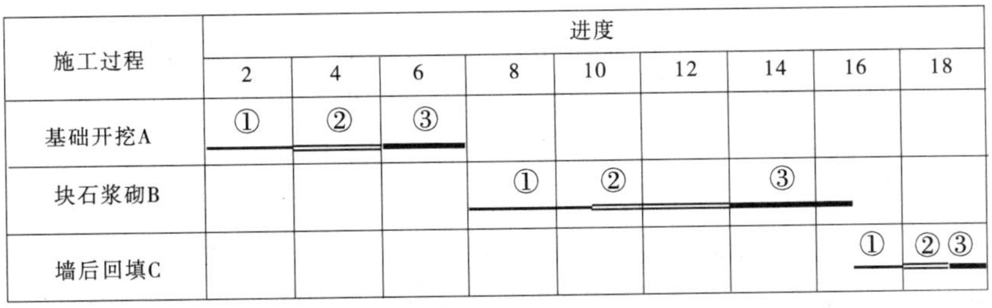

图 2-2　按挡土墙的工艺过程组织的顺序施工

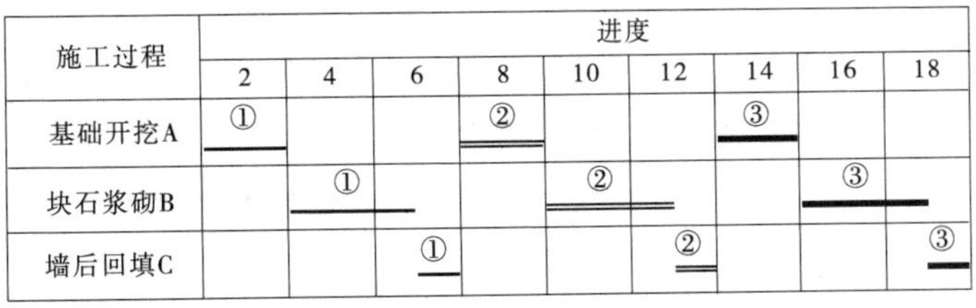

图 2-3　按挡土墙的任务先后组织顺序施工

顺序施工作业方式特点主要有：顺序作业工期长，劳动资源需要强度低和不均衡；在工艺顺序施工中，施工作业面占用多，单体结构各施工工艺间断；在任务顺序施工中，施工的资源供应及专业班组的作业是间歇的，施工展开不充分，通常在专业工种的使用上也不合理。

二、平行施工

平行施工是指在多个施工作业面，同时按建筑产品的施工工艺流程展开的工艺顺序施工。

平行施工的组织是根据划分的施工作业面(段)，组织相应数量的专业施工队，各施工队完成相应施工段上的专业施工。

表 2-1 中的施工任务，按平行施工原理组织施工的状态如图 2-4 所示。

图 2-4　挡土墙任务的平行施工组织

平行施工的特点主要有：施工组织的总工期短，资源供应强度高且不均衡突出，易造成窝工；增加生活福利设施的支出；材料供应集中且可能出现间歇。

三、流水施工

流水施工是指将不同施工作业面上的同一施工过程组织专业施工班组施工，施工班组在统一计划安排下，依次在各个作业面完成相同的施工操作。本作业面的操作完成后，转移至另一作业面执行同样的操作，不同的操作由不同的专业班组执行。流水施工是以任务顺序施工为基础，结合专业工艺顺序施工的组合顺序施工。

流水施工的组织是根据作业面的施工任务划分多个施工过程，各施工过程组织一个相应的专业施工班组，各施工班组按照一定的节奏依次进入工地连续地在不同施工任务段间完成相同的操作施工，一个施工段的任务是由多个施工队共同协作完成。

表 2-1 中的施工任务，按流水施工方式组织的施工状态如图 2-5 所示。

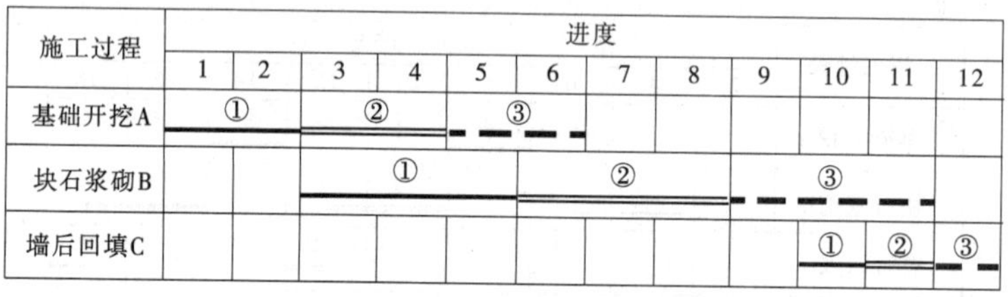

图 2-5　挡土墙的任务组织流水施工

流水施工的特点主要有：①施工工期安排介于顺序施工和平行施工之间，时间适中；②劳动力得到合理的利用，避免了短期内的高峰现象；③当各专业队都进入流水作业后，机具和材料的供应与使用都稳定而均衡；④各专业施工班组在不同任务段上完成专业化施工，工程质量稳定有保障。

四、综合施工作业方式

顺序施工、平行施工、流水施工基本作业展开方式，不仅可以在施工中单独运用，而且可以根据项目具体条件和要求将其组合运用。特别是当施工组织对象的任务量大(任务群)、施工作业面多、施工过程多、工期要求较紧的情况下，采用综合施工作业方式组织施工更显其优势。

综合施工作业方式一般分为平行顺序施工、平行流水施工和复杂流水施工 3 种。

1. 平行顺序施工

在平行施工作业的基础上，按照顺序施工的原理组织施工。通常是对施工任务群进行分组(包)，任务组间平行施工，任务组内顺序施工。

2. 平行流水施工

在平行施工作业的基础上，按照流水施工的原理组织施工。通常是对施工任务群进行分组(包)，任务组间平行施工，任务组内流水施工。

3. 复杂流水施工

当施工组织对象的任务量巨大、施工作业面多且呈空间或区域分布时，可组织复杂流水施工。复杂流水施工的组织通常是对施工任务群进行分区、区内分组(包)，组内分专业班组，采用区间顺序或流水、组间平行、组内流水的施工方式。

第四节　流水施工组织

一、流水施工的基本概念

流水施工是指项目施工过程以专业化操作施工班组为基础，各专业班组按一定的时间间隔依次投入施工操作，同一专业班组保持连续、均衡施工，不同施工班组间尽可能实现最大平行搭接施工的组织方式。流水施工可以充分地利用工作时间和作业空间，减少非生产性劳动消耗，提高劳动生产率，保证施工质量，缩短工期，节约施工费用，是现代项目施工组织的主要方式。

组织流水施工的条件和要求包括：

(1)把建筑产品的建造过程分解为若干施工过程，每个施工过程分别由相应的专业化施工班组负责实施；

(2)把建筑产品尽可能地划分为劳动量大致相等的结构施工段(称流水段)；

(3)每个施工过程均组织独立的专业施工班组；

(4)主要施工过程必须连续、均衡地施工；

(5)相邻施工过程间应尽可能组织最大平行搭接施工。

二、流水施工的表示方式

流水施工的表示方式，一般有横道图、垂直图表和网络图 3 种表示方式。

(一)横道图的表示方式

流水施工横道图的表示方式，如图 2-5 所示。图中的横坐标表示流水施工的持续时间，纵坐标表示施工过程的名称或编号，编号①、②、③…表示不同的施工段。其优点是绘制简单，施工过程及其先后顺序清楚，时间和空间状况形象直观，进度线的长度可以反映流水施工速度，使用方便。横道图在实际工程中应用广泛。

(二)垂直图表的表示方式

流水施工垂直图表的表示方式，如表 2-1 的施工任务，其垂直图表如图 2-6 所示。图中的横坐标表示流水施工的持续时间，纵坐标表示流水施工所处的空间位置，即施工段的编号，施工段的编号自下而上排列。斜向的线段表示施工过程或专业班组的施工进度，并用编号或名称区分各自表示的对象。其优点是施工过程及其先后顺序清楚，时间和空间状况形象直观，斜向进度线的斜率可以明显表示出各施工过程的施工速度；利用垂直图表研究流水施工的基本理论比较方便。但编制实际工程进度计划不如横道图方便，水运工程中的港口工程、枢纽工程项目一般不用其表示实际工程的流水施工进度计划。

(三)网络图的表示方式

如表 2-1 的施工任务，其流水施工的双代号网络图见图 2-7。关于网络图的原理和方法在第三章中介绍。

三、流水施工的分级

按流水施工组织的施工过程的范围不同，流水施工通常可分为以下几级。

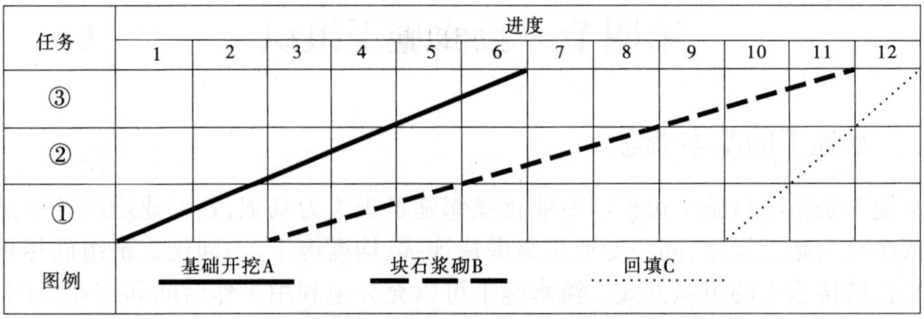

图 2-6　流水施工的垂直图表

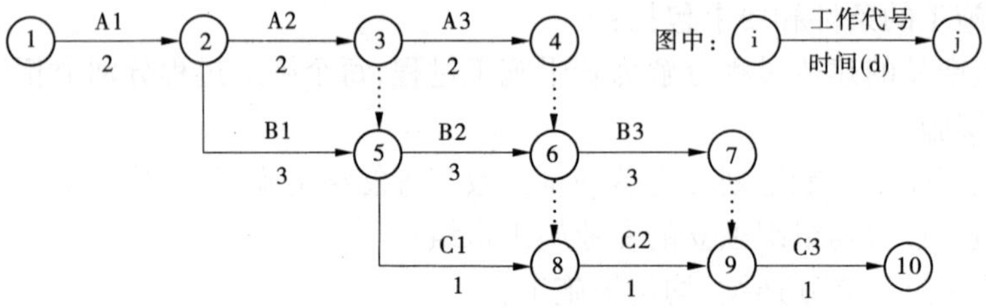

图 2-7　流水施工的双代号网络图

(一)分项工程流水施工

分项工程流水施工又称细部流水施工,它是由一个个专业工作班组,依次在各个施工段上进行的流水施工,如模板工班、钢筋工班依次连续地完成所承担施工段上的相应专业施工任务。

(二)分部工程流水施工

分部工程流水施工也称专业流水施工,它是为完成分部工程而组建起来的全部细部流水的总和,即由不同专业施工专业班组(综合班组)依次在各个施工段上流水完成相应分项工程的施工操作过程。

(三)单位工程流水施工

单位工程流水施工也称综合流水施工,它是指为完成单位工程而组织起来的全部专业流水的总和,即所有专业工作队依次在一个施工对象中完成相应分部工程的所有施工操作过程,直至完成单位工程为止。

(四)群体工程流水施工

群体工程流水施工也称大流水施工,它是在几个单位工程(建筑物或构筑物)之间组织流水施工。群体工程流水施工一般用于编制控制性进度计划,很少直接编制实施性施工计划。

四、流水施工的主要参数

在组织流水施工时,用以表达流水施工在工艺流程、时间及空间方面展开状态的参数,称为流水施工参数。按其作用的不同,一般可分为工艺参数、空间参数和时间参数。只有对这些参数进行认真地研究或计算,才可能成功地组织流水施工。

(一)工艺参数

工艺参数主要是指在组织流水施工时,用以表达流水施工在施工工艺方面展开状态的参数。通常有施工过程数和流水强度。

1.施工过程数 n

施工过程是对建筑产品由开始建造到竣工的整个建造过程的统称。组织流水施工时,施工过程所包含的施工内容可繁可简,可以是分项工程、分部工程,甚至可以指单位工程、单项工程的施工。在指导单位工程流水施工时,一般施工过程指分项工程,其名称和工作内容与现行的有关定额相一致。

施工过程数应根据编制施工计划的对象范围和作用而确定。编制群体工程流水施工的控制性进度计划时,划分的施工过程较粗,数目少;编制单位工程实施性进度计划时,划分的施工过程较细,数目多。

对于一个单位工程,施工过程数通常并不等于计划中的全部施工过程数。因为这些施工过程并非都能按流水方式组织施工,可能只有其中几个阶段是采用流水施工。流水施工中的施工过程数 n,是指参与该阶段流水施工的施工过程数目。在实践中,施工过程数应根据结构特点、施工方法、资源条件、施工管理等多方面因素进行划分组合,数量适宜。

2.流水强度 V

流水强度是指流水施工的每一个施工过程在单位时间内完成工程量,也称为流水能力或生产能力,用 V 来表示。它主要与选择的机械或参加作业的人数有关。

施工过程的施工流水强度表示为:

$$V = \sum R_i \times C_i \tag{2-1}$$

式中:R 为施工资源数;C 为定额产量;i 为资源种类。

(二)时间参数

时间参数是指在组织流水施工时,用以表达流水施工在时间上展开状态的参数,主要有流水节拍、流水步距、技术间歇、组织间歇和组织搭接。

1.流水节拍 t_{ij}

流水节拍是指一个施工过程在一个施工段上的作业时间,用符号 t_{ij} 表示,即某个施工过程 i 在第 j 个施工段上的施工作业持续时间。它表示流水施工的速度和节奏性。流水节拍小,其流水速度快,节奏感强;反之则相反。流水节拍也决定着单位时间内资源供应量。

流水节拍可按下式计算:

$$t_{ij} = Q_j / V_i \tag{2-2}$$

式中:Q_j 为施工段 j 的施工工程量;V_i 为施工过程(专业班组)i 流水施工强度。

确定流水节拍应考虑以下几个因素:施工班组人数要适宜,既要满足最小劳动组合人数要求,又要满足最小工作面的要求;节拍值最好取整数,必要时可保留 0.5d(台班)的小数值。

2.流水步距 $K_{i,i+1}$

流水步距是指两个相邻的施工班组先后进入第一施工任务段开始进行流水施工的时

间间隔，用符号 $K_{i,i+1}$ 表示（i 表示本施工过程，$i+1$ 表示紧后施工过程）。

在施工段不变的情况下，流水步距越大，工期越长；流水步距越小，工期越短。n 个施工过程的流水步距数目为（$n-1$）个，流水步距的值是由两个相邻施工过程在各个施工段上的流水节拍值确定的。确定流水步距的目的是保证不同作业班组在各施工段上连续作业，不出现窝工现象，基本要求是：

（1）各施工过程按各自流水速度施工，始终保持任务段上的工艺先后顺序；

（2）各施工过程的专业班组都应连续施工，流水步距的最小长度，必须使专业班组进场以后，不发生停工、窝工现象；

（3）前一专业班组能为紧后专业班组施工创造足够的工作面；

（4）相邻两个专业班组投入施工的时间要最大限度的搭接；

（5）满足施工的工艺、组织、质量的要求。

流水施工展开期是指从第一个专业班组开始流水作业至最后一个专业班组开始流水作业的时间间隔；其数值等于各流水步距之和。

在实际施工中，有时由于均衡生产、安全施工的要求，或技术间歇和组织间歇的要求，使相邻两个施工过程之间开工的时间间隔改变。这些时间间隔调整要根据施工中的实际情况确定。

3. 工艺技术间歇时间 t_g

工艺技术间歇时间是指流水施工中某些施工过程完成后，要有合理的工艺间歇时间，用 t_g 表示。技术间歇时间与材料的性质和施工方法有关，如钢筋混凝土的养护、软基处理的沉降稳定等。

4. 组织间歇时间 t_z

组织间歇时间是指在施工中考虑前后工序施工组织或管理技术的原因，在流水步距外的时间间隔，以 t_z 来表示，如施工作业完成后的质量检验或校验。

5. 组织搭接时间 t_d

组织搭接时间 t_d 是指施工中考虑组织措施等原因，在可能的情况下，后续施工过程在规定的流水步距内提前进入该施工段进行施工，工期可进一步缩短。如土方整平完成一定面积后，设备安装即可开始；重力式码头基床整平达到一定岸线长度后，构件安装即可开始。

综上所述，流水施工工期 T 是指施工任务组织流水施工作业的施工期，其计算原理为：

$$T = \sum K_{i,i+1} + \sum t_g + \sum t_z - \sum t_d + \sum t_{nj} \qquad (2\text{-}3)$$

式中：$i=1,2,\cdots,n-1$；$j=1,2,\cdots,m$；$\sum t_{nj}$ 为流水施工中最后一个施工过程的持续流水施工时间。

（三）空间参数

空间参数是指在组织流水施工时，用以表达流水施工在空间上展开状态的参数，主要有工作面和施工段。

1. 工作面 A

工作面是指供专业班组或施工机械班进行作业的活动空间，以 A 表示。根据施工过程不同,它可以用不同的计量单位表示。例如基床抛石,习惯上依据前沿线方向按延米(m)表示;而港池挖泥可以用纵向分条(幅宽)表示或用平面区域(面积)表示。施工对象工作面的大小,表明能安排作业人数或机械台数的多少。从事专业施工作业的人或机械设备所需工作面的大小,取决于单位时间内其完成工程量的多少和安全施工的要求。工作面确定的合理与否,将直接影响专业班组的生产效率。

2.施工段 m

施工段是指把施工对象在平面上划分成若干劳动量大致相等的施工段落。在流水施工中,用 m 表示施工段数,它是流水施工的主要参数之一。一般情况下,一个施工段在同一时间内,只容纳一个专业班组施工,各专业班组依次投入施工后在不同施工段上平行作业,使流水施工均衡;施工组织中可以将任务对象划分为合理数量的施工段,充分利用工作面,避免窝工,尽可能地缩短工期。

施工段的施工任务是专业班组依次完成的,施工段数的多少将直接影响流水施工效果。为使施工段划分合理,应遵守以下原则:

(1)同一专业班组在各个施工段上的劳动量应大致相等,以保证均衡地施工。

(2)施工段数目要适宜。施工段数过多,则人数减少,工作面利用不充分,工期拖长;段数过少,则会引起劳动力、材料等供应过分集中,有时还会造成“断流”现象。

(3)施工段的分界与施工对象的结构界限一致,或设在对整体结构影响小的部位,以保证施工质量。

(4)划分施工段时要以对总工期起控制作用的主要施工过程为依据。

当组织流水施工对象有层间关系时,应使各班组能连续施工。即各施工过程的班组做完第一段,能立即转入第二段;做完第一层的最后一段,能立即转入第二层第一段。因而需要存在关系:$m \geqslant n$。

当 $m = n$ 时,班组能连续施工,工作面充分利用,无停歇现象。

当 $m > n$ 时,班组是连续施工,有停歇的工作面,但不一定是不利的,有时候还是必要的,如利用这段时间养护、备料等。

当 $m < n$ 时,班组之间不能组成理想的流水施工,会出现窝工现象。

第五节　流水施工组织类型及流水工期计算

在流水施工中,流水节拍是主要的参数之一。由于流水节拍的规律不同,流水施工的施工工期计算方法也不同。因此,按流水节拍的特征区分流水施工的类型,将为流水施工理论的研究和组织施工实践活动都带来很多方便。

流水施工组织类型可分为全等节拍流水施工、成倍节拍流水施工、异节拍流水施工和非节奏流水施工。

一、全等节拍流水施工

全等节拍流水施工是指任一施工过程的流水节拍均为同一常数的一种流水施工方式。即流水节拍 t_{ij} 为常数,可表示为:

$$t_{ij} = C$$

根据施工过程间有无间歇,又可分为无间歇全等节拍流水施工和有间歇全等节拍流水施工。

(一)无间歇全等节拍流水施工

无间歇全等节拍流水施工是指各施工过程之间没有技术或组织间歇时间的流水施工方式。

1. 无间歇全等节拍流水施工的特点

$$t_{ij} = C$$

根据流水施工组织的规律,则任意相邻施工过程间的流水步距为:

$$K_{i,i+1} = C$$

2. 无间歇全等节拍流水施工的工期计算

$$T = \sum K_{i,i+1} + \sum t_{nj} = (m + n - 1) C \tag{2-4}$$

式中: T 为流水施工工期;$\sum K_{i,i+1}$为流水施工中各流水步距之和;$\sum t_{nj}$为流水施工中最后一个施工过程的持续流水施工时间,$\sum t_{nj} = mC$。

(二)有间歇全等节拍流水施工

有间歇全等节拍流水施工是指施工过程之间存在技术或组织间歇时间的流水施工方式。

有间歇全等节拍流水施工的工期计算

$$\begin{aligned} T &= \sum K_{i,i+1} + \sum t_g + \sum t_z - \sum t_d + \sum t_{nj} \\ &= (m + n - 1) C + \sum t_g + \sum t_z - \sum t_d \end{aligned} \tag{2-5}$$

式中: $\sum t_g$ 为所有技术间歇时间总和; $\sum t_z$ 为所有组织间歇时间总和; $\sum t_d$ 为所有组织搭接时间总和。

全等节拍流水施工是一种比较理想的施工方式,主要适用于分项、分部工程流水施工。

【例 2-1】 某工程结构施工分为 4 个施工过程: Ⅰ挖土及垫层、Ⅱ钢筋混凝土基础、Ⅲ基础墙砌筑、Ⅳ土方回填,空间上分①、②两个施工段进行流水施工,各流水节拍均为 2d,第Ⅱ个施工过程为钢筋混凝土浇筑,混凝土浇筑后,应养护 3d 才能进行第Ⅲ个施工过程。试计算流水工期,并绘制流水施工进度计划表。

解:(1)计算流水施工工期,按下式计算

$$\begin{aligned} T &= (m + n - 1)C + \sum t_g + \sum t_z - \sum t_d \\ &= (2 + 4 - 1) \times 2 + 3 + 0 - 0 = 13(\mathrm{d}) \end{aligned}$$

(2)绘制流水施工进度计划表,如图 2-8 所示。

二、成倍节拍流水施工

成倍节拍流水施工是指同一施工过程在各个施工段的流水节拍相等,不同施工过程之间的流水节拍不完全相等,且各施工过程的流水节拍均为其中最小流水节拍的整数倍的流水施工方式。

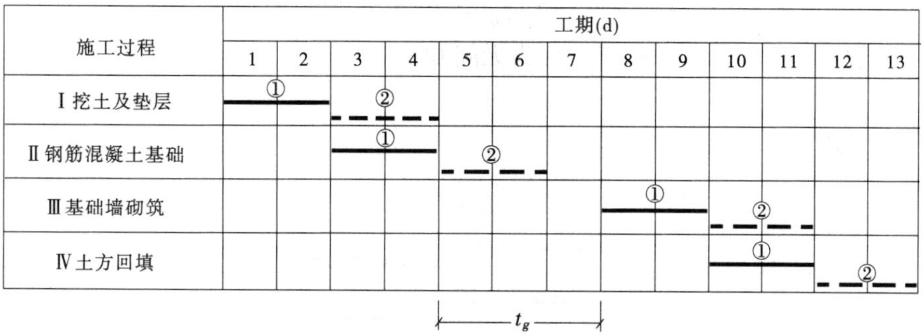

图 2-8　某基础工程有间歇流水施工进度计划

(一)成倍节拍流水施工的特征

(1)同一施工过程流水节拍相等,不同施工过程流水节拍等于或为其中最小流水节拍的整数倍,即:

$$t_{i\cdot} = C_1, t_{i'\cdot} = C_2$$

且 C_1 与 C_2 不全等且有非 1 的最大公约数 R。

(2)各专业工作之间的流水步距不全相等。

(3)每个施工过程的班组数等于该施工过程流水节拍与最大公约数 R 的比值,即:

$$b_i = t_{i\cdot}/R \tag{2-6}$$

式中:b_i 为某施工过程所需班组数;R 为最大公约数;$t_{i\cdot}$ 为施工过程 i 的流水节拍。

(4)成倍节拍流水步距 K 等于最小流水节拍值,即:

$$K = \min(t_{i\cdot}) = R$$

(二)成倍节拍流水施工的工期计算

$$T = (m + n' - 1)K + \sum t_g + \sum t_z - \sum t_d \tag{2-7}$$

式中:n'为施工班组总数目,即 $n' = \sum b_i$。

成倍节拍流水组织实质上是通过增加施工过程的资源,实现一种"等效的"全等节拍流水施工。成倍节拍流水施工是通过对流水节拍大的施工过程相应增加班组数实现的等节拍施工。

【例 2-2】 某工程由 A、B、C、D 4 个施工过程组成,流水节拍各不相等,分别为 2d、6d、4d、2d,分为 6 个施工段。试按成倍节拍流水组织施工,并绘制相应进度计划。

解:(1)确定流水步距:$K = 2$(d)

(2)计算各施工过程的专业工作队数目:

$b_1 = t_1/K = 2/2 = 1$(个)

$b_2 = t_2/K = 6/2 = 3$(个)

$b_3 = t_3/K = 4/2 = 2$(个)

$b_4 = t_4/K = 2/2 = 1$(个)

$n' = \sum b_i = 1 + 3 + 2 + 1 = 7$(个)

(3)计算流水施工工期:

$$T=(m+n'-1)K=(6+7-1)\times 2=24(\mathrm{d})$$

(4)绘制流水施工进度计划图,如图 2-9 所示。

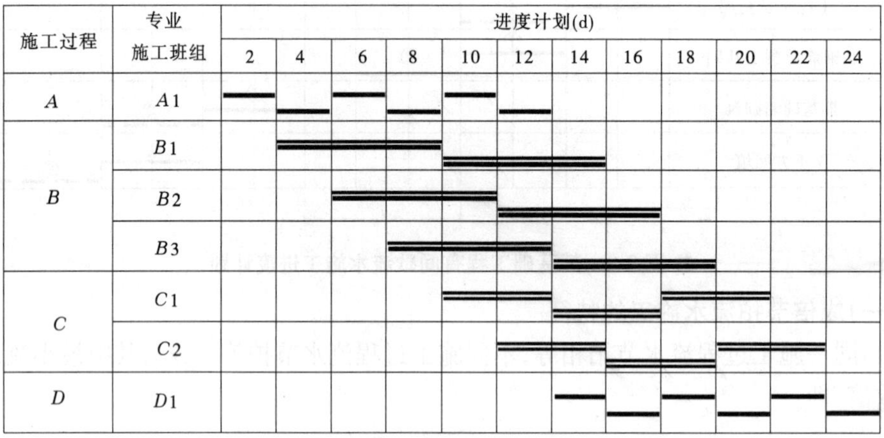

图 2-9　成倍节拍流水施工进度计划图

三、异节拍流水施工

异节拍流水施工是指同一施工过程在各施工段的流水节拍相等,不同施工过程之间的流水节拍不全相等,也不存在非 1 的最大公约数的流水施工方式。

(一)异节拍流水施工的特征

$$t_{i\cdot}=C_1,t_{j\cdot}=C_2$$

且 C_1 与 C_2 不全等,也无非 1 的公约数 R。

(二)异节拍流水步距的确定

$$\text{若 } t_{i\cdot}\leqslant t_{(i+1)\cdot},\text{ 则 } K_{i,i+1}=t_{i\cdot}; \tag{2-8}$$

$$\text{若 } t_{i\cdot}>t_{(i+1)\cdot},\text{ 则 } K_{i,i+1}=t_{i\cdot}+[t_{i\cdot}-t_{(i+1)\cdot}](m-1) \tag{2-9}$$

式中:$t_{i\cdot}$为施工过程 i 的流水节拍。

(三)异节拍流水施工工期的计算

$$T=\sum K_{i,i+1}+mt_n+\sum t_g+\sum t_z-\sum t_d \tag{2-10}$$

式中:t_n 为最后一个施工过程 n 的流水节拍。

(四)异节拍流水施工的适用范围

异节拍流水施工方式,允许不同施工过程采用不同的流水节拍,因此在进度安排上比全等节拍流水灵活,实际应用范围较广。

【例 2-3】 某工程划分为 A、B、C、D 4 个施工过程,分①、②、③ 3 个施工段组织流水施工,各施工过程的流水节拍分别为 $t_A=2\mathrm{d}$,$t_B=3\mathrm{d}$,$t_C=5\mathrm{d}$,$t_D=2\mathrm{d}$,施工过程 B 完成后需要 1d 的技术间歇时间。试求各施工过程之间的流水步距及施工工期。

解:(1)计算流水步距:

$$t_A<t_B,t_g=0,t_z=0$$

所以　$K_{A,B}=t_A+t_g+t_z=2+0+0=2(\mathrm{d})$

$t_B < t_C, t_g = 1, t_z = 0$

所以　$K_{B,C} = t_B + t_g + t_z = 3 + 1 + 0 = 4(\text{d})$

$t_C > t_D,\ t_g = 0, t_z = 0$

所以　$K_{C,D} = mt_C - (m-1)t_D + t_g + t_z = 3 \times 5 - (3-1) \times 2 + 0 + 0 = 11(\text{d})$

(2)计算流水施工工期:

$$T = \sum K_{i,i+1} + \sum t_{nj} = 2 + 4 + 11 + 3 \times 2 = 23(\text{d})$$

根据计算的流水参数绘制施工进度计划图,如图2-10所示。

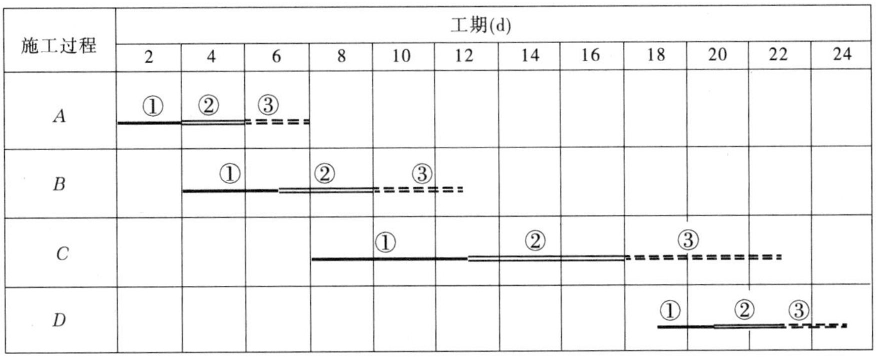

图2-10　异节拍流水施工进度计划图

四、非节奏流水施工

非节奏流水施工是指同一施工过程在不同施工任务段上的流水节拍不完全相等的一种流水施工组织方式。

在实际工程中,非节奏流水施工是较常见的一种流水施工。因为它不像有节奏流水那样有一定的时间规律约束,在进度安排上比较灵活、自由,适用于分项、分部工程和单位工程及群体工程的流水施工,是流水施工中应用较普遍的一种方式。

(一)非节奏流水施工的特征

同一施工过程在不同施工段上流水节拍不完全相等,不同施工过程流水节拍也不完全相等,即存在:

$$t_{ij} \neq C$$

各个施工过程之间的流水步距不完全相等且差异较大。

(二)非节奏流水步距的确定

计算非节奏流水步距采用"累加斜减计算法",即流水步距$K_{i,i+1}$为"前后专业班组施工时间累加数列错位相减的大差"。具体计算过程为:

第一步:将每个施工过程在各个施工段上的流水节拍依次累加,逐段求和,得出各施工过程流水节拍的累加数列;

第二步:错位相减,即从前一个施工班组由加入流水起到完成该段工作止的持续时间和减去后一个施工班组由加入流水起到完成前一个施工段工作止的持续时间和(即相邻斜减),得到一组差数;

第三步:取上一步斜减差数中的最大值作为流水步距。

(三)非节奏流水施工工期的计算

$$T = \sum K_{i,i+1} + \sum t_n + \sum t_g + \sum t_z - \sum t_d \tag{2-11}$$

式中: $\sum t_n$ 为最后一个施工过程 n 的流水节拍之和。

【例 2-4】 某分部工程流水节拍见表 2-2,试计算流水步距和工期。

表 2-2　某分部工程的流水节拍　　(单位:d)

施工过程	施工段			
	Ⅰ	Ⅱ	Ⅲ	Ⅳ
A	3	2	1	4
B	2	3	2	3
C	1	3	2	3
D	2	4	3	1

解:(1)计算流水步距

因为 $t_{ij} \neq C$,所以流水施工类型为非节奏流水,故采用"累加斜减取大差法"计算流水步距。

求 $K_{A,B}$

施工过程 A 的流水步距累加值 a	3	5	6	10	0
施工过程 B 的流水步距累加值 b 错位	0	2	5	7	10
差值 $a-b$	3	3	1	3	-10

$$K_{A,B} = 3\text{d}$$

同理　$K_{B,C} = 4\text{d}, K_{C,D} = 2\text{d}$

(2)流水施工期计算

$$T = \sum K_{i,i+1} + \sum t_{nj} = 3 + 4 + 2 + 10 = 19(\text{d})$$

绘制施工进度计划图,如图 2-11 所示。

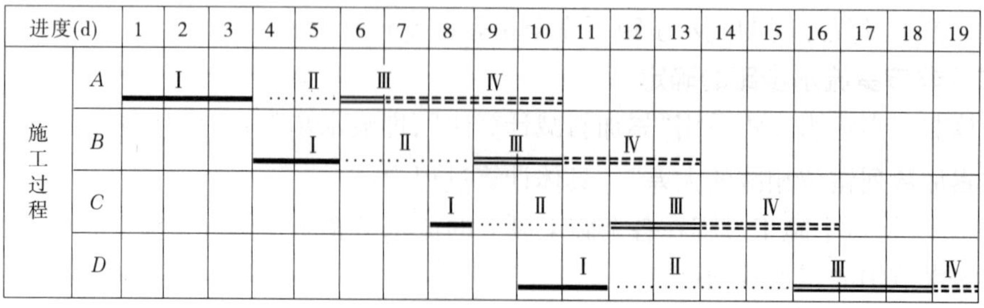

图 2-11　非节奏流水施工进度计划图

第六节　施工任务组织的顺序优化原理

施工任务组织的顺序安排或施工流向规划是施工组织设计中的基本内容，它可以保证施工现场的空间流向合理和作业面的充分利用，甚至在不改变施工资源投入的前提下，通过调整和改变施工任务的先后顺序，可以达到提高资源利用率，节省施工工期的目的。施工任务组织的顺序优化原理主要有简单排序法、最小系数法和最短施工时间规则3种。

一、简单排序法（约翰逊—贝尔曼法则）

（1）设某施工中有 m 项任务，各自需要经过先 A 后 B 两个施工过程，设 t_{ij} 为第 i 项施工过程在任务 j 上的流水节拍，如图2-12所示。

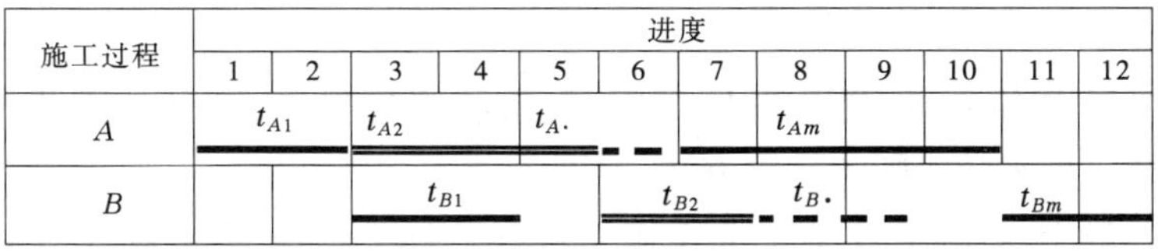

图2-12　某施工任务组织的流水施工

对于图2-12中的施工计划，施工总的作业时间对 A 施工过程来说，有：

$$T_A \geqslant \sum t_{Aj} + t_{Bm} \tag{2-12}$$

同理对于 B 施工过程来说，有：

$$T_B \geqslant \sum t_{Bj} + t_{A1} \tag{2-13}$$

因此，施工总的作业时间应满足：

$$T \geqslant \max(T_A, T_B)$$

为达到工期最短的目的，约翰逊(S. M. Johnson)—贝尔曼(R. Bellman)提出了对施工任务的优化排序规则。

约翰逊—贝尔曼法则的思想是，在 t_{Aj} 和 t_{Bj} 中挑出其流水节拍最小值，如最小值属于 A 施工过程，则对应序号的任务排在最前施工，如最小值属于 B 施工过程，则对应序号的任务排在最后施工。排出一个任务的施工次序后，任务数减少一个。在余下的施工任务中，重复前述过程的排序方法，直至确定所有任务的施工排序。此种施工任务的顺序就是最佳施工顺序。

【例2-5】　某工程中存在5个施工任务，分别需要 A、B 两个施工过程（工序）实施，流水节拍见表2-3。

表 2-3 某工程的流水节拍 (单位:d)

工序	任务				
	1号	2号	3号	4号	5号
A	4	4	8	6	2
B	5	1	4	8	3

解:依照约翰逊—贝尔曼法则的排序方法从表 2-3 可知,A、B 施工过程的流水节拍最小值为:

$t_{B2}=1$,对应 2 号施工任务的 B 工序,因此 2 号任务放在所有 5 项任务的最后施工;

删去 2 号任务,在余下的 1、3、4、5 号任务施工过程 A、B 的流水节拍参数之间重复应用约翰逊—贝尔曼法则的排序方法,得到:

$t_{A5}=2$ 为最小,对应 5 号任务的 A 施工过程,因此 5 号任务放在 1、3、4、5 号任务的最先施工;

删去 2 号、5 号任务,在余下的 1、3、4 号任务施工过程 A、B 的流水节拍参数之间重复应用约翰逊—贝尔曼法则的排序方法,得到:

$t_{A1}=4$ 为最小,对应 1 号任务的 A 施工过程,因此 1 号任务放在 1、3、4 号任务的最先施工;

删去 2 号、5 号、1 号任务,在余下的 3、4 号任务施工过程 A、B 的流水节拍参数之间重复应用约翰逊—贝尔曼法则的排序方法,得到:

$t_{B3}=4$ 为最小,对应 3 号任务的 B 施工过程,因此 3 号任务放在 3、4 号任务的最后施工;

最后剩下 4 号任务放在 3 号的前面施工。

因此,5 项任务的施工顺序为:5 号、1 号、4 号、3 号、2 号。

如果施工中不按照此任务排序施工,一般不可能取得最短工期。

约翰逊—贝尔曼法则在采用时要注意其适用对象,一般适合对两个施工过程、多项任务的施工排序。

(2)当施工组织对象为多项任务 3 个施工过程时,施工任务的优化排序通常采用近似方法。

多项任务 3 个施工过程(A、B、C)的流水节拍如能满足下列条件:

①第一、二个施工过程 A 和 B 的施工流水节拍满足:

$$\min(t_{Aj})\geqslant\max(t_{Bj})$$

②第二、三个施工过程 B 和 C 的施工流水节拍满足:

$$\min(t_{Cj})\geqslant\max(t_{Bj})$$

或者满足上述两个条件之一时,即可按照下述方法求得优化施工排序:

①将 A、B 施工过程在同一任务段的流水节拍相加,组成虚拟的“$A+B$”施工过程;

②将 B、C 施工过程在同一任务段的流水节拍相加,组成虚拟的“$B+C$”施工过程;

③针对多项任务的“$A+B$”和“$B+C$”两个施工过程,应用约翰逊—贝尔曼法则进行

施工排序。即可求出 3 个施工过程(A、B、C)时的多项任务施工排序。

【例 2-6】 一工程项目,包括 5 个施工任务,每个任务有 A、B、C 共 3 个施工过程,施工过程的流水节拍如表 2-4 所示,确定项目各任务的最优施工顺序及相应顺序施工的总工期。

表 2-4　某工程项目的流水节拍　(单位:d)

施工过程	任务				
	①	②	③	④	⑤
A	4	2	8	10	5
B	5	2	3	3	4
C	5	6	9	9	7

解:(1)验证是否符合条件

①$\min(t_{Ai})=2,\max(t_{Bi})=5$,

$\min(t_{Ai})=2 \ngeq \max(t_{Bi})=5$,条件不成立。

②$\min(t_{Ci})=5,\ \max(t_{Bi})=5$,

$\min(t_{Ci})=5\geqslant\max(t_{Bi})=5$,条件成立。

(2)施工过程合并

①将各项任务的 A 施工过程和 B 施工过程上的流水节拍相加;

②将各项任务的 B 施工过程和 C 施工过程上的流水节拍相加,见表 2-5;

(3)按两个施工过程多项任务的排序方法求出最优施工顺序

运用约翰逊—贝尔曼法则,在 $t_{(A+B)i}$ 和 $t_{(B+C)i}$ 中找出最小值,先行施工过程的排在最前,后道施工过程的排在最后施工。

由此确定的施工任务排序为:②、⑤、①、③、④。

表 2-5　施工过程合并　(单位:d)

施工过程	任务				
	①	②	③	④	⑤
A	4	2	8	10	5
B	5	2	3	3	4
C	5	6	9	9	7
$A+B$	9	4	11	13	9
$B+C$	10	8	12	12	11
任务排序	第三	第一	第四	第五	第二

相应于这一施工排序的施工总工期,可以用横道图的方式分析求出,见图 2-13,总工期为 41d。

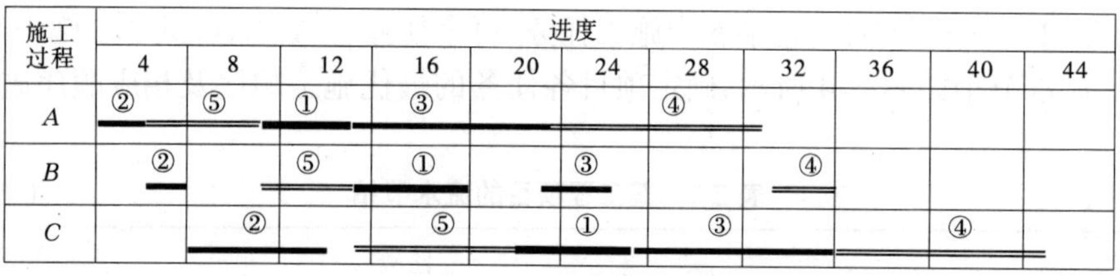

图 2-13　最优施工顺序横道图

约翰逊—贝尔曼法则的应用，给我们在施工任务组织时提供了一个不需要增加资源的条件下将施工工期缩短的经验方法。值得注意的是，项目中的施工任务排序，按照约翰逊—贝尔曼法则，不一定求得唯一方案，也不一定是最短工期方案或最合理的施工顺序方案，因为它是实践经验的总结。尽管如此，并不影响其在实际工作中的应用价值。

二、最小系数法

最小系数法是简便、迅速、实用的施工任务排序优化近似方法。该方法不一定取得最优方案，但可一次性求解，排序方案优化程度高。对于一般只需较高优化程度，不一定要确定最优方案的施工项目任务排序，是非常适用的。

最小系数法施工任务排序的操作步骤如下：

(1)将按施工过程的先后工艺顺序的施工班组分成数量相等的前后两部分(S_1 和 S_2)，若施工班组为奇数，则将中间施工班组的施工流水节拍平分到前后两部分中。

(2)计算各施工任务的排序系数。

排序系数定义为：

$$排序系数(k_j)=\frac{前半部分(S_1)施工班组的施工时间之和(\sum_{i=1}^{\frac{n}{2}} t_{ij})}{后半部分(S_2)施工班组的施工时间之和(\sum_{i=\frac{n}{2}}^{n} t_{ij})} \tag{2-14}$$

(3)对求出的各施工任务段的排序系数从小到大依次排列，从而直接求出施工任务的排序。

【例 2-7】　一工程项目，包括 5 个施工任务，每个任务有 4 个施工过程，每个过程的工作时间如表 2-6 所示，确定项目的优化施工顺序。

表 2-6　某工程项目的工作时间　　(单位:d)

施工过程	任务				
	①	②	③	④	⑤
A	4	2	6	5	5
B	5	2	3	3	4
C	5	3	5	6	3
D	6	4	7	3	6

解:将施工班组 A、B、C、D 按工艺先后顺序分成数量上相等的两个部分 $S_{1(A+B)}$ 和 $S_{2(C+D)}$,计算各施工任务段的排序系数 k_j,计算结果见表 2-7。

依据各施工任务段的排序系数 k_j 大小,确定施工任务段的排序,结果见表 2-7。

表 2-7　排序系数计算及施工任务段的排序

施工过程		任务				
		①	②	③	④	⑤
S_1	A	4	2	6	5	5
	B	5	2	3	3	4
S_2	C	5	3	5	6	3
	D	6	4	7	3	6
S_1		9	4	9	8	9
S_2		11	7	12	9	9
k_j		0.818	0.571	0.750	0.888	1.000
排序		第三	第一	第二	第四	第五

三、最短施工时间规则

最短施工时间规则是在保证工艺(或施工过程)顺序和资源供应不变的情况下,将施工持续时间最短的工序安排在最前面,然后按持续时间由短到长依次排列,这样就能尽早为紧后工序创造足够的工作面,从而达到缩短工期的目的。

最短施工时间规则的组织原理具体如下:

对于任一 m 施工任务段 n 道工序的施工,其施工工期可以表示为:

$$T = T_1 + T_2 + T_3$$

式中:T_1 为第一施工段前 $n-1$ 道工序施工时间之和,$T_1 = \sum t_{i1}$, $i = 1,2,\cdots,n-1$;T_2 为第 n 道工序在 m 个施工段上的施工持续时间之和,$T_2 = \sum t_{nj}$, $j = 1,2,\cdots,m$;T_3 为第 n 道工序所有施工间断时间之和,$T_3 = \sum X_{nj}$, $j = 2,3,\cdots,m$。

要使施工顺序安排后的工期 T 最小,T_2 是不变的,只要求出 T_1 最小和 T_3 最小时相应的施工任务顺序即可。

在进行施工任务顺序优化时,首先选施工段前 $n-1$ 道工序施工时间之和最小的 T_1(最小的施工任务段)作为第一开工的施工段;其次根据最后工序相邻施工任务段之间间断时间最小原则,选择下一施工任务段(依次假设和比较),并求出 X_{nj}, $j=2$。

重复上述第二步,依次求出 X_{nj}, $j = 3,4,\cdots,m$;

最后,求出 $T = T_1 + T_2 + T_3$ 和相应的施工顺序方案。

【例 2-8】 某项目施工分 4 个施工任务段,每个任务需要 4 个施工过程完成,各施工过程在各任务段的施工时间(单位:d)见表 2-8。试用最短施工时间规则,确定施工任务顺序,并求相应的施工工期和进度计划横道图。

表 2-8 某项目各任务段的施工时间 (单位:d)

施工过程	任务			
	①	②	③	④
A	5	4	3	2
B	3	5	1	3
C	4	6	2	5
D	6	3	7	3

解:(1)根据施工段前 $n-1$ 个施工过程施工时间之和最小,确定第一个开工任务。

任务①的 $T_1=12$;任务②的 $T_1=15$;任务③的 $T_1=6$;任务④的 $T_1=10$;

因此,第一开始施工任务是任务③,且 $T_1=6$(d);

(2)依据最后施工过程在前后施工任务段之间间断时间最小原则,确定第二开工任务顺序。其确定过程可用横道图直观表示出,如图 2-14 所示。

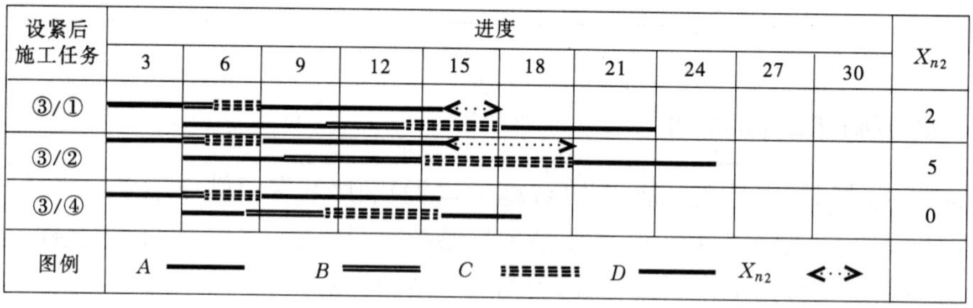

图 2-14 最后工序相邻施工任务段之间间断时间计算横道图

求出 $X_{n2}=0$ 为最小,此时的施工顺序是任务④排在任务③之后,为第二开工的施工任务。

重复过程(2),可以求出 $X_{n3}=1$ 为最小,此时的施工顺序是任务①排在任务④之后,为第三开工的施工任务;

可以求出 $X_{n4}=2$ 为最小,此时的施工顺序是任务②排在任务①之后,为第四开工的施工任务;

因此 $T_3=\sum X_{nj}=X_{n2}+X_{n3}+X_{n4}=0+1+2=3$(d)

(3)施工任务按照③、④、①、②的施工排序后的工期计算为:

$$T_2=\sum t_{nj}=19(\text{d})$$

$$T=T_1+T_2+T_3=6+19+3=28(\text{d})$$

进度计划横道图见图 2-15。

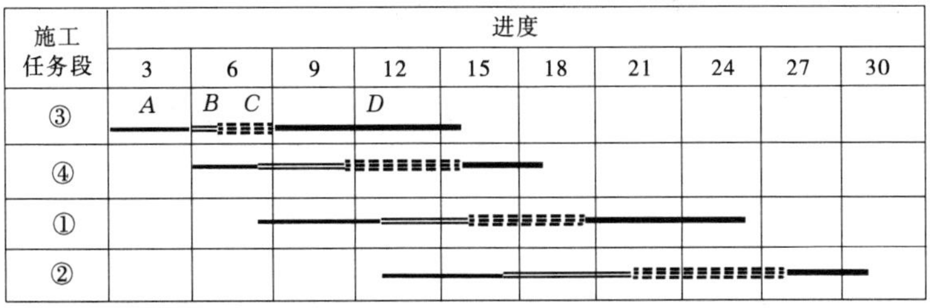

图 2-15　施工进度计划横道图

思　考　题

1. 简述项目施工组织对象及对象系统。

2. 施工过程组织的基本要求有哪些？

3. 简述施工作业展开方式及其各自的组织特点。

4. 什么是流水施工？组织流水施工的条件有哪些？

5. 流水施工参数的类型有哪些？各有哪些指标参数来描述？解释各参数指标的含义。

6. 简述流水施工的类型及其参数指标特点和工期计算。

7. 施工任务组织的顺序优化方法有哪些？并分别简述其优化规则。

8. 某工程施工内容及工序作业时间如下表，至少用两种优化方法确定最短工期方案，并组织流水作业施工和计算相应的作业计划总工期。

施工任务段		①	②	③	④	⑤
工序	*A*	3	4	1	2	3
	B	3	2	1	3	2
	C	3	5	4	4	6

第三章 网络计划技术

第一节 概 述

网络计划技术是20世纪中叶发展起来的一项计划技术。20世纪50年代,美国杜邦化学公司研究创立了关键线路法(CPM—Critical Path Method),并在化学工程项目管理中取得了成功。60年代初期,网络计划在美国得到全面推广。网络计划技术符合统筹兼顾、合理计划安排的管理思想,特别是对于复杂的项目工作计划,能很好地反映工作计划和工作活动之间的逻辑联系,计划安排中能突出主要矛盾,有利于计划实施过程中的优化调整和计算机应用。因此,在工业、农业、国防和科学研究项目的计划管理中,得到了广泛应用。

为适应各种计划管理需要,以CPM方法为基础,在不同领域应用中又发展了网络计划技术,形成了计划评审技术、搭接网络技术、决策网络计划、图形评审技术、风险评审技术、仿真网络计划等多种分支。

我国从20世纪60年代中期开始引入和推广这种新方法。著名数学家华罗庚教授结合我国实际,把关键线路法和计划评审技术统称为统筹法。我国在20世纪80年代开始在工程建设领域推广网络计划技术,现已成为现代工程项目管理实践中重要的手段和方法,并且发布了相应的行业标准《工程网络计划技术规程》(JGJ/T121—99)于2000年2月1日起实施。

一、网络计划的基本概念

网络图是由箭线和节点组成的表示工作流程方向的有序网状图形。

网络计划是用网络图模型表示工作计划或工程开展顺序的工作流程计划图。

网络计划技术是运用网络计划的基本理论来分析和解决计划管理问题的一种科学方法。

二、网络计划技术特点

网络计划技术在现代项目管理中的运用成为必然,既有现代项目本身的复杂性、管理难度大、要求高所致,也有网络计划技术的特点和优势的因素。网络计划技术和传统的横道图等计划技术相比主要有以下一些特点。

(一)系统性

网络计划技术对项目计划的编制强调整体性和系统目标要求,没有项目的总体思路,不能形成网络计划;突出项目中各项具体工作活动计划与项目整体目标计划的关联,不能脱离系统整体做具体分项工作计划和控制,也不能脱离具体工作的现实规定系统的目标。

(二)逻辑性

网络计划中工作与工作之间的关系,不仅反映项目工作之间的技术逻辑联系,也包含项目利用资源的约束关系和项目管理者的系统组织计划思想,反映工作计划的变化对其他工作计划、项目计划的影响程度等,突出了工作计划的严密性。实际工作中可利用项目工作之间的逻辑关联做项目计划的优化。

(三)层次性

有别于传统工作计划,网络计划技术把工作单元计划置于系统约束下,且在计划形成后,各工作单元计划的重要性会有差别,特别是结合工作计划的网络参数计算,更有助于项目管理者发现项目计划中的主要问题和关键工作,以便在操作中抓住主要矛盾开展有效的管理。

(四)同态性

网络计划能正确地表达项目管理者的计划思想,也能形象直观地反映项目进程的过程状态、目标偏差和控制状态。

(五)可控性

网络计划中的各项工作单元,既有层次性区别,也有严密的逻辑性关联。这一特性为项目管理者提供了项目计划和控制的重点和思路,特别是在项目施工过程中,当各种不利因素引起工作计划改变时如何调整计划安排进行目标动态控制,是非常实用的。如能利用网络参数计算的工作时差,会更好地利用和调配施工资源,达到降低施工成本和实现施工目标的统一。

三、网络计划的分类

网络计划按照不同的分类标准,可以有多种类型,见表 3-1。

表 3-1　网络计划的分类

分类标准	网络类型	特点
计划工作性质	肯定型网络计划	工作、工作间逻辑关系、工作时间明确肯定
	非肯定型网络计划	工作之间逻辑关系确定、工作时间不确定的概率型
		工作之间逻辑和工作时间均不确定的随机型
计划工作衔接关系	普通网络计划	工作之间按首尾衔接(FTS)关系
	流水网络计划	工作之间按流水施工的逻辑关系
	搭接网络计划	工作之间按搭接时距的逻辑关系
表示工作计划方法	单代号网络计划	节点表示工作,箭线表示工作逻辑
	双代号网络计划	节点表示工作逻辑,箭线表示工作
计划的直观形象	时标网络计划	以时间坐标为进度尺度绘制
	非时标网络计划	以工作时间参数表示计划
计划层次	总控制性网络计划	一般针对项目整体编制控制计划
	局部操作性网络计划	一般针对项目中的部分对象编制操作性计划

四、网络计划技术应用的一般程序

在水运工程施工中，网络计划技术主要用来编制施工企业的生产计划和工程施工的进度计划，并对计划进行优化、调整和控制，以达到缩短工期、提高工效、降低成本、增加经济效益的目的。

网络计划技术在工程项目施工组织计划与管理中应用的一般程序如下。

（一）应用准备工作

（1）根据项目建设和管理的需要，确定应用网络计划技术的目标。这些目标可能有单纯的进度计划编制、进度计划优化、时间资源目标优化、时间成本目标优化等。

（2）为了使网络计划科学且切合实际，计划编制人员应通过调查研究拥有足够准确的基础资料。调查研究的主要内容有与项目目标有关的工作任务、工作条件和有关设计资料，有关工程定额、规程、标准、制度等，资源需求和供应情况，施工历史资料等。

（3）在调查研究的基础上，进行施工项目的工作方案设计，其主要内容包括确定施工顺序、确定施工方法、选择主要船机设备、确定重要的技术政策和计划组织原则、制定施工中关键问题的技术和组织措施、确定网络图的基本类型等。

（二）绘制网络图

1.项目工作分解(WBS)

根据网络计划的管理要求和编制需要，确定项目工作分解的粗细程度，将项目分解成网络计划的基本组成工作单元。

2.逻辑关系分析

确定各项工作的施工顺序，分析工作之间的技术工艺联系和组织逻辑联系，确定工作单元之间的逻辑关系。

3.绘制网络图

根据选用的网络图类型、项目工作单元及工作单元间的逻辑关系，应用网络图的基本表示方法，绘制相应的网络图。

（三）网络时间参数计算

根据网络图类型的不同，采用相应的计算方法，计算网络图的各项时间参数，确定网络计划关键线路。

（四）编制可行的网络计划

（1）在网络工作参数计算完成后，应检查工期是否满足要求；资源需求是否符合供应条件；成本控制是否符合要求等。如果上述指标或内容不能满足，则应采取相应的措施进行调整或重新进行工作方案设计，直到符合项目要求且实际可行。

（2）根据调整后的网络图和时间参数，绘制符合实际的可行的网络计划。

（五）网络计划优化

运用系统分析方法和优化原理，根据网络计划应用的项目具体目标要求和有关条件约束进行优化，如工期组织优化、工期不变的资源均衡优化、资源约束下的工期优化、工期成本优化等。根据目标优化结果，编制计划实施的正式网络计划。

(六)网络计划的组织实施

项目网络计划的实施,首先从项目管理机构上要实施组织保障,把工作计划落实到各职能或工作部门,落实到具体岗位和责任人并通过项目管理责任制加以约束,使之能得到贯彻和执行;另一方面在实施过程中也要实时进行计划数据的实际监测,通过项目的信息系统对施工过程和施工目标实施动态控制。

第二节　双代号网络计划图绘制

一、双代号网络图的三要素

双代号网络图是由箭线、节点、线路 3 个基本要素组成,其各自含义如下。

(一)箭线

带方向箭头的线段,在双代号网络图中表示计划工作。箭线有实箭线和虚箭线之分,二者表示的内容不同。

1. 实箭线

实箭线表达的内容有以下几个方面:

(1)一根实箭线表示一项工作或一个施工过程的全过程。工作名称标注在箭线上方,如图 3-1 (a)所示。箭线表示的“工作”,根据计划编制的粗细不同,可以是一个简单的操作工序,也可以是一个复杂的施工过程或一项工程任务。例如基础开挖、垫层或基础工程,如图 3-1 (b)所示。箭线表示的工作是项目施工计划的工作单元。

(2)实箭线也表示工作消耗的时间或资源,用数字标注在箭线的下方。通常每项工作的完成都要消耗一定的时间及资源。只消耗时间不消耗资源的混凝土自然养护、油漆干燥等技术间歇,若作为计划工作时,也应用实箭线表示,如图 3-1(c)所示。

(3)箭线的方向表示工作进行的方向和前进的路线,箭尾表示工作的开始,箭头表示工作的结束。

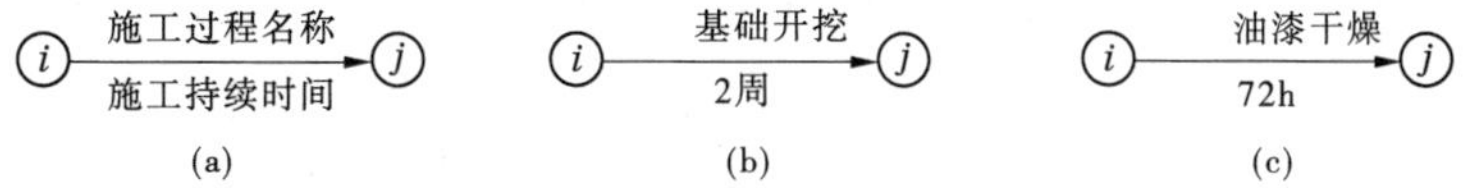

图 3-1　双代号网络实箭线

2. 虚箭线

虚箭线表示“虚工作”,也就是表示工作之间的逻辑关系。引用“虚工作”概念是为了正确地反映各项工作之间的关系,它既不消耗时间,也不消耗资源,表示方式如图 3-2 所示。

图 3-2　双代号网络的虚箭线表示

(二)节点(也称事件)

双代号网络图中,节点是计划中的事件代号,用圆圈和编号来表示。它表示的内容有:

(1)节点表示工作的开始或结束状态和工作间的逻辑关系,是瞬间概念,不消耗时间和资源。

(2)节点根据其位置不同可以分为始节点、终节点、中间节点。始节点就是网络图的第一个节点,它表示一项计划(或工程)的开始,终节点就是网络图的终止节点,它表示一项计划(或工程)的结束。网络图中的其他节点就是中间节点,它既表示紧前工作的结束,又表示其紧后各工作的开始,如图 3-3 所示。

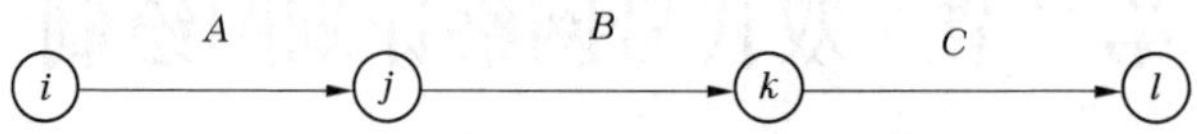

图 3-3 始节点与终节点

节点 i 是计划的开始节点,节点 l 是计划的结束节点,节点 j、k 则是中间节点。

(3)一项工作必须用一根箭线和前后两个不同编号的节点表示,如图 3-3 中节点 i 和节点 j 表示 A 工作。

(4)对一个节点而言,可以有许多箭线通向该节点,这些箭线称为"内向箭线"或"结束工作";同样也可以有许多箭线从同一节点出发,这些箭线称为"外向箭线"或"开始工作",如图 3-4 所示。没有内向箭线的节点,为计划的开始节点;没有外向箭线的节点,为计划的结束节点。

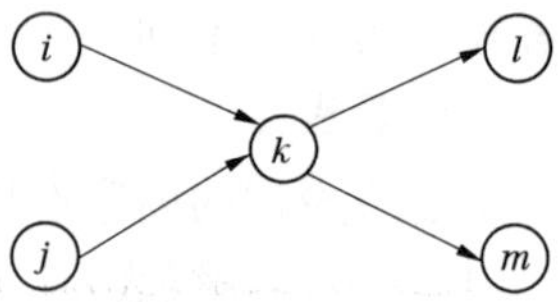

图 3-4 内向箭线和外向箭线

(三)线路

线路是指网络图中从始节点到终节点之间可连通的线路。网络图中,从开始事件到结束事件,一般都存在着多条线路,每条线路都包含若干项工作,这些工作的持续时间之和就是这条线路的时间长度,即线路的总持续时间。每条线路均有各自的总持续时间。任何一个网络图中至少存在一条时间最长的线路,这条线路的总持续时间决定了此网络计划工期。这种线路是如期完成工程计划的关键所在,因此称为关键线路。在关键线路上的工作称为关键工作。在关键线路上没有(肯定型网络计划)任何机动时间,关键线路上的任何工作时间拖延都会导致总工期的后延。

关键线路不是一成不变的,在一定条件下,关键线路和非关键线路会互相转化,例如当关键工作的施工时间缩短,或非关键工作的施工时间拖延时,就有可能使关键线路发生转移。在网络计划图中,关键工作的比重不易过大,这样有助于工程组织者集中力量抓主要矛盾。

非关键线路都有若干的机动时间,称为时差,它意味着工作完成日期允许适当调整而不影响工期。工作时差的现实意义在于可以使非关键工作在时差允许范围内放慢施工进度,将部分人力、物力转移到关键工作上去,以加快关键工作的进程;或者在时差允许范围内改变工作开始和结束时间,以达到均衡施工的目的。

二、双代号网络图的绘制方法

正确绘制双代号网络图是网络计划技术应用的前提和关键。因此绘图时,必须做好以下工作:正确表示各种工作逻辑关系、遵守绘图的基本规则、选择恰当的绘图排列方法、正确的绘图步骤。

(一)网络图计划的工作类型

紧前工作,一项工作的尾节点与本工作的首节点相连,该工作叫本工作的紧前工作。

紧后工作,一项工作的首节点与本工作的尾节点相连,该工作叫本工作的紧后工作。

平行工作,与本工作共首节点的工作或具备同时开工条件的工作,互叫平行工作。

起始工作,没有紧前工作的工作。

结束工作,没有紧后工作的工作。

先行工作,自起始工作开始至本工作之前的所有工作。

后续工作,本工作之后至工作结束为止的所有工作。

(二)网络图计划的逻辑关系

网络图中的逻辑关系是指网络计划中所表示的各个工作之间客观上存在或主观上安排的先后顺序关系。这种关系分为两类:一类是施工工艺关系,称为工艺逻辑;另一类是施工组织关系,称为组织逻辑。

1. 工艺逻辑关系

工艺逻辑关系是由施工工艺和操作规程所决定的各工作之间客观上存在的先后施工顺序。对于一个具体的分项工程来说,当确定了施工方法以后,则该分项工程的各个工作的先后顺序一般是固定的。如现场制作预制构件必须在绑扎好钢筋笼和安装模板以后才能浇捣混凝土。

2. 组织逻辑关系

组织逻辑关系是施工组织安排中,考虑资源的有效利用,在各工作之间安排的顺序施工、平行施工、搭接施工、流水施工等。组织逻辑关系以遵守施工工艺逻辑为前提,在保证施工质量、安全和工期等前提下合理安排工作顺序。

(三)逻辑关系的表示方法

在绘制网络计划时,必须正确反映各工作之间的逻辑关系,其表示方法见表 3-2。

表 3-2　工作之间的逻辑关系在网络图中的表示方法

序号	工作之间的逻辑关系	双代号网络图表示方法	单代号网络图表示方法
1	工作 *A* 完成后 进行工作 *B* 和 *C*	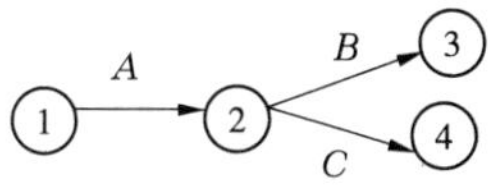	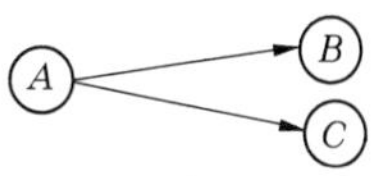
2	工作 *A*、*B* 完成后 进行工作 *C* 和 *D*	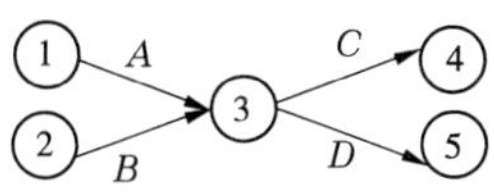	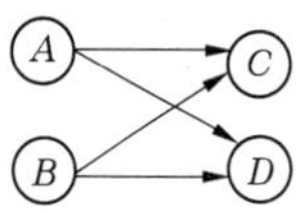

续表 3-2

序号	工作之间的逻辑关系	双代号网络图表示方法	单代号网络图表示方法
3	工作 A 完成后进行工作 C； 工作 A、B 完成后进行工作 D	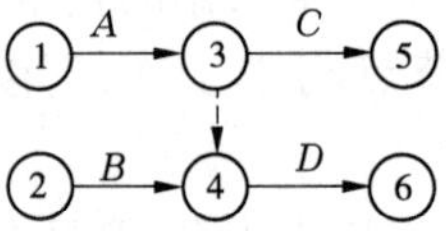	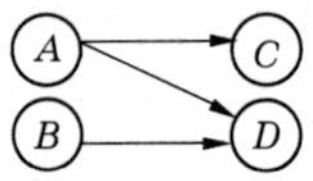
4	工作 A 完成后进行工作 C、D 工作 B 完成后进行工作 D、E	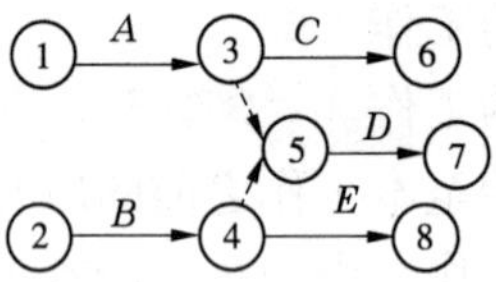	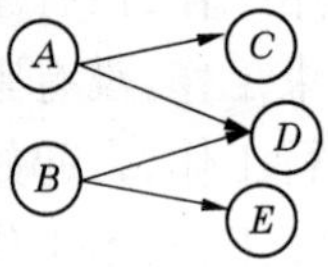
5	先后工作 A、B 在 三个施工段上顺序流水	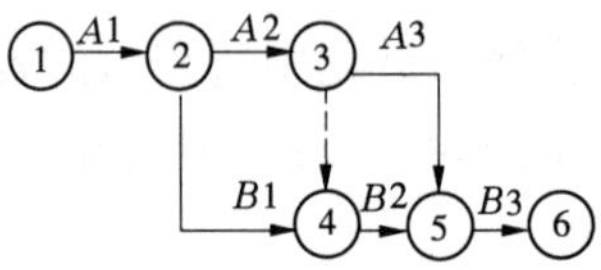	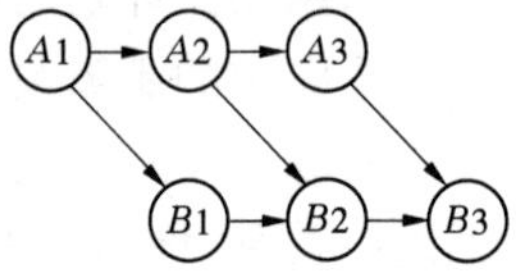

(四)网络图绘制的基本规则

(1)一个网络图只允许有一个始节点和一个终节点。如图 3-5 出现了 2 个始节点和 3 个终节点是错误的。

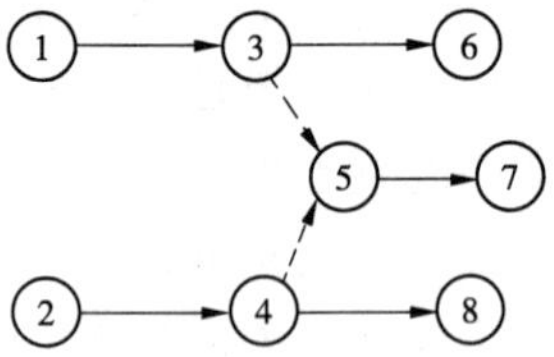

图 3-5　出现多个始节点和终节点的错误

(2)网络图中不允许出现循环闭合线路。如图 3-6 中有循环线路，它表示的逻辑关系是错误的。

(3)网络图是一种有向图，沿箭头的方向循序进行，一根箭线只有一个箭头。网络图中不允许出现双向箭头和无箭头工作，此外也应尽量避免使用反向箭线，以免引起误解。如图 3-7，这些都是错误的。

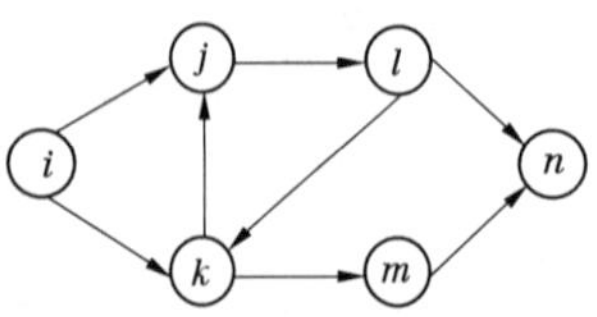

图 3-6　出现循环线路

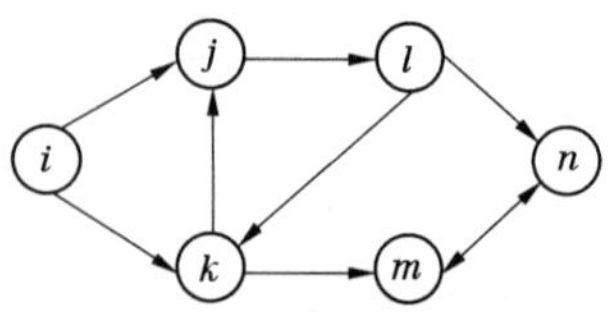

图 3-7　箭头表示方法错误

(4)网络图中，不允许出现编号相同的节点或箭线。

(5)网络图中箭尾的编号应小于箭头的编号，编号不能重复，可连续编号或跳号。

(6)网络图中不允许出现没有箭尾节点的箭线和没有箭头节点的箭线。

(7)网络图中尽量避免交叉箭线，当无法避免时，应采用过桥法、断线法或指向法表示。如图 3-8(a)、(b)、(c)所示。

(8)网络图中通常箭线应以水平为主，竖线为辅，尽量避免使用曲线。

(9)正确使用虚箭线，网络图中的虚箭线可以使网络计划中的逻辑关系更加明确、清楚,起到"断"和"连"的作用。

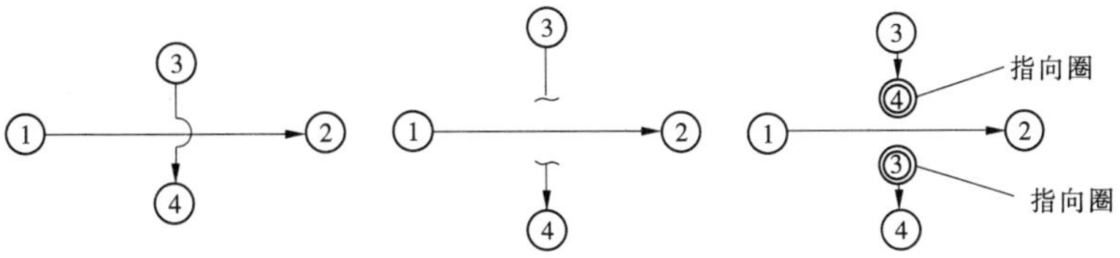

(a)过桥法　(b)断线法　(c)指向法

图 3-8　箭线交叉的表示方法

用虚箭线切断逻辑关系:如图 3-9(a)中所示的 A、B 工作的紧后工作是 C、D 工作,如果要切断 A 工作与 D 工作的逻辑关系,那么可以增加虚箭线,同时增加节点,如图 3-9(b)所示。

(a)A、D 存在逻辑关系　(b)A、D 不存在逻辑关系

图 3-9　切断逻辑关系

用虚箭线连接逻辑关系:如图 3-10(a)中 B 工作的紧前工作是 A 工作,D 工作的紧前工作是 C 工作。若 D 工作的紧前工作不仅有 C 工作还有 A 工作,那么连接 A 与 D 的关系就要使用虚箭线,如图 3-10(b)所示。同时应尽量删减多余的虚箭线,如图 3-10(a)中的⑤→⑥、④→⑥是多余的虚箭线。正确的表示方法如图 3-10(b)所示。

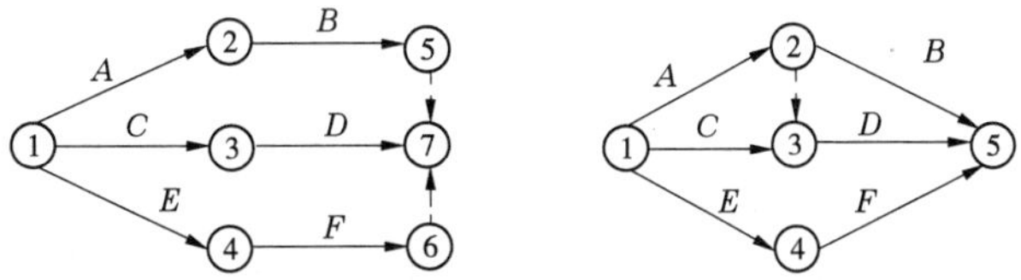

(a) A、D 不存在逻辑关系　(b) A、D 存在逻辑关系

图 3-10　连接逻辑关系

(五)网络图的绘图步骤

绘制步骤:①项目工作任务分解;②分析和确定工作逻辑关系;③计算各工作的施工时间和资源;④按选定的网络图类型绘制网络图。

按照逻辑关系表示方法,运用规定符号,从起始工作开始,自左向右依次绘制,只有在先行工作全部绘制完成后,才能绘制本工作,直至结束工作全部绘完为止;检查工作和逻辑关系有无错漏,并进行修正;按网络图绘图规则的要求完善网络图;按网络图的编号要求将节点编号并进行标注。

【例 3-1】 双代号网络图绘制。

已知某项目的工作任务计划如表 3-3 所示，请绘制其双代号网络计划图。

表 3-3 某项目的工作任务计划

工作名称	*A*	*B*	*C*	*D*	*E*	*F*	*G*	*H*
紧后工作	*C*、*D*	*E*、*F*	*E*、*F*	*G*	*G*	*G*、*H*	—	—
持续时间	1	5	3	3	4	6	5	3

解：按照绘图步骤和规则，绘制的双代号网络图如图 3-11 所示。

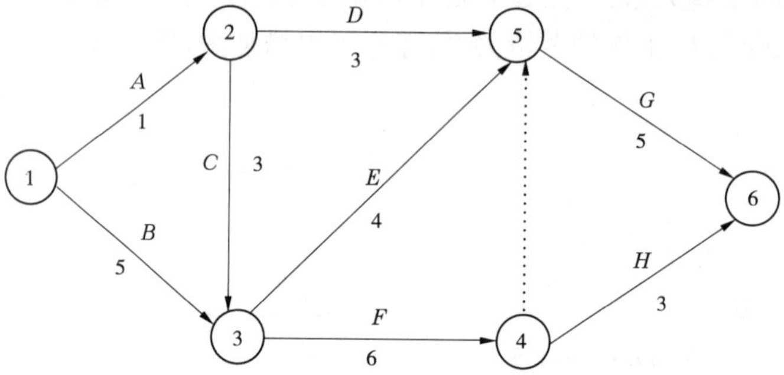

图 3-11 某工程项目计划的双代号网络计划图

第三节 双代号网络图的参数及其计算

一、双代号网络图的时间参数类型

(一)节点参数

节点也叫事件，节点参数反映项目计划的事件里程碑，一般分为节点最早可能实现时间 ET_i 和节点最迟必须实现时间 LT_i 两个。

(1)节点最早可能实现时间 ET_i：是该节点事件前面工作全部完成，后面工作最早可能开始的时间。

(2)节点最迟必须实现时间 LT_i：是指在不影响终节点的最迟时间约束的前提下，以该节点为完成节点的各工作最迟必须完成的时间。

(二)工作参数

工作参数主要反映项目工作的计划开工、完工状态，一般分为 4 个：

(1)工作最早可能开工时间 ES_{ij}：指一项工作具备了相应的工作条件和资源条件后，可以开始工作的最早时间。

(2)工作最早可能完工时间 EF_{ij}：按 ES_{ij} 开工并完成施工工作的结束时间。

(3)工作最迟必须完工时间 LF_{ij}：该工作不影响整个网络计划按期完成的工作结束时间；即是该工作最迟必须结束的时间，若超过此时间，会影响计划总工期并导致其后续各工作不能按时开工。

(4)工作最迟必须开工时间 LS_{ij}：不影响工作按 LF_{ij} 的条件下工作开始施工时间。

(三)管理控制参数

管理控制参数是指在计划实施过程中，管理者进行计划调整、过程状态控制和目标控制的参数，一般也分为 4 个：

(1)工作总时差 TF_{ij}：它是指本工作在不影响工程总工期(但可能影响前后工作结束或开始时间)的前提下，所具有的最大机动时间；即在不影响任何一项紧后工作的最迟必须开工时间条件下，本工作所拥有的最大机动时间。

(2)工作自由时差 FF_{ij}：是指本工作在不影响紧后工作按最早开工时间的条件下所具有的机动时间。

(3)工作相干时差 IF_{ij}：是指本工作可以与紧后工作共同利用的机动时间。

(4)工作独立时差 DF_{ij}：为本工作独有，其前后工作不能利用的机动时间。它是在不影响其紧后工作按最早开工条件下，允许该工作推迟开工时间或延长其持续时间的幅度。

二、网络图时间参数计算

(一)常用参数指标的表示

常用参数指标的表示符号，见表 3-4。

表 3-4　常用参数指标的表示符号

指标或参数	表示符号	指标或参数	表示符号
网络计划的计划工期	T_p	工作 $i—j$ 最早可能开工时间	ES_{ij}
网络计划的计算工期	T_c	工作 $i—j$ 最早可能完工时间	EF_{ij}
工作 $i—j$ 施工持续时间	t_{ij}	工作 $i—j$ 最迟必须开始时间	LS_{ij}
节点 i 最早可能实现时间	ET_i	工作 $i—j$ 最迟必须完工时间	LF_{ij}
节点 i 最迟必须实现时间	LT_i	工作 $i—j$ 的相干时差	IF_{ij}
工作 $i—j$ 的总时差	TF_{ij}	工作 $i—j$ 的独立时差	DF_{ij}
工作 $i—j$ 的自由时差	FF_{ij}		

(二)双代号网络图时间参数计算

双代号网络图时间参数的计算方法有很多，如分析计算法、图上计算法、表上计算法、矩阵计算法、电算法等，其基本原理和思想都是一致的。本书主要从时间参数的概念出发，介绍其计算原理。

1. 节点最早可能实现时间 ET_i

一般规定网络起始节点的最早实现时间为零(项目中为合同开工日期)，其他节点的最早实现时间等于从起始节点顺着各线路计算至该节点的各线路施工持续时间之和的最大值，其公式如下：

$$ET_1 = 0 \tag{3-1}$$

$$ET_j = \max\{ET_i + t_{ij}\} \tag{3-2}$$

2. 节点最迟必须实现时间 LT_i

一般终节点的最迟必须实现时间应以项目计划工期为准,当无规定的情况下,假设终节点最迟必须实现时间等于终节点的最早可能实现时间;其他节点的最迟必须实现时间等于终节点最迟必须实现时间减去由本节点到终节点各线路工作施工时间累积和的最小值,其公式如下:

$$LT_n = ET_n（未规定工期时，n\ 为终节点） \tag{3-3}$$

$$LT_n = T_p（规定工期为\ T_p\ 时） \tag{3-4}$$

$$LT_i = \min\{LT_j - t_{ij}\} \tag{3-5}$$

3. 工作最早可能开工时间 ES_{ij}

工作最早可能开工时间等于该工作首节点的最早可能实现时间,即:

$$ES_{ij} = ET_i \tag{3-6}$$

或　$$ES_{ij} = \max\{ES_{hi} + t_{hi}\}\quad h—i\ 为工作\ i—j\ 紧前工作 \tag{3-7}$$

4. 工作最早可能完工时间 EF_{ij}

工作最早可能完工时间等于该工作最早可能开工时间与本工作施工持续时间之和,其公式如下:

$$EF_{ij} = ES_{ij} + t_{ij} \tag{3-8}$$

5. 工作最迟必须完工时间 LF_{ij}

工作最迟必须完工时间等于该工作尾节点的最迟必须实现时间,即:

$$LF_{ij} = LT_j \tag{3-9}$$

$$LF_{ij} = \min\{LF_{jk} - t_{jk}\}\quad j—k\ 为工作\ i—j\ 紧后工作 \tag{3-10}$$

6. 工作最迟必须开始时间 LS_{ij}

工作最迟必须开始时间等于该工作最迟必须完工时间减去本工作施工作业持续时间,其公式如下:

$$LS_{ij} = LF_{ij} - t_{ij} \tag{3-11}$$

7. 工作总时差 TF_{ij}

工作从最早可能开工时间到最迟必须开工时间之间开工,均不会影响项目计划工期,其计划机动总范围从最早可能开工时间到最迟必须完成时间之间,考虑本工作的施工持续时间,总时差等于本工作的最迟开始时间减去最早开始时间,或本工作最迟结束时间减去最早结束时间,其计算公式如下:

$$TF_{ij} = LS_{jk} - ES_{ij} \tag{3-12}$$

或　$$TF_{ij} = LF_{ij} - EF_{ij} \tag{3-13}$$

8. 工作自由时差 FF_{ij}

不影响紧后工作按最早可能开工条件下本工作允许的机动时间叫工作的自由时差,其特点有:自由时差小于或等于总时差;以关键线路上的节点为尾节点的工作,其自由时差与总时差相等。其计算公式如下:

$$FF_{ij} = ET_j - ET_i - t_{ij} \tag{3-14}$$

9. 工作相干时差 IF_{ij}

通常在一条工作线路上的前后工作之间可以共用的机动时间，对于本工作而言实际上就是总时差中减掉自由时差的部分，其计算公式如下：

$$IF_{ij} = TF_{ij} - FF_{ij} = LT_j - ET_j \tag{3-15}$$

10. 工作独立时差 DF_{ij}

在非关键线路上，工作线路存在分支的情况下，相应工作独立时差 DF_{ij} 的计算公式如下：

$$DF_{ij} = FF_{ij} - IF_{hi} \quad (h<i) \tag{3-16}$$

或

$$DF_{ij} = ET_j - LT_i - t_{ij} \tag{3-17}$$

对于双代号网络计划中的工作，其时间参数之间的相互关系见图 3-12。

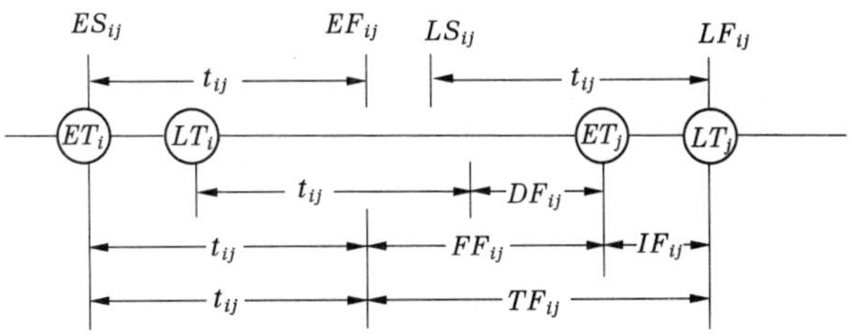

图 3-12　工作时间参数关系图

在项目施工计划执行管理中，应注意网络计划的工作管理性参数的特点：

(1)工作的总时差是针对工作所在线路而言，它的利用对紧前工作和紧后工作均会产生影响；

(2)工作的自由时差，只限于本工作利用，不能转移给紧后工作，也不会对紧后工作的时差产生影响，如利用将对其紧前工作的时差产生影响；

(3)工作的相干时差对其紧前工作无影响，但对紧后工作的时差有影响，如利用该时差，将使紧后工作的时差减少或消失，它可以转让给紧后工作变为其自由时差而加以利用；

(4)工作的独立时差只能被本工作利用，利用与否对紧前紧后工作时差不产生任何影响。

(三)关键工作和关键线路

在网络计划中总时差最小的工作称为关键工作。关键工作连成的自始节点至终节点的线路，就是关键线路。该线路在网络图上一般用粗线、双线或彩色线标注。它是进行项目工作计划、施工过程控制和管理的重点。

关键线路的特点主要有：

(1)若合同工期等于计划工期时，关键线路上的工作总时差等于 0；

(2)关键线路是从网络计划始节点到终节点之间持续时间最长的线路；

(3)关键线路在网络计划中可能不止一条；

(4)关键线路上的工作称为关键工作，关键线路以外的工作称为非关键工作，如果使用了非关键工作的总时差时，非关键线路也可变成关键线路；

(5)当非关键线路上的工作时间延长且超过它的总时差时,原关键线路就变成了非关键线路。

(四)网络计划工作时间参数的图上标注

工作参数的六时标标注,见图 3-13(a);工作参数的全时标标注,见图 3-13(b)。

计算网络图时间参数的目的主要有 3 个:①确定关键线路,使得在项目工作中能抓住主要矛盾,确定计划控制的重点对象——关键工作;②计算非关键线路上的管理时差参数,明确其存在的机动时间,使得项目计划有一定的弹性,也可以作为项目施工资源调剂和优化的对象;③确定总工期,做到工程进度心中有数。

在工程进度管理中,应把关键工作作为重点来抓,保证各项工作如期完成,同时要注意挖掘非关键工作的潜力,合理安排资源,节省工程费用。

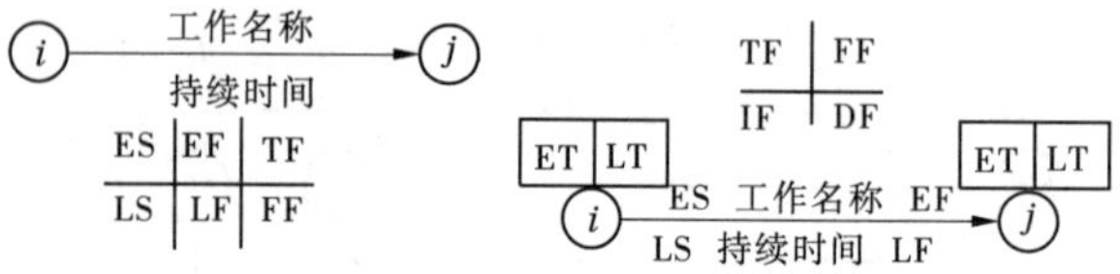

(a)六时标标注　　(b)全时标标注

图 3-13　工作时间参数的图上标注方法

【例 3-2】 某工程双代号施工网络计划如图 3-14 所示,试对该计划各工作的时间参数进行计算,并根据计算确定关键线路与关键工作。

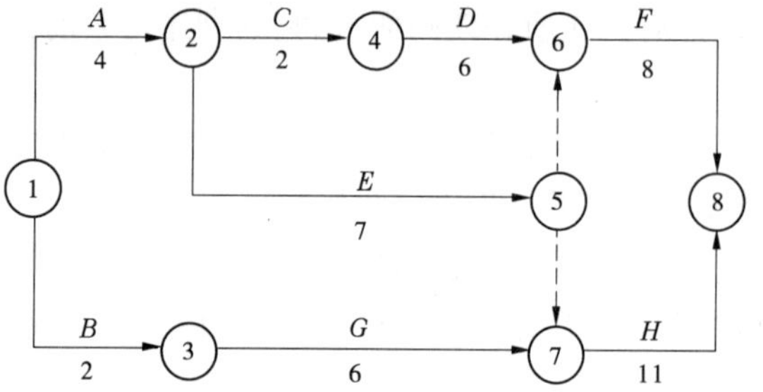

图 3-14　某工程项目的网络计划图

解:根据网络计划工作时间参数的计算方法,按公式计算;计算结果标注于图 3-15 中;关键线路如粗黑线所示。

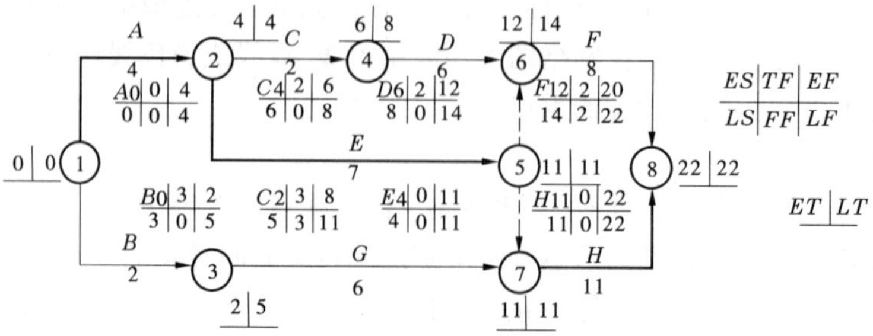

图 3-15　工作时间参数计算结果

第四节　双代号时标网络图

一、时标网络图的概念及特点

时标网络图是双代号网络计划的一种形象直观的表示形式，以时间坐标为尺度表示计划时间，以工作箭线在时间坐标上的位置和投影长度反映该工作施工作业计划的起止时间及持续时间。时标网络计划的时间单位应根据编制需要确定，可以是小时、天、周、旬、月、季等。

时标网络图所具有的特点：

(1)工作时间一目了然，直观易懂；

(2)可直接看出网络计划工作的部分时间参数；

(3)可在网络图的下面绘制资源需要量曲线。

二、时标网络图的绘制方法

时标网络图绘制方法有 2 种，即间接绘制法和直接绘制法。

(一)间接绘制法

间接绘制法是先绘制一般网络图，算出时间参数，确定关键线路，最后绘制时标网络图。在画图时，宜先绘制出关键线路，再绘制非关键线路，当某些工作箭线长度不足以达到该工作的完工节点时，用波形线补足，且箭头画在波形线与节点连接处。间接绘制法可以根据工作时间参数的类型分别绘制“计划的最早可能开工时间”和“计划的最迟必须完工时间”的时标网络图。

1. 按工作最早可能开工时间绘制时标网络图的方法

(1)确定坐标线所代表的时间，绘于图的上方；

(2)按工作最早可能开工时间确定各工作首节点的位置；

(3)将各工作的施工持续时间用实线沿起始节点后的水平方向绘出，其水平投影长度等于该工作的作业持续时间；

(4)用水平波形线把实线部分与该工作的完工节点连接起来，波线水平投影长度是该工作的自由时差；

(5)虚工作不占用时间，因此用虚箭线连接各相关节点以表示逻辑关系；

(6)把时差为零的箭线从开始节点到结束节点连接起来得到关键线路。

2. 按工作最迟必须完工时间绘制时标网络计划图的方法

(1)确定坐标线所代表的时间，绘于图的上方；

(2)按工作最迟必须完工时间确定各工作尾节点位置；

(3)将各工作的持续时间用实线沿尾节点向前的水平方向绘出，其水平投影长度等于该工作的作业持续时间；

(4)用水平波形线把实线部分与该工作的首节点连接起来，波线水平投影长度是该工作的自由时差；

(5)虚工作不占用时间,因此用虚箭线连接各相关节点以表示逻辑关系;

(6)把时差为零的箭线从开始节点到结束节点连接起来得到关键线路。

(二)直接绘制法

直接绘制法就是不经过计算直接绘制时标网络图的方法。其绘制步骤有:

(1)确定坐标线所代表的时间,绘于图的上方;

(2)将项目开始节点定位在坐标线对应的时间进度起始点;

(3)在时标表中绘制始节点出发的外向箭线工作,并按其施工持续时间绘制其长度;

(4)其他节点的定位必须在指向该节点的内向箭线全部绘出后,定位在这些箭线工作最晚完成的实箭线箭头处,其他内向箭线长度不足以到达该节点时,可用波形线补足;

(5)其他节点的绘制应按照节点由小到大的顺序确定,依次确定其位置,直到终结点定位完成。

【例 3-3】 某工程项目施工计划工作的施工时间及逻辑关系见表 3-5,绘制其时标网络图。

表 3-5　某工程项目施工计划工作的施工时间及逻辑关系

工作名称	A	B	C	D	E	G	H	I	J	K
紧后工作	C、D	E	I、J	G	H	J	K	—	K	—
施工持续时间	15	25	30	25	10	15	25	40	35	10

解:根据逻辑关系及绘图步骤,绘制出如图 3-16 所示的时标网络图。

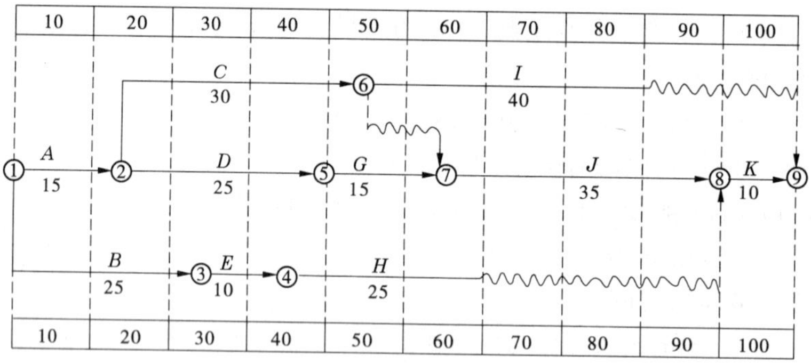

图 3-16　某工程项目计划的时标网络图

三、时标网络图的时间参数图示和计算及关键线路确定

(一)时标网络图的时间参数图示和计算

时标网络图形象直观,计划工作的很多时间参数可以直接在图上反映。

以最早时标网络图为例说明如下:

(1)工作箭线的首节点位置表示本工作的最早可能开工时间,工作箭线实线部分右端对应的时间为工作最早可能完工时间;

(2)工作的自由时差应为其波形线在时间坐标上的投影长度;如工作箭线的右端只有

虚工作,则这些虚工作中最短的波形线长度即为其自由时差;

(3)项目的计算工期为始节点与终结点的时标值之差;

(4)工作的总时差应从终节点逆着箭线方向依次逐项计算,并在其紧后工作的总时差计算后才能确定,且数值等于紧后工作总时差的最小值与本工作的自由时差之和,即:

$$TF_{ij} = \min\{TF_{jk}\} + FF_{ij}, j - k \text{ 为本工作的紧后工作} \quad (3\text{-}18)$$

工作最迟必须开工时间和最迟必须完工时间计算,应满足条件为:

$$LS_{ij} = ES_{ij} + TF_{ij} \quad (3\text{-}19)$$

$$LF_{ij} = EF_{ij} + TF_{ij} \quad (3\text{-}20)$$

(二)时标网络图的关键线路确定

时标网络计划的关键线路确定应符合从始节点到终节点的线路,全部由实箭线连通的线路,即线路上没有波形线工作,这样的线路即为关键线路。

第五节　非肯定型网络计划

前面所介绍的项目计划工作的逻辑关系和施工时间是肯定的,但在实践中,可能由于客观条件或不可预见因素的影响,致使某些工作的逻辑关系发生改变或施工时间具有不确定性,此时的项目工作网络计划,就是非肯定型网络计划。工程项目实践中,通常以工作逻辑关系确定、工作的施工时间不肯定的计划情形居多,这也正是计划评审技术(PERT)主要研究和解决的问题。下面介绍计划评审技术(PERT)的网络计划编制及参数计算。

一、计划评审技术(PERT)的特点

计划评审技术主要通过对工作计划的条件分析和判断,估计工作实现的可能状态,利用随机事件发生的概率分布原理,分析项目计划在某一目标要求下实现的可能性或在某一可能性完成工作计划的约束下,计划工期安排。

工作时间参数的特征,由于项目计划中的某些工作的施工时间具有不确定性,所以通常利用专家调查法对这些工作的施工持续时间进行预测,把不确定的施工时间变成对应不同状态下的准确时间值,通常时间参数预测结果为:

(1)乐观估计时间(a),在最有利的情况下的最短施工时间;

(2)悲观估计时间(b),在最不利的情况下的最长施工时间;

(3)正常估计时间(m),条件正常时,完成可能性最大的施工时间。

依据随机事件的概率分布特征,可以把这种不确定的参数转化为参数分布:平均值 t 和方差 σ^2。

$$t = \frac{a + 4m + b}{6} \quad (3\text{-}21)$$

$$\sigma^2 = \left(\frac{b - a}{6}\right)^2 \quad (3\text{-}22)$$

二、计划评审技术网络图的绘制

与双代号网络计划图的绘制一样,计划评审技术网络图的绘制步骤为:项目工作分解(WBS);工作逻辑关系分析;工作施工时间的估计和预测,并计算其平均值 t 和方差 σ^2;绘制网络图。

【例 3-4】 已知某工程项目计划包括 A、B、C 等 7 项工作,工作间的逻辑关系确定,施工时间有的确定、有的不确定,但通过专家调查法分析不同状态下的施工时间见表 3-6。绘制其 PERT 网络计划图。

表 3-6　某工程项目不同状态下的施工时间　(单位:d)

工作名称		A	B	C	D	E	F	G
紧后工作		D	C、E	D	F	F、G	—	—
施工时间预测	a	5	5	10	4	9	3	6
	m	10	5	12	7	15	7	9
	b	13	5	14	8	20	10	11
t		9.67	5	12	6.67	14.83	6.83	8.83
σ^2		1.78	0	0.44	0.44	3.36	1.36	0.69

解:按照双代号网络图的规则和 PERT 的参数标注,绘制的相应网络图如图 3-17 所示。

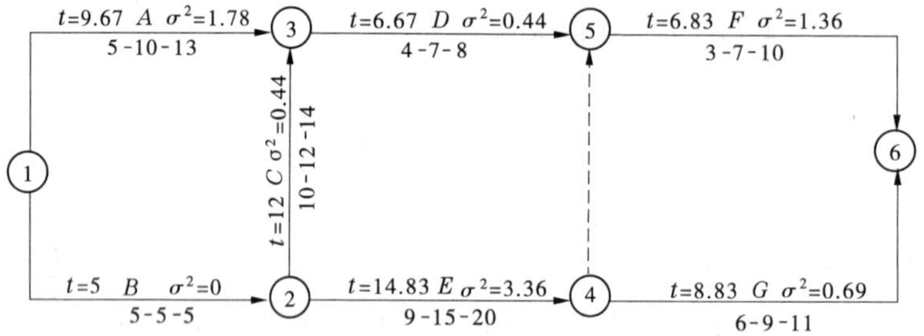

图 3-17　某工程计划的 PERT 网络图

三、计划评审技术网络图的参数计算

PERT 网络计划中的时间参数,通常针对项目计划中的节点事件进行计划评审。由于工作时间参数存在不确定性因素,因此计算节点事件的时间参数也存在不确定性,即需要计算时间参数的期望值和相应方差。

PERT 以节点为基准,其相应参数的计算方法如下:

(一)节点事件的最早实现时间和方差

设计划从项目计划的始节点开始,并作如下规定:

$$ET_1 = 0 \qquad \sigma^2(ET_1) = 0$$

则
$$ET_j = \max\{ET_i + t_{ij}\} \tag{3-23}$$
$$\sigma^2(ET_j) = \sigma^2(ET_i) + \sigma_{ij}^2 \tag{3-24}$$

在计算节点参数时应沿最长的线路由始节点 1 依次计算到 j 节点；如果最长线路有两条以上，则选择其中方差大的线路。

（二）节点事件的最迟实现时间和方差

设项目计划的终节点时间参数满足如下规定：

$$LT_n = ET_n \qquad \sigma^2(LT_n) = 0$$

则
$$LT_i = \min\{LT_j - t_{ij}\} \tag{3-25}$$
$$\sigma^2(LT_i) = \sigma^2(LT_j) + \sigma_{ij}^2 \tag{3-26}$$

在计算节点最迟实现时间和方差时应沿最长的线路由终节点 n 依次计算到 i 节点；如果最长线路有两条以上，则选择其中方差大的线路。

（三）节点事件的时差及其实现概率

节点的时差等于其最迟实现时间和最早实现时间的间隔，即：

$$TF_i = LT_i - ET_i \tag{3-27}$$

TF_i 可以为正，也可以为负。

在 PERT 网络计划中，可以对所有的节点事件预先规定实现的时间期限 T_i^P，则取 $LT_i = T_i^P$ 进行计算。

节点事件实现的概率可以通过正态分布偏离值 λ 的计算，查概率表（见表 3-7）求得。

$$\lambda = TF_i / \sigma(ET_i) \tag{3-28}$$

或
$$\lambda = (T_i^P - ET_i) / \sigma(ET_i) \tag{3-29}$$

当 λ 为负值时，它的概率等于 1 减去表中查出的数值。

表 3-7　正态分布概率表

λ	概率	λ	概率	λ	概率	λ	概率	λ	概率
0.00	0.500 0	0.65	0.742 2	1.30	0.903 2	1.95	0.974 4	2.60	0.995 5
0.05	0.519 9	0.70	0.758 0	1.35	0.911 5	2.00	0.977 2	2.65	0.996 1
0.10	0.539 8	0.75	0.773 4	1.40	0.919 2	2.05	0.979 8	2.70	0.996 5
0.15	0.559 6	0.80	0.788 1	1.45	0.926 5	2.10	0.982 1	2.75	0.997 0
0.20	0.579 3	0.85	0.802 3	1.50	0.933 2	2.15	0.984 2	2.80	0.997 4
0.25	0.598 7	0.90	0.815 9	1.55	0.939 4	2.20	0.986 1	2.85	0.997 8
0.30	0.617 9	0.95	0.828 9	1.60	0.945 2	2.25	0.987 8	2.90	0.998 1
0.35	0.636 8	1.00	0.841 3	1.65	0.950 5	2.30	0.989 3	2.95	0.998 4
0.40	0.655 4	1.05	0.853 1	1.70	0.955 4	2.35	0.990 9	3.00	0.998 7
0.45	0.673 6	1.10	0.864 3	1.75	0.959 9	2.40	0.991 8	3.05	0.998 9
0.50	0.691 5	1.15	0.874 9	1.80	0.964 1	2.45	0.992 9	3.10	0.999 0
0.55	0.708 8	1.20	0.884 9	1.85	0.967 8	2.50	0.993 8	3.15	0.999 2
0.60	0.725 7	1.25	0.894 3	1.90	0.971 3	2.55	0.994 6	3.20	0.999 3

第六节　单代号网络图的绘制及计算

一、单代号网络图的绘图三要素

(一)节点

表示一项具体的工作,有时间和资源的消耗。工作的名称、节点的编号和工作时间都标注在圆圈内。一个编号表示一项工作,箭头节点编号大于箭尾节点的编号。节点的表示方法见图 3-18(a)。

(二)箭线

表示工作间的逻辑关系,不消耗时间和资源,没有双代号中的虚箭线;逻辑关系表示形象直观。箭线的箭头表示工作的前进方向,箭尾节点表示的工作为箭头节点工作的紧前工作,工作之间的逻辑关系见图 3-18(b)。

节点表示方法

(a)

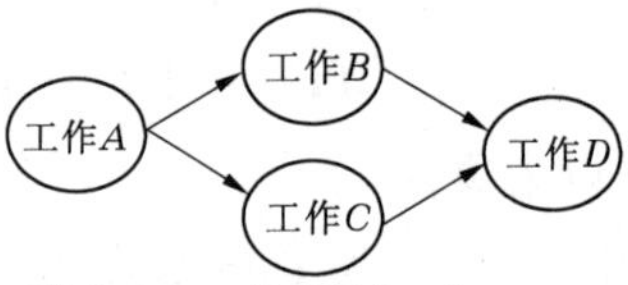

A工作为B、C工作的紧前工作;B、C工作之间为平行工作;D工作为B、C工作的紧后工作

(b)

图 3-18　单代号节点表示工作及工作关系

(三)线路

与双代号网络图相同。

二、绘图规则

单代号网络图绘图规则有很多与双代号相同,基本规则有:

(1)工作及逻辑关系按表示方法绘制;

(2)线路不允许出现闭合回路;

(3)网络图中禁止出现没有箭尾节点的箭线和没有箭头节点的箭线;

(4)网络图的工作节点不出现重复编号,且紧后工作节点编号要大于紧前工作节点的编号;

(5)除始节点和终节点外,其余各中间节点必须有内向和外向的箭线;

(6)在工作计划中如有多项工作无紧前工作或多项工作无紧后工作时,需要在开始或结束增加始节点或终节点。

单代号网络图基本逻辑关系的表示见表 3-2。

【例 3-5】　某护岸工程分 3 段施工,承包人组织了流水施工,绘制其单代号流水施工网络进度计划图。每段分 3 项工作:挖基础 $t_{挖j}=4\text{d}$、墙体块石浆砌 $t_{砌j}=12\text{d}$、墙后回填土 $t_{填j}=3\text{d}$。

解:依据单代号网络图的绘制规则和方法,其单代号流水施工网络进度图见图 3-19。

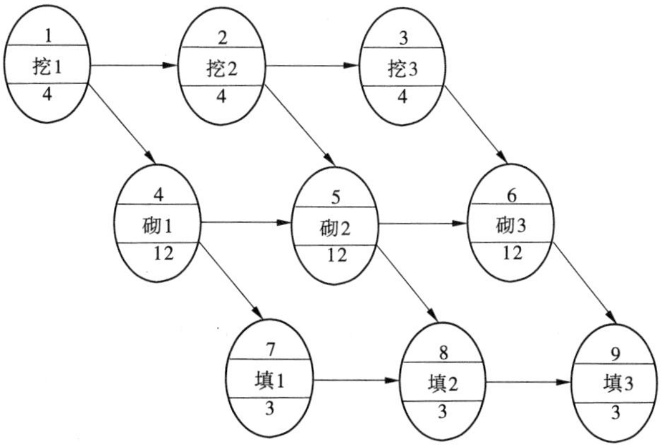

图 3-19　某护岸工程单代号流水施工网络图

三、单代号网络图时间参数计算及图上标注

工作参数的内涵与双代号完全一致，所不同的是公式表示方法的差异。

(1)工作的最早可能开工时间：j 工作的最早可能开工时间为 ES_j，其紧前工作的最早可能完工时间 EF_i 的最大值。

$$ES_j = \max\{EF_i\} \tag{3-30}$$

(2)工作的最早可能完工时间：

$$EF_i = ES_i + t_i \tag{3-31}$$

(3)工序的最迟必须完成时间：i 工作的最迟必须完工时间等于其后续工作的最迟必须开工时间的最小值。终节点的最迟必须完成时间为计划的总工期 T_p。

$$LF_i = \min\{LS_j\} \tag{3-32}$$

(4)工作的最迟必须开始时间：

$$LS_i = LF_i - t_i \tag{3-33}$$

(5)工作总时差 TF_i：

$$TF_i = LS_i - ES_i \tag{3-34}$$

(6)自由时差 FF_i：

$$FF_i = ES_j - EF_i \tag{3-35}$$

(7)单代号网络图工作参数的标注：单代号网络图工作参数的标注方法一般有两种，见图 3-20(a)、(b)。

【例 3-6】　某项目工作计划安排如表 3-8(时间：周)，绘制其单代号网络图，并进行参数计算和标注。

表 3-8　某项目工作计划安排　(单位：周)

工作名称	*A*	*B*	*C*	*D*	*E*	*G*	*H*
紧后工作	*C*、*D*	*E*	*E*	*G*	*H*	—	—
工作时间	3	5	4	2	4	3	2

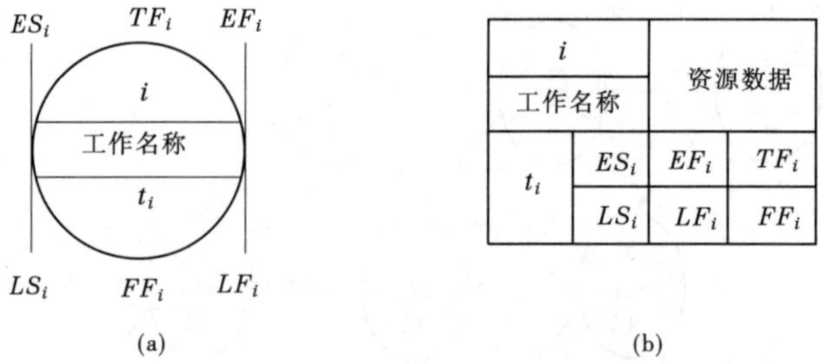

图 3-20　单代号网络图工作参数的标注方法

解：根据工作逻辑关系和单代号绘图规则，该计划的单代号网络图如图 3-21 所示。

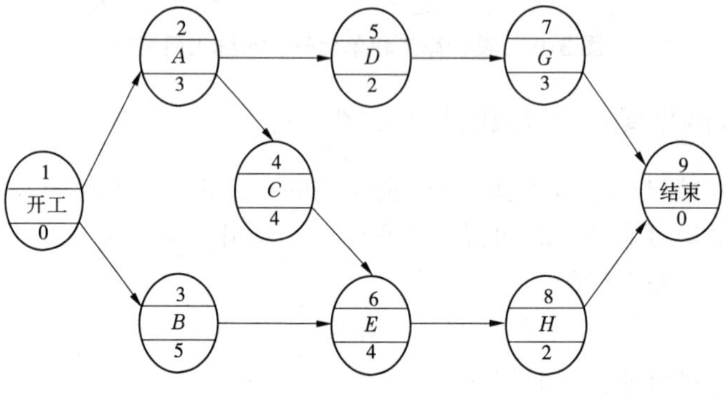

图 3-21　某工作计划单代号网络图

根据各工作参数计算公式，将计算结果标示于图 3-22，标示图例见图 3-20(a)；关键线路为图中粗实线。

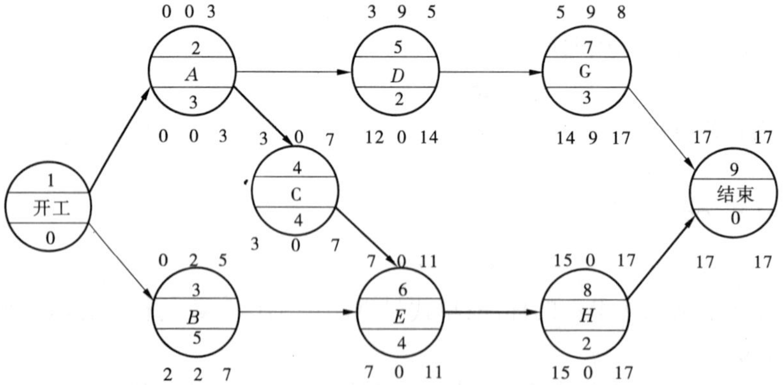

图 3-22　某工作计划单代号网络参数

第七节　网络计划优化技术

网络计划中用关键线路控制工期，利用时差进行网络计划的优化。网络计划的优化是通过时差不断地改善网络计划的初始可行方案，在满足既定约束条件下，按某一目标要求(如时间、成本、物资)来寻求最优方案。

网络计划的优化目的是通过依次改善网络计划,使进度计划在符合要求的前提下,充分利用现有施工资源,提高利用效率,获取最好的经济效益。如在资源受约束的情况下,寻求最短工期;在工期约束条件下,使资源强度均衡或寻求缩短工期而成本最低的方案。

网络计划的优化目标,应根据项目施工管理的目标和条件确定,通常包括工期目标、成本费用目标、资源强度目标等。根据目标不同,优化的原理和方法有不同。

工期优化的作用在于当网络计划计算工期不能满足要求工期时,通过不断压缩关键线路上的关键工作的持续时间,达到缩短工期,满足工期要求的目的。资源优化的作用在于,在资源有限条件下,寻求完成计划的最短时间,或者在工期规定条件下,力求资源消耗均衡。通常把这方面的问题分别称为"资源有限,工期最短"和"工期规定,资源均衡"。完成一项工作常可以采用很多种施工方法和组织方法,所以在安排一项工程计划时,就可能出现多种方案。它们的总工期和总成本也因此而有所不同。如何在多种方案中确定一个最优或较优方案,需要用费用优化方法解决。

一、工期目标优化

(一)工期目标优化措施

工期目标优化就是调整或改变项目各工作计划的施工时间或施工逻辑来达到调整优化工期的目的。其优化措施一般有:①将串联工作调整为平行工作;②将串联工作调整为交叉工作;③相应地推迟非关键工作的开始时间;④相应地延长非关键线路中工作的工作时间;⑤从计划外增加资源加快关键工作,缩短总工期等。

(二)工期优化步骤

(1)确定初始网络计划的计划工期和关键线路;

(2)将计划工期与指令工期比较,求出需要缩短的时间;

(3)采用适当的优化措施压缩关键线路的长度,并求出网络计划新的关键线路和工期;

(4)若调整后的工期符合规定要求,则优化结束,否则重复步骤(1)~(3)直到符合要求为止。

【例 3-7】 某工程双代号施工网络计划如图 3-23 所示,该进度计划已经监理工程师审核批准,合同工期为 23 个月。

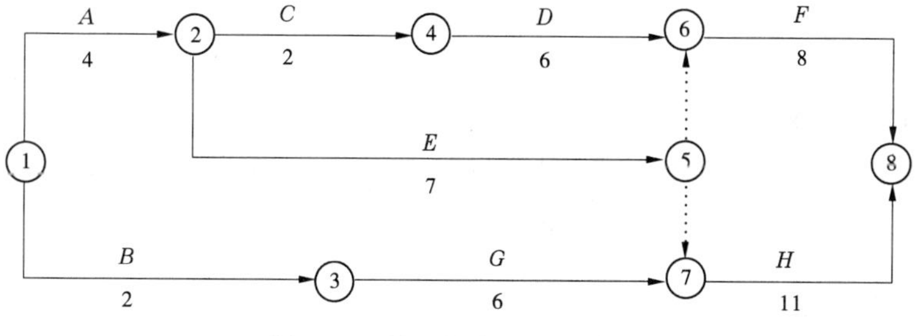

图 3-23　某工程施工网络计划

如果计划工作 C 和工作 G 需共用一台施工机械且只能按先后顺序施工（工作 C 和工作 G 不能同时施工），该施工网络进度计划如何调整较合理？

解：(1)计算原进度计划的工期：

计算工期 $T_C = 22$ 月，符合合同工期要求。

关键线路为 1—2—5—7—8，关键工作为 A、E、H；

(2)如果工作 C 和工作 G 共用一台施工机械且需按顺序施工时，有两种可行的方案。

方案一：按先 C 后 G 顺序施工，调整后网络计划如图 3-24 所示，计算工期 $T_1 = 23$ 月，关键线路为 1—2—3—4—7—8。

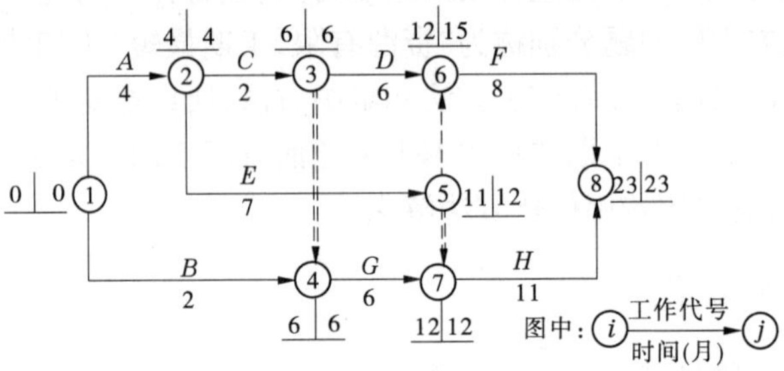

图 3-24　方案一的调整计划图

方案二：按先 G 后 C 顺序施工，调整后网络计划如图 3-25 所示，计算工期 $T_2 = 24$ 月，关键线路为 1—3—4—5—6—8—10。

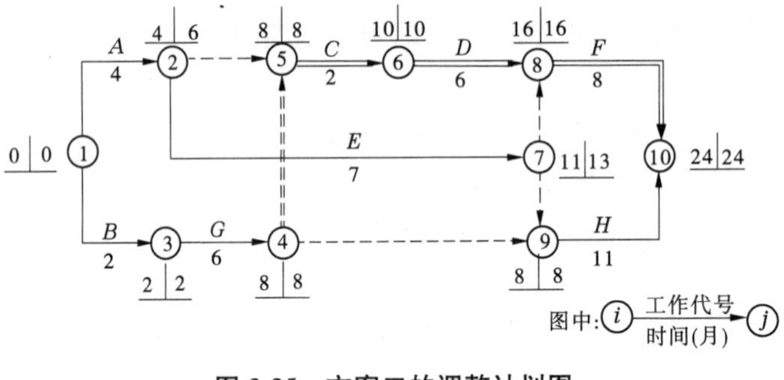

图 3-25　方案二的调整计划图

比较方案一和方案二，方案一工期短且满足合同工期要求，所以按先 C 后 G 的顺序施工较为合理。

二、时间—费用优化

(一)时间与直接费的关系

(1)最高直接费：工作的直接费增加到某一限值，此时再增加多少直接费，也不能缩短工作时间。此费用界限值为最高直接费 C_s。

(2)最低工期：不能再缩短的时间界限值 T_s。

(3)正常工期：最低直接费对应的工期 T_n。

(4)最低直接费：直接费—工期曲线的最低点所对应的费用 C_n。

(5)时间与直接费($T—C$)关系,可简化为线性表示,单位时间费用变化率 e 等于:

$$e = C_S - \frac{C_n}{T_n - T_S} \tag{3-36}$$

对于不同的工作,其费用变化率是不一样的,因此进行优化时应首先压缩关键线路上单位费用变化率最小的工作,因为这样压缩一天工期,直接费增加的最少。

总费用最低的最优工期:明确了计划的时间与直接费的关系后,可以得到一条直接费曲线,如果知道了间接费曲线,则用图解法可求得总费用曲线。总费用曲线的最低点就是项目的最优方案。

(二)时间—费用优化步骤

(1)按正常工期编制网络计划,并计算项目计划的工期和完成计划的直接费。

(2)列出构成整个计划的各项工作在正常工期和最短工期时的直接费,以及工作缩短单位时间所增加的费用,即工作单位时间费用变化率。

(3)根据费用最小原则,找出关键工作中单位时间费用变化率最小的工作首先予以压缩。这样使直接费增加的最少。

(4)计算加快某关键工作后,计划总工期和直接费,并重新确定关键线路。

(5)重复上述工作,直到网络计划中关键线路上的工作都达到最短持续时间不能再压缩为止。

(6)根据以上计算结果可以得到一条直接费曲线,如果间接费曲线已知,叠加直接费与间接费曲线得到总费用曲线。

(7)总费用曲线上的最低点所对应的工期,就是整个项目的最优工期。

【例 3-8】 某单项工程,按图 3-26 进度计划图正在进行,图中所示箭线上方数字为工作缩短一天需增加的费用(元/d),箭线下括弧外数字为工作正常施工时间,箭线下括弧内数字为工作最快施工时间。原计划工期是 170d,在第 75d 检查时,工作 1—2 已全部完成,工作 2—3 刚刚开工。由于工作 2—3 是关键工作,所以它拖后 15d,将导致总工期延长 15d 完成。为使计划按原工期完成,则必须赶工,调整原计划,问应如何调整原计划,既经济又保证计划在 170d 内完成?

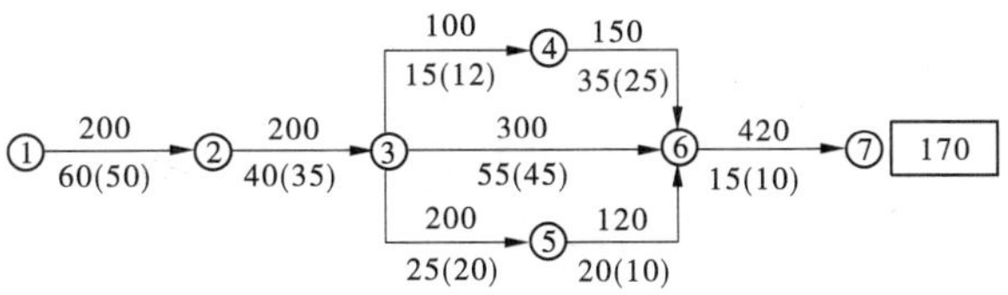

图 3-26　某工程实施进度计划图

解:(1)计算工作 2—3 拖延 15d 后的网络计划,关键线路为 1→2→3→6→7,工期 185d。

关键工作中,工作 2—3 赶工费率最低,故可压缩工作 2—3。40 - 35 = 5(d),工作 2—3 可压缩 5d,增加费用为 5×200 = 1 000(元)

总工期为 185 - 5 = 180(d);

(2)其次工作 3—6 的赶工费率最低,压缩工作 3—6。

但必须考虑与工作 3—6 平行的各项工作，压缩时间不能超过平行工作的最小时差，

$$TF_{3-4}=TF_{4-6}=5(\mathrm{d}),TF_{3-5}=TF_{5-6}=10(\mathrm{d})$$

故一般只能压缩 $\mathrm{Min}(TF_{3-4},TF_{3-5})=5(\mathrm{d})$，增加费用为 $5\times300=1\ 500$(元)。总工期为 $180-5=175(\mathrm{d})$；

(3)此时关键工作又增加了工作 3—4 和工作 4—6，必须同时压缩 3—6 和 3—4 或工作 3—6 和工作 4—6，工作 3—6 与工作 3—4 的赶工费率最低，但工作 3—4 只能压缩 3d，同时压缩工作 3—6 和工作 3—4 各 3d，增加费用 $3\times(300+100)=1\ 200$(元)，总工期为 $175-3=172(\mathrm{d})$。

(4)此时关键工作 6—7 赶工费率最低，压缩其工作 6—7 为 2d，增加费用 $2\times420=840$(元)，

总工期为 $172-2=170(\mathrm{d})$。

通过以上调整，可将拖延的 15d 工期找回来，工期仍为 170d，但增加了赶工费 $1\ 000+1\ 500+1\ 200+840=4\ 540$(元)，按此调整即为最经济的赶工方案。调整后的网络计划如图 3-27 所示。

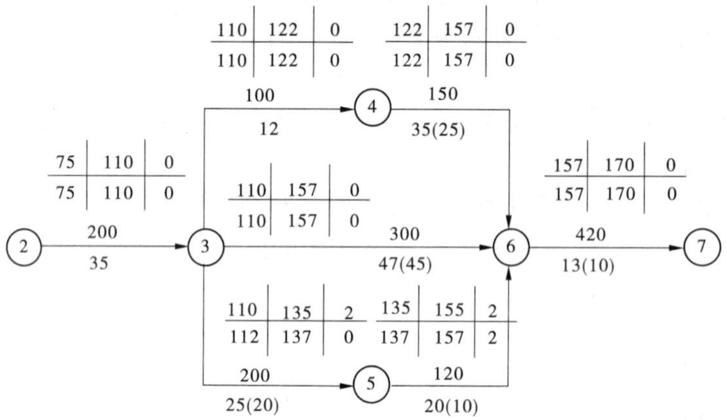

图 3-27　经优化调整后的网络计划

三、网络计划的资源优化

一项计划要按期完成往往会受到资源的限制，在实际任务的计划中，还需要考虑实现这项计划的客观物质条件。一项好的工程计划安排，一定要合理地使用现有的资源。如果工作进度安排不当，就会使计划的某些阶段出现对资源需求的高峰。而在另一些阶段则出现资源需求低谷。这种高峰与低谷的存在是一种资源没有得到很好利用的浪费现象。开展计划的资源优化将通过合理地安排工作进度，解决资源的供需矛盾或实现资源的均衡利用。

(一)工期限定、资源消耗均衡

在工期限定的条件下，安排工作进度，实现资源的均衡利用。

资源的消耗是保障施工活动连续、均衡、有节奏进行的前提，不同活动资源消耗的量与种类是不一样的，从经济学角度资源的均衡稳定消耗是理想的，实际工作中不可能，但

通过优化工作计划可以减少资源使用的波动幅度。资源均衡优化的方法主要有最小方差法和消峰法。

优化调整步骤：

(1)绘制时标网络图；

(2)绘制资源使用计划图；

(3)求资源高峰值 R_m、平均值 $R_{平均}$、不均衡系数 K 或方差 σ^2；

(4)依次调整各非关键工作的开完工时间，使物资供应趋向均衡；

(5)计算调整后的资源高峰值 R_m、不均衡系数 K 或方差 σ^2，并与调整前进行比较；

(6)循环直到各指标出现最小，此时的进度计划方案即为所求。

(二)资源有限、工期最短

在资源有限的情况下，安排工作进度，力求使工期增加最少。

由于问题求解的复杂性，在实际工作中，通常只针对项目部的紧缺资源进行优化，优化的方法主要有 RSM 法和编号法。

优化调整步骤为：

(1)绘制时标网络图；

(2)绘制资源使用计划图；

(3)找出超过资源供给的使用计划时间段；

(4)调整该计划时段工作的开工时间或资源使用强度，使满足资源限制的条件，而工期又为最短。

思　考　题

1. 简述网络计划应用的步骤。

2. 简述双代号网络图中各计算参数的含义与计算方法。

3. 根据下表工作计划关系，分别绘制双代号、单代号网络计划图。

工作名称	A	B	C	D	E	F	G	H	I	J
紧后工作	C、D	C、E	F、G、H	F	G	I	J	I	—	—

4. 根据下表工作计划安排，绘制双代号网络图，并进行参数计算和图上标注。

工作名称	A	B	C	D	E	F	G	H	I	J
紧后工作	F、D	D	G	E	H	I	J	J	J	—
工作时间(周)	3	2	4	3	2	1	2	4	2	2

5. 绘制第 4 题图的时标网络图。

6. 某分部工程的网络计划如下图，计算工期为 44d。后因资源因素调整 A、D、I 三项工程使用一台机械顺序施工。

(1)按 A—D—I 顺序组织施工，绘制其合理网络计划，其计算工期是多少天？该机械在现场的闲置时间是多少天？

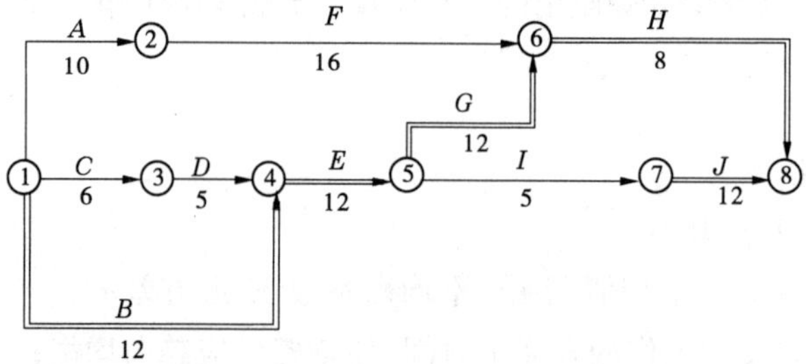

(2)如按 D—A—I 顺序组织施工,回答(1)的问题。

7.某项目原施工网络计划如图所示(时间:周),该工程总工期为 1 年,在工程按计划进行 14 周后(已完成工作 A 施工),业主方向承包人提出增加一项新的工程内容 K,该项工作要求在 C 工作结束以后开始,并在 D 工作开始前完成,以保证 D 工作在 B 和 K 工作完成后开始施工,根据承包人提出并经监理工程师研究认可,该项工作的施工时间约需 9 周。

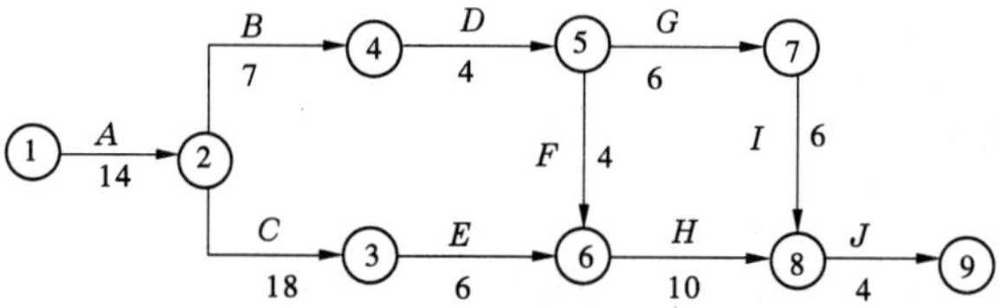

回答问题:①在原计划中,增加一项新工作 K 后,工程施工期为多少? ②按原施工计划,C、G 两项土方工程使用同一台挖土机先后施工,新增的工程内容 K 仍拟用该台挖土机施工。现承包人提出,由于增加 K 工程后,使租用的挖土机增加了闲置时间,要求补偿机械闲置费用(按每台闲置一周 7 000 元计),试问是否应同意补偿? 应补偿费用多少?

8.某网络计划如下图,要求在不改变工期的前提下编制资源较均衡的计划。

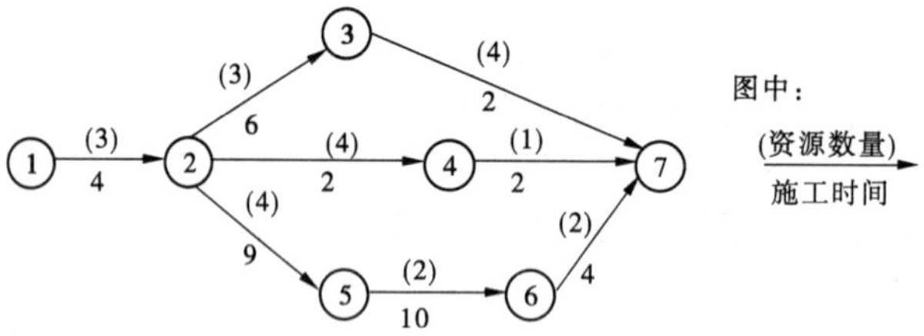

9.某工程项目施工计划如下表所示:

工作名称		A	B	C	D	E	F	G	H
紧后工作		B、C、D	E	F、H	G	H	—	—	—
计划时间	a	3	1	1	6	3	2	5	2
	m	4	2	3	7	4	4	6	3
	b	8	5	7	14	5	9	10	4

求:在工期规定为 20d 的完工概率? 若要求完工可能性达到 94.5%,则工期至少应为多少天?

10.某工程的分部工程网络进度计划如下图所示,施工中各工作的持续时间发生改变,具体变化的情况和原因如下表所示。该分部工程在施工中施工单位最多可以获得多长时间的工期补偿?假设工期索赔程序符合要求(时间单位:周)。如不考虑赶工,该分部工程的实际工期将是多少?

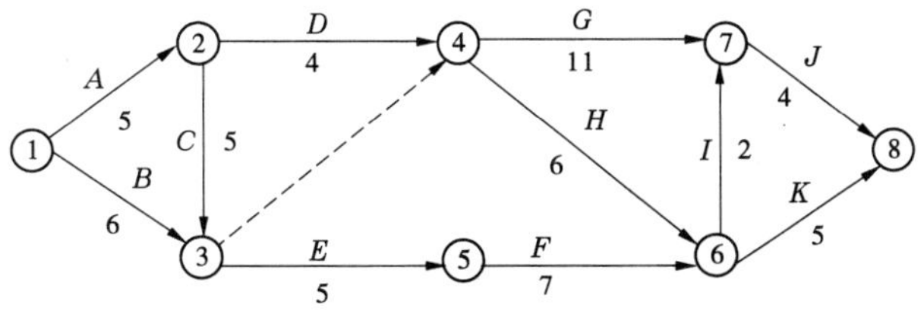

工作代号	持续时间延长原因及天数			持续时间延长值
	业主原因	不可抗力原因	承包商原因	
A	1	1	1	3
B	2	1	0	3
C	0	1	0	1
D	1	0	0	1
E	1	0	1	2
F	2	3	0	5
G	0	1	0	1
H	0	0	2	2
I	0	0	1	1
J	1	0	1	2
K	2	1	1	4

第四章　施工组织设计

第一节　概　述

一、施工组织设计的概念

施工组织设计是为完成拟建工程项目施工，创造必要的生产前提条件，制定先进合理的施工工艺所做的规划设计；它是指导拟建工程项目进行施工准备和组织现场施工的基本文件，是指导工程施工各项活动的技术经济文件。经审查批准后的施工组织设计文件即成为现场施工法规。

施工组织设计任务是根据国家的有关技术政策和规定，依据工程项目的招投标文件和施工合同，设计图纸和组织施工的基本原则，从拟建工程项目施工全局出发，结合工程的具体条件，采用先进的施工技术，对工程施工中的人力与物力、时间与空间、技术与经济、计划和组织等各方面做出全面、合理、具体有效的安排，以保证按照预定目标，优质、快速、低耗及安全地完成施工任务。

施工组织设计是对施工活动实行科学管理的重要手段，在项目的施工组织与施工管理中具有重要的规划作用、组织作用和指导作用，具体表现在以下几方面：

(1)施工组织设计体现建设计划和设计的要求，能衡量和评价设计方案实施的可行性和经济合理性；

(2)根据施工的具体条件，制定拟建工程的施工方案，确定施工顺序、施工方法、劳动组织和技术组织措施；

(3)把施工过程中各施工部门的配合、各施工对象的施工节奏更好地协调起来；

(4)确定施工进度，保证拟建工程按照预定的工期完成，并在开工前了解所需材料、机具和人力的数量及需要的强度和顺序；

(5)结合现场条件，合理安排和布置施工平面、临时设施；

(6)对施工过程中可能出现的其他情况，做好分析研究并采取相应的预控措施等。

总之，施工组织设计能成为沟通工程设计与工程施工之间的桥梁，能明确施工重点和影响工期进度的关键施工过程，并提出相应的技术、质量、安全措施，保证各施工阶段的准备工作及时进行，协调各施工部门、各工种、各类资源、资金、时间等方面在施工程序、现场布置和使用上的相互关系，为顺利进行工程项目建设提供基本保障。

实践证明，一项工程的施工组织设计编制质量高，能反映客观实际情况，使建设过程符合国家技术规范、建设法规及工程承包合同要求，能使工程施工有条不紊地进行，从而做到人尽其力、物尽其用，取得较好的经济效益和社会效益。

二、施工组织设计的类型

施工组织设计按照编制的主体、编制的对象范围和编制的时间及深度要求,可以分为不同的类型,发挥不同作用。

(一)按编制的主体分

按编制的主体分为建设单位的施工组织设计和施工承包人的施工组织设计。

1. 建设单位的施工组织设计

建设单位为实现工程建设目标,有效地进行工程项目管理,需要根据建设要求和建设条件确定工程项目的施工方案、总体进度安排、施工的展开和总体部署,确定工程项目的投资使用计划安排,确定建设施工前期的准备工作内容等。它包括设计单位提交的设计文件中的施工方案、施工组织条件设计;也包括监理单位项目目标管理计划和项目平行发包时业主方编制的工程项目施工组织总设计。这些文件体现建设单位的施工管理目标要求和决策意图,成为组织和部署施工的技术经济文件,并通过施工合同条件的约束,成为施工承包人编制具体施工组织设计的依据。

2. 施工承包人的施工组织设计

施工承包人根据施工合同所界定的任务和工程施工目标要求,为组织施工展开、全面完成施工活动、保证施工目标实现从技术、经济、管理等多方面对施工方案、过程、资源所进行的计划和安排。它包括一般施工发包时承包人编制的施工组织设计,也包括施工总发包时总承包人的施工组织总设计和分包人的施工组织设计。

(二)按编制对象范围分

按编制对象范围分为施工组织总设计、单位工程施工组织设计和主要分部分项工程施工组织设计。

1. 施工组织总设计

施工组织总设计是以工程建设项目或工程项目为编制对象,用以指导整个工程项目施工全过程各项施工活动的技术、经济和组织的综合性文件。施工组织总设计一般在总承包合同签订后,由总承包单位负责编制;在建设项目的施工采用平行发包情况下,由项目业主或委托项目监理工程师负责组织编制。

2. 单位工程施工组织设计

单位工程施工组织设计是以一个单位工程为编制对象,用以指导其施工全过程的各项施工活动的技术、经济和组织的综合性文件。单位工程施工组织设计一般在施工图完成之后,拟建工程开工之前,由工程项目部进行编制。

单位工程施工组织设计按照工程的规模、技术复杂程度和施工条件的不同,在编制内容的深度和广度上可以进一步划分为控制性单位工程施工组织设计和实施性单位工程施工组织设计两种。通常所指的施工组织设计是对施工组织总设计和控制性施工组织设计的进一步具体化,直接用于指导单位工程的施工准备和现场施工作业技术活动的技术组织文件。

3. 主要分部分项工程施工组织设计

主要分部分项工程施工组织设计是在单位工程中对于施工技术复杂、施工难度大、缺乏施工经验以及新工艺、新材料或特殊条件下的主要分部分项工程为编制对象,用以具体指导其施工活动的技术经济文件。主要分部分项工程施工组织设计一般与单位工程施工组织设计的编制同时进行,并由负责单位工程施工的技术人员负责编制。

施工组织总设计、单位工程施工组织设计、主要分部分项工程施工组织设计之间的关系为:施工组织总设计是对整个建设项目的全局性部署,其内容和范围比较概括;单位工程施工组织设计是在施工组织总设计的控制下,以施工组织总设计和企业施工计划为依据,针对具体的单位工程编制的,把施工组织总设计的有关内容具体化;主要分部分项工程施工组织设计是以施工组织总设计、单位工程施工组织设计和企业施工计划为依据,针对具体的分部分项工程编制,把单位工程施工组织设计的内容进一步具体化,它是专业工程具体组织施工的设计,也叫做分部分项工程作业计划。

(三)按编制的时间先后和内容深度分

按编制的时间先后和内容深度分为投标施工组织设计和实施性施工组织设计。

施工组织设计编制的时间和深度要求,是与工程建设程序、阶段相适应的。施工组织总设计一般在项目实施前期的工作阶段编制,用于指导工程项目的施工总体部署,为工程项目的施工招标组织、发包方式和合同结构的选择等提供工作依据。单位工程的施工组织设计,一般在工程项目施工阶段的工程开工前的准备期间进行编制。对于施工投标人或承包人来说,按照编制时间和深度要求,主要是投标施工组织设计和实施性施工组织设计。

(1)投标阶段投标人编制的施工组织设计,一般是在企业总工程师的主持下,根据招标文件的要求和所提供的工程背景资料,结合企业的技术和管理情况,考虑投标竞争因素,对施工过程的组织与管理,提出的战略性总体构想。其中重点是施工技术方案、资源配置、施工程序以及质量和工期目标保证的具体措施和计划,它构成投标书的技术标,而且以其技术方案的优势和特色,反映其施工成本优势、支撑商务标的竞争力。

投标阶段的施工组织设计是为满足投标需要而编制的策划性和方案性组织文件,既用于投标竞争,也为中标后编制实施性施工组织设计和施工项目管理规划提供依据。

(2)承包人的实施性施工组织设计,一般是承包人在工程开工前根据投标施工组织设计,在充分理解工程特点、施工内容、合同条件、现场条件和法规条文以及合同评审的基础上,由施工项目经理根据企业所确定的该项目施工指导方针和项目管理目标要求,在企业技术、质量、预算等部门的支持和指导下,组织项目部有关人员编制的详细施工组织设计文件,并按相应的规定程序和审批权限进行审查批准,报业主和监理工程师审查确认后,作为现场施工的组织与管理文件,予以贯彻实施。

三、一般施工组织设计的基本内容

施工组织设计的任务和作用,决定施工组织设计的内容。一般情况下,施工组织设计应解决项目施工计划中的最基本问题,如项目施工的技术方案、时间计划、空间布置、资源安排等;但不同类型的施工组织设计因其规划或指导作用的功能差异,造成其内容的重点、深度和具体化方面还是存在一定的差别。目前水运工程项目建设实施的施工组织设计,其基本内容包括以下几个主要方面:

(1)编制依据;
(2)工程项目概况及施工条件分析;
(3)施工管理组织;
(4)施工总体部署和主要的施工方案;
(5)施工进度计划;
(6)施工资源需求、供应计划;
(7)施工平面布置图;
(8)技术、质量、安全管理和保证的技术组织措施;
(9)文明施工与环境保护;
(10)施工计划的主要技术经济指标;
(11)附图等。

四、施工组织设计编制程序

编制施工组织设计必须从实际出发,通过对施工项目的自然、社会、经济、环境等相关资料的调查研究,掌握施工的具体条件和施工对象情况以及国家有关的规范、规程和设计文件有关技术要求;在编制过程中要遵守一定的程序,按照施工组织的一般规律,协调和处理好各种条件、各种要素及影响因素的相互关系,用科学的方法和规范的程序进行编制。

一般工程项目施工组织设计的编制程序如下:

(1) 对工程项目设计图纸、合同技术规范等进行分析研究,必要时进行相关资料的收集和调研;
(2) 计算施工工程数量;
(3)选择施工方案,确定施工方法;
(4)编制工程进度计划;
(5)计算人工、材料、机具需要量,编制相关计划;
(6)确定临时工程,编制水、电、气、热供应计划;
(7)设计和布置施工平面图;
(8)确定技术措施计划与计算技术经济指标;
(9)确定施工组织管理机构;
(10)编制质量、安全、环保和文明施工措施计划;
(11)编写说明书。

施工组织设计编制程序及工作的相互关系见图 4-1。

五、施工组织设计编制原则

施工组织设计的编制,是在全面掌握主客观情况后,应用系统工程的观点进行科学分析编制,并不断调整和完善的过程。在这过程中要遵守以下相关原则:

(1)认真执行基本建设程序,编制不同施工组织文件要与基本建设程序相适应,在施工过程、内容组织以及文件的编制审查时应遵守国家相关的程序管理要求;

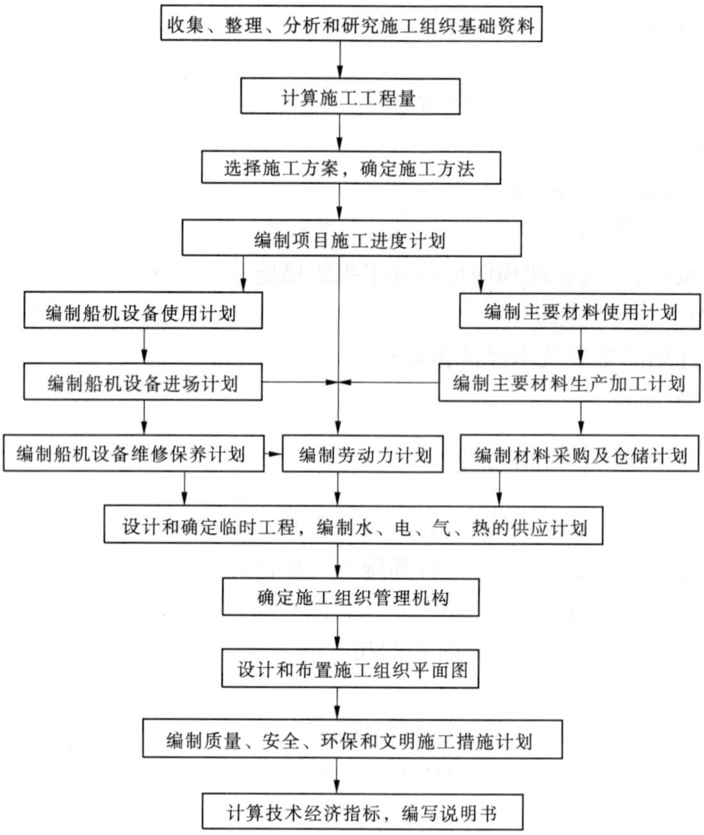

图 4-1　施工组织设计编制工作流程相互关系

(2)严格遵守施工合同规定,对于施工任务要做好施工项目排队,保证重点,统筹安排;

(3)严格执行施工程序,遵循施工工艺和技术规律,合理安排施工顺序;保证施工活动相互促进,紧密衔接,在保证质量的基础上,加快施工进度,降低施工成本;

(4)采用流水施工方法、网络计划技术和线性规划法等先进的组织原理制定合理的施工组织方案,组织有节奏、均衡和连续的施工,实现施工资源效用最大化;

(5)尽可能采用先进的施工方法和新技术、新材料、新工艺,提高施工工业化和机械化水平,减轻劳动强度,提高劳动生产率;

(6)科学地安排冬季、雨季施工项目,落实季节性施工措施,保证施工的连续性和提高施工的均衡性;

(7)贯彻节约方针,因地制宜,尽量减少暂设工程,合理地储备物资,减少物资运输量,科学地规划施工平面布置,节约用地;

(8)施工方案应作技术经济分析,对主要项目的施工方法和主导施工船机设备的选择应进行多方案的技术经济比较,选择经济上合理,技术上先进,符合施工现场实际的施工方案;

(9)确保施工质量和施工安全,施工组织设计必须针对施工项目实际,制定行之有效的保证施工质量和施工安全的技术措施等。

六、施工组织设计的贯彻、检查和调整

(一)施工组织设计的贯彻

施工组织设计的编制只是为实施拟建工程项目的生产过程提供了一个可行的计划方案和指导性文件。施工组织设计的贯彻,就是用一个相对静态方案,指导一个变化的动态施工过程,以达到预定的目标。因此,施工组织设计贯彻的好坏,对施工项目的结果会产生很大的影响。为此应做好以下几方面的工作。

1.做好施工组织设计的技术交底

对经过审批的施工组织设计,要在开工前召开各级生产技术会议,逐级进行交底,并责成有关部门编制具体的施工计划和拟定具体技术组织措施,以保证施工组织设计的贯彻。

2.制定各项管理制度

施工组织设计能否贯彻实施,取决于施工企业的技术水平、管理水平和科学健全的管理制度,因此制定各项管理制度,可以保障施工组织设计的顺利贯彻和实施。

3.实行工作目标责任制

为更好地贯彻施工组织设计,必须实行项目承包责任制,把施工组织中的工作任务、目标管理等与其岗位职责挂钩,实现责、权、利的结合,促进各部门、各岗位人员严格执行施工组织计划。

4.统筹安排,搞好综合平衡

在施工组织设计实施中,要对施工资源进行统筹安排,搞好综合平衡,保持合理的施工规模。对施工中出现的干扰因素要及时进行分析研究,通过动态控制原理,发挥施工组织设计内容的指导性作用和实现项目施工的均衡开展。

5.切实做好施工准备工作

施工准备是贯彻施工组织设计的重要保证,也是顺利开展施工的前提,因此要重视和做好开工前的现场、技术、资源等方面的准备工作。

(二)施工组织设计的检查

施工组织设计编制并按程序完成审批后,在指导项目施工过程中,要加强施工组织设计内容的检查。这种检查工作主要体现在以下几方面。

1.准备工作情况检查

针对施工组织设计中的各项准备工作安排,检查其是否落实到位和完成。

2.施工过程的主要施工控制指标检查

过程跟踪检查一般采用比较法,就是把各项指标的完成情况同计划规定的指标相对比。检查的内容应该包括工程进度、工程质量、材料消耗、船机使用和成本费用等。

3.施工现场布置合理性检查

不同的施工过程阶段,现场施工内容有差异,平面布置可能需要进行相应调整,施工现场布置合理性检查主要是检查平面布置不仅要满足经济合理施工要求,也要符合安全

文明施工要求。

(三)施工组织设计的调整

根据施工组织设计执行情况和检查发现的问题及其产生的原因,拟定改进措施或调整方案进行纠偏,使施工组织设计能与实际过程相符,并通过不断调整来保证原施工组织目标的实现。

施工组织设计的贯彻、检查和调整是一项经常性的工作,必须随着施工进展不断地进行,贯穿工程项目施工过程的始终。

第二节　施工组织设计的资料调查

工程项目因其建设内容、建设地点、建设时期等方面的差异,致使施工条件、施工要求、施工组织设计内容有所不同。进行施工组织设计资料调查,主要目的是了解工程项目环境特点和施工的自然、经济、技术、社会等条件,为施工组织设计的施工方案制定、进度计划安排、资源的组织、质量安全方面的技术措施采取,提供分析的基础和依据。

施工组织设计的资料调查研究应注意不同地区、不同项目的调查研究内容和方法的差异,为保证调查研究工作有目的、有计划地进行,一般应事先拟定调查提纲。资料调查提纲内容主要包括项目建设内容、项目建设自然条件、项目地区的技术经济资料条件等。

一、工程项目建设内容

工程项目建设内容包括:

(1)收集和研究项目的设计资料与图纸,理解设计意图,了解建设目的、任务和要求;

(2)了解国家法律法规对项目建设施工的管理规定和要求;

(3)了解项目建设规模、建设工程特点;

(4)了解工程项目承包合同规定的建设目标及其他方面的规定和要求;

(5)了解工程项目的施工质量要求和技术难点等。

二、建设项目的自然条件

1.地形与环境条件

收集工程项目建设区域的地形图、工程位置图、施工控制红线,施工区域的高程、平面控制的基准点及资料,查清施工区域的地形、地物、地貌特征。

2.项目区域地质条件

收集和分析工程地质资料,特别是地下土质土层分布、地下施工障碍物、不利的地质灾害等,收集和分析水文地质资料,了解地下水文情况资料。

3.气象水文条件

调查和收集工程项目区域气温的季节分布与温差、降雨和大雾的强度与持续时间、主导风向风力和频率,调查分析工程施工相关的河流、海洋、湖泊的水文、冰情、波浪、潮位潮差等资料。

4.项目所在区域的其他条件

特别是不利于施工的异常情况如地震级别、台风、潮流、洪枯水等。

三、项目地区的技术经济条件

项目地区的技术经济条件有：

(1)地方经济发展水平与施工材料的品质、规格、数量、价格及供应情况调查；

(2)交通运输条件，项目施工区域的铁路、公路、水路等的运输方式、运输价格、运输距离等资料调查；

(3)机械设备和劳动力资源的情况调查，重点是劳动力的素质、数量及价格；

(4)水、电、气、热的供应情况调查；

(5)环境保护与防止公害的标准和规定等。

第三节　投标施工组织设计的特点与编制

招标投标是建筑市场发包的主要交易方式，施工企业为承揽施工任务，必须参与项目的施工投标竞争。在投标文件中，一份好的施工组织设计不仅直接反映投标人的施工技术与施工组织管理水平，在招标评标的技术、组织和管理部分的比较评审中获得优势，同时也是投标报价文件的基础和依据。因此，投标施工组织设计的水平高低，是投标人能否中标的关键因素之一，而且在投标人中标后，它将构成施工合同的组成文件，因此施工企业在投标时要认真做好投标施工组织设计。

一、投标施工组织设计的特点

投标施工组织设计与施工阶段的施工组织设计有很多相同的地方，但在编制依据、内容等方面有区别于一般施工组织设计的特点。

(一)编制依据

投标施工组织设计的编制依据主要根据招标文件的内容和要求以及投标人对招标项目的施工任务理解，结合现场考察的分析、判断和自身条件进行编制；此时影响项目施工的很多条件还不确定，不具备进行严密、周详的施工组织设计条件，仅仅是施工组织方案的计划和安排。

(二)编制内容

投标施工组织设计内容在施工活动的计划安排方面，重在概略性和控制性；在施工操作方面重在方案的先进性和可行性；在施工能力、施工质量及安全等方面重在保证和保障；鉴于此，招标人还需要投标人提交证明其能力的施工项目资料、管理人员资料、技术证明资料，证明其商业信誉的资信资料、以往业主合作评价及有关银行证明等，因此其内容比一般施工组织设计内容要广。

(三)其他方面

投标施工组织设计编制的目的主要服务于企业市场经营和施工业务承揽，也对中标后的项目施工组织设计起规划性作用；编制主体一般是企业的经营部门，它有别于项目实施性施工组织设计主要由项目部负责编制等。

二、投标施工组织设计的编制内容

(一)招标工程特点及施工招标要求

投标施工组织设计应重点表达投标人对招标工程施工任务的认识和理解,特别是对招标人关注的内容给予高度重视,还应反映投标人对招标工程概况的全面了解和对施工技术的难点和施工组织工作的关键问题的把握。

(二)施工部署

重点反映投标人在项目施工中的施工总体顺序安排和总体现场部署,反映施工作业队伍和施工管理队伍的投入与安排,突出投标人有能力、能确保项目施工按招标人要求全面实现。

(三)施工方案及主要项目施工方法

投标施工组织设计中施工方案的选择和确定,应重点突出选择方案的先进合理性和项目适应性,即反映投标人对项目施工方案的论证、对比分析成果;另外对施工方案中的技术难点和施工组织的关键环节要具备可靠的技术措施及监控手段,突出投标施工方案的切实可行性。在编写时要特别注意突出重点,抓住主要项目和关键施工环节的施工方案,兼顾全面,切合实际,先进合理,语言简炼,切忌繁复。

(四)施工进度计划及施工进度表

投标施工组织设计中,进度计划主要反映施工进度安排的合理性、可行性以及保障措施,对施工工期缩短的可能计划和相应配套措施及相应进度图表。

(五)施工平面布置图

施工平面布置图主要反映投标人施工现场的施工展开布局,突出对施工任务的适应性和对施工管理、环境保护等方面的适应性、合理性。

(六)其他内容

主要突出施工质量的保障监管体系,安全施工的保障监管体系,以及施工技术的支持保障体系;突出对招标文件中要求的其他内容的实质性响应;另外可以附上更准确反映投标人施工技术管理水平和施工特色优势的材料和文件。

第四节　单位工程施工组织设计

水运工程施工承包合同很多是按单位工程为标段进行施工发包的,单位工程的施工组织设计是施工项目部进行施工项目组织实施及管理的重要依据,是用于指导具体施工作业技术活动和实现工程质量、工期、成本、安全、环境等施工目标的直接依据。因此,施工组织设计编制必须结合项目要求和企业生产两方面的实际,进行合理的项目组织,进行施工方案的合理选择,确定分部分项工程之间的科学合理组织关系,编制切实可行的进度计划和资源计划,完成施工平面图规划及施工方案配套的技术、组织保障措施。

一、单位工程施工组织设计的编制依据

单位工程施工组织设计的编制依据有:

(1)施工承包合同;

(2)施工组织总设计对单位工程的有关规定和安排(如果有);

(3)施工图纸及有关技术规程、规范;

(4)施工企业对本项目施工的生产计划安排;

(5)项目现场的自然条件和其他法规、技术、经济条件;

(6)项目部可以获取的施工资源等。

二、工程概况

工程概况介绍的内容包括工程特点、工程所处地区的特征及当地的施工条件。

工程概况主要是对工程本身及背景进行描述,一般包括以下内容:

(1)工程名称与建设地点,工程性质、投资与规模;

(2)工程建设相关单位:投资主体、业主、监理、设计、质量监督、施工等建设施工相关当事人;

(3)工程施工主要内容与合同目标要求;

(4)工程所处地区自然特征:工程区域的地形、地物、地质、气象、气温、水文、地震等;

(5)工程施工条件及影响分析:业主提供的施工条件;当地劳动力供应情况;水、电来源及交通状况;建筑材料的生产供应等;

(6)工程结构特点以及相应的施工特点和关键技术:结构形式特点及施工关键技术和措施。

三、工程项目部管理组织

工程项目部管理组织一般以项目部形式组建,以合同施工项目为对象,以实现质量、工期、成本、安全和文明施工相统一的综合效益为目标的项目管理机构,在项目经理领导下,负责施工项目从开工到完工的全过程施工生产经营管理。

项目管理机构的部门设置,因企业不同、项目不同和项目组织形式不同而不同。水运工程施工管理组织一般应设置以下部门:工程计划部、技术部、安全部、质保部、质检部、机务部、合约部、综合部、物资部、财务部、试验站等。

在施工组织设计中,应进行项目管理组织设计和明确主要岗位或部门工作职责。

案例:某码头工程项目施工管理机构的主要负责人及部门的项目管理职责

1)主要负责人岗位职责

(1)项目经理

对本项目部的工程产品、服务质量负全责,确保业主满意;

确保人力资源的提供及人员培训;

核准项目部的组织机构设置、职能分配,批准项目部编写的质量管理体系文件;

负责项目部物资采购、人力资源配置、培训等重大问题的内外接口及协调;

负责向员工传达满足业主要求和法律法规要求的重要性;确保员工理解和实施质量方针、质量目标;

组织实施质量管理体系文件,确保各项质量活动均处于受控状态;

授权项目副经理和项目总工程师，分管财务部、综合部、合约部及质保部工作，并对分管业务部门的质量管理工作负责。

(2)项目总工程师

对技术管理、质量管理、检验和试验管理工作负主要管理责任，并负责其重大问题的内外接口及协调工作；

负责解决施工生产中的技术问题，组织新技术、新材料、新工艺的使用；

组织对一般不合格品的评审和处置；

组织项目部内图纸会审工作，并组织有关人员参加设计交底；

分管技术部、质检部；

检查、监督分管业务部门相关的质量管理工作，保证有效实施质量管理体系文件；

监督执行与项目业务范围及环境、职业安全健康管理有关的法律、法规、标准、规范、规程以及管理性文件。

(3)生产副经理

组织实施单位下达的施工生产计划，主持生产调度会，解决施工生产问题；

对项目部的施工调度、生产计划管理、安全管理、设备调配管理工作负主要管理责任，并负责其重大问题的内外接口及协调工作；

履行本单位安全生产责任制，负责检查、督促全体员工履行好安全责任；

分管工程计划部、安全部、机务部、物资部工作，检查、监督分管业务部门相关的质量管理工作，保证有效实施质量管理体系文件。

2)主要部门工作职责

(1)工程计划部

负责施工生产计划的编制和实施、施工产值的统计工作；

组织日、周生产计划会，参与经济活动成本核算；

负责工程施工的基线测量、定位放线等测量工作；

负责工程施工情况报告及工程施工日志的编写；

组织分项、分部工程验收，参与单位工程验收；

负责施工过程、产品、隐蔽工程的检验和验收，填写分项工程自检表、分项工程检验评定表并及时移交给质检人员，参与最终检验和试验的初验；

负责收集施工过程中顾客对工程进度、质量、安全等工作的满意程度的信息，并配合有关部门受理顾客投诉事项；

负责施工过程半成品、成品标识的实施工作；

负责项目部节能降耗工作，施工废弃物处理的监督、检查和指导工作，协助安全部对噪声、废气和污水控制的管理。

(2)技术部

负责组织施工技术交底工作，组织典型施工；

组织编制施工组织设计；

负责设计变更的实施，参与技术质量及安全事故的调查，协助项目总工解决施工中有关技术问题；

负责施工图纸、图纸会审纪要、设计技术交底、设计变更、施工方案等技术文件和资料的收集、分发、制定等工作；

组织实施纠正预防措施并验证其有效性；

负责执行与项目部业务范围及环境、职业安全健康管理有关的法律、法规、标准、规范、规程以及管理性文件等。

(3)安全部

制定有关安全生产管理计划，负责安全生产监督检查和管理；

管理劳动保护工作，负责交通安全管理，协助有关部门做好新工人上岗前的安全教育及考核工作，组织安全学习和培训工作；

对本项目施工人员进行安全宣传教育，检查督促员工遵守有关安全规章制度；

负责安全事故的调查、统计、上报及归档工作，参与工伤鉴定；

组织每月的安全检查和管理相关文件和资料；

结合施工现场情况，制定防台防暑降温措施、紧急应急预案并监督实施；

负责综合管理体系在本系统贯彻实施，组织落实环境、职业健康安全目标和指标；

负责组织、监督和指导对环境因素和危险源的识别与评价，制定管理方案，实施控制；

负责环境、职业健康安全绩效的监视和测量、运行控制、不符合控制的归口管理；

负责编制应急准备和响应计划，检查、指导部门应急准备和响应工作；

审核工程施工组织设计的环境、职业健康安全技术措施，组织审批施工现场专门的环境、职业健康安全管理方案；指导编制环境及安全技术措施计划；

负责对项目部噪声、废气和污水控制的监督、检查和指导工作；

负责劳动保护与防护的管理，参与职业病鉴定；

检查督促员工正确使用防护设施、设备及个人防护用品；

协助做好开工前的安全检查交底工作，在施工过程中发现违反安全的情况，有权指令停止施工，并及时向领导报告；

发生安全事故立即组织抢救，并尽快报告和保护现场，参加事故调查分析，提出防护措施；

督促和检查施工现场安全隐患及整改工作；

协助开展安全月活动以及相关安全的活动，接受上级及相关部门的指导、监督和审核。

(4)质保部

负责质量管理体系有效运行、持续改进工作的实施，负责检查、指导、监督相关部门、岗位的质量管理工作；

负责质量体系文件的发放和管理，确保各相应场所使用有效质量管理体系文件；

负责组织编写项目部的岗位质量职责和项目部适用的质量管理体系文件；

负责质量计划的编写工作，参与编写施工组织设计、供方评价等工作；

负责统计技术的管理工作；

组织实施纠正预防措施并验证其有效性；

对质量审核中关于项目部的不合格项进行跟踪验证。

(5)质检部

负责结构材料、半成品、产品的检验及试验的监督管理工作;

参加隐蔽工程、分项、分部工程验收;

负责工程检验资料的收集,竣工资料的整理、统计、评定、归档工作;

负责不合格品的管理;

负责项目部规范、标准等文件和资料的接收、分发、借阅等管理工作;

接受上级及相关部门的指导、监督和审核;

组织实施纠正预防措施并验证其有效性。

(6)机务部

负责机械设备进退场的验收、维修、保养、管理工作,审核运行状态记录;

负责施工现场机械设备的管理和调度,参与安全检查;

编制年、季、月机械设备的维修计划并组织实施;

负责能源管理、机务报表的统计、呈报,并建立设备台账及档案;

接受上级及相关部门的指导、监督和审核。

(7)合约部

负责分包工程合同的拟定、洽谈及管理工作;

负责对分包工程供方的评审和管理,建立合格供方名单;

负责合同、合同变更文件在项目部内的分发等控制工作;

负责工程预算的编制与分解,参与经济活动分析;

负责工程量增减的签证,负责组织工程直接成本核算;

负责工程竣工结算资料的收集,及时编制好工程竣工结算书;

接受上级及相关部门指导、监督和审核;

负责合同管理方面的内外接口及协调工作。

(8)综合部

负责办理上级部门来往文件和顾客、设计方等外部来往的文件和资料接收、发放、保管、归档等工作;

负责项目部通信设施的管理工作,确保通信畅通;

负责项目部的日常办公设施、用品的管理工作;

实行有关办公管理制度,审核项目部发文稿件,负责文件和资料打印、收发管理及传阅工作;

负责劳动力调配和培训的管理工作;

确保特种作业人员的持证上岗,并保存其资格证书复印件;

负责各种证件的申报和管理工作,做好招用民工的管理工作;

督促和检查现场劳动力使用情况及定额执行情况;

负责职工食堂、基地及医疗、救护室的日常管理工作;

负责创建文明工地的日常管理工作;

负责项目部管理人员的教育培训工作,提高项目部管理人员的质量、环境、职业健康安全知识和管理水平;

负责项目部内、外与质量、环境、职业健康安全有关的综合性文件的归口管理,并妥善保管及有效利用;

负责项目部车辆的管理、调度、安全使用;

负责项目部职工的医疗及体检组织管理工作;

负责项目部办公楼安全用电、电梯安全使用及节约用电用水、生活废弃物的管理;

归口管理本项目部职工宿舍的环境、职业健康安全工作;对施工现场的职工宿舍和食堂的环境及职业健康安全工作进行监督、指导。

(9)物资部

根据物资需要计划,负责采购材料的供应工作;

负责采购材料供方调查和评价,建立合格供方名单;

负责采购合同的拟定、洽谈和实施管理;

负责采购物资的验收、搬运、入库、储存、发放、回收等工作;

负责采购物资、产品的标识和可追溯性的控制工作;

负责收集采购材料出厂合格证、质量保证书、填写到货记录交质检人员;

负责物资统计工作,健全各类物资统计台帐,管理文件和资料。

(10)财务部

提供综合管理体系运行资金,确保环境保护及职业健康安全管理方案专项费用的开支;

负责资金调集与分配,保证生产和管理工作的正常开展;

参与竣工工程结算,并积极收取工程款;

负责会计凭证和账表的收集、分类、整理、存档等工作;

负责项目部的工资管理,做好报表统计工作。

(11)试验站

负责结构材料、施工过程、半成品和最终产品的试验工作;

负责施工过程中材料的抽样试验、在施工过程中对配合比原材料质量进行监控,负责日常的试验工作;

负责根据试验通知书,选用适用适宜的试验规范、方法及时进行试验;

及时报送试验资料,并负责试验方面竣工资料的收集、保存、移交。

四、施工方案

施工方案是对工程施工所作的总体设计和安排,它是单位工程施工组织设计的核心内容。施工方案确定了工程施工的进程,资源的需求与组织,施工的质量、进度、成本、安全及现场管理内容等,因此施工方案的优劣,在很大程度上决定了施工组织设计的质量。施工方案主要解决施工计划中的技术方案和组织方案。技术方案主要解决分项工程的施工工艺、方法和手段;组织方案主要解决提高技术方案实施的效率和效果而进行的施工区段划分、作业流程和流向设计、劳动组织安排及其作业组织方式确定等。

施工方案内容一般应包括:主要分部分项工程的施工方法;安排施工顺序和流向;确定主导施工船机设备等。确定施工方案是一个综合的方案比选和决策分析过程,其基本要求是：方案切实可行，能满足合同的进度质量要求；方案技术先进、施工安全、经济合理。

（一）确定施工方法

随着施工技术的发展，工程项目施工可以采用不同的施工方法，每一种方法都有其各自的优点和不足，确定施工方法，必须考虑工程特点、工期要求和现场施工条件等多方面因素，通过方案比选确定适合于本工程的先进、可靠、合理、经济的施工方法。

如某堆场工程的现浇混凝土施工，关于混凝土制备，可以采用购买商品混凝土方法；可以采用自拌混凝土方法如人工拌和或机械拌和方法；机械拌和进一步分析采用简易搅拌机或复杂的搅拌站楼等。不同的施工方法，将对现场施工方案产生重大影响，所以施工方法的选择一定要从现场特点及施工要求等多方面进行方案比选确定。

确定施工方法主要是针对项目施工中的主要分部分项工程的施工过程，因此在施工方案确定时，要注意突出重点，特别是采用新技术、新材料、新工艺和对工程施工质量起关键作用的项目，或技术较复杂、工人操作不熟练的施工过程，在施工方案中都应详细说明施工方法和技术措施。在大型工程和施工技术复杂的工程中，应对重要的施工技术方案进行系统性的分析论证，确定并形成施工的关键技术路线。在确定施工方法的同时，还应明确指出施工控制的质量标准及确保质量与施工安全的措施。

（二）确定施工顺序

在项目施工中，一般施工顺序的安排有一定的规律、也有多种方案选择，因此也必须对可能的施工顺序从前提条件和实施效果等方面作全面分析，确定最合理的施工顺序。确定施工顺序一般考虑的因素主要有：

（1）满足结构施工工艺流程要求，工艺流程是施工技术和自然规律决定的；

（2）与施工方法、施工船机设备相协调；

（3）考虑施工工期与施工时间资源组织的要求；

（4）考虑施工质量及安全施工的要求；

（5）考虑现场不利施工条件的影响等。

安排施工顺序的一般思路：先地下、后地上；先主体、后附属；地下由深到浅；地下、地上尽量平行、交叉进行；在保证施工连续的前提下，充分、合理利用工作面；在组织流水作业时，合理确定流水施工段，实现流水工期最短。

（三）确定施工机械

施工机械化程度高、施工船机设备多是水运工程施工特点。施工方案中选择确定施工船机设备，不仅关系施工质量安全和现代化施工水平，也关系施工效率、施工成本和效益。因此，确定施工船机设备，一般要研究和分析并满足以下相关因素和要求：

（1）施工方法的要求；

（2）施工船机设备资源的获取；

（3）考虑施工顺序展开及现场船机作业要求；

（4）考虑现场环境及水文地质条件；

（5）充分发挥主导船机设备的效用，加强船机设备的配套，提高设备的利用率。

（四）确定施工流向

确定施工流向就是确定施工过程在平面或空间上的组织展开顺序。确定单位工程的施工流向，一般考虑以下相关因素：

(1)施工现场条件和施工船机的布设；

(2)施工方法的工艺流程及其相互关系；

(3)结构特点及施工工程量的分布、施工段划分；

(4)施工工期、作业组织方式；

(5)业主对工程的节点工期要求或使用要求等。

(五)施工方案的制定步骤

(1)熟悉工程文件和资料，制定施工方案前应广泛收集和研究工程施工的有关文件和资料；

(2)划分施工过程，对项目组成进行结构分解(WBS)，对各施工过程的技术方法进行初步拟定和分析；

(3)计算工程量，工程量计算应与施工方案相适应；

(4)确定施工顺序和流向，施工顺序和流向的安排应符合项目施工的客观规律，并要处理好施工过程的技术和组织的相互关系；

(5)选择施工方法和施工机械；

(6)确定关键技术路线。

案例：某重力式码头基床爆破夯实(俗称爆夯)施工方案

1)爆破夯实工程概况

基床由2个标准段和过渡段组成，标准段长度为350m，过渡段为91.63m。爆破夯实长度为791.63m，爆破夯实断面方量414 100m^3，爆夯面积34 714m^2。码头基床由10～100kg块石水上抛填而成，基床港侧坡比1:1.5，内侧坡比1:1，基床的顶宽22m，顶标高－17.0m，底标高－37.0～－22.0m，厚度5.0～20.0m。

2)爆破夯实工程的特点与要求

(1)爆夯布药施工准确度高，水上作业时必须充分考虑不利条件，尽量选择抗风、浪、流能力强的大型专业施工作业船舶施工，以保证安全，并确保满足施工质量。

(2)爆破施工需办理相关的许可证，需提早安排，以保证爆夯的顺利进行。

(3)基床爆夯影响因素较多，基床作业范围的挖泥、抛石、爆夯、整平和构件安放等工序流水施工，人、机、物、水下及岸上等安全保护对象多，为此需要较高的爆破技术和丰富的施工经验，科学安排爆夯作业与其他作业的时空顺序，合理地设防安全距离，在确保安全的前提下，避免相互间的干扰，提高工作效率。

(4)施工中需要采取简单有效的防护和爆破技术，能提高施工速度又缩短保护对象与爆区的安全距离。

3)爆破夯实作业的分层分段

本工程施工水深大于19m，根据爆破夯实施工规程和施工经验，单药包的能量能满足12m分层厚度的要求。本工程爆夯分层以12m厚度(含12%预留夯沉量)进行划分，即大于12m分为二层或更多，小于12m的不分层。码头基床设计厚度范围为5.0～20.0m。采用一次或分二层抛填，沿轴线以不大于60m作为一个爆夯施工分段，分段实施爆夯作业。

4)爆破夯实总体计划和工艺流程

(1)施工顺序安排

爆夯施工总体安排以挖泥和抛石顺序为依据,保持一定的超前距离,分段施工,施工完一段验收一段,交工一段的原则,见图 4-2。

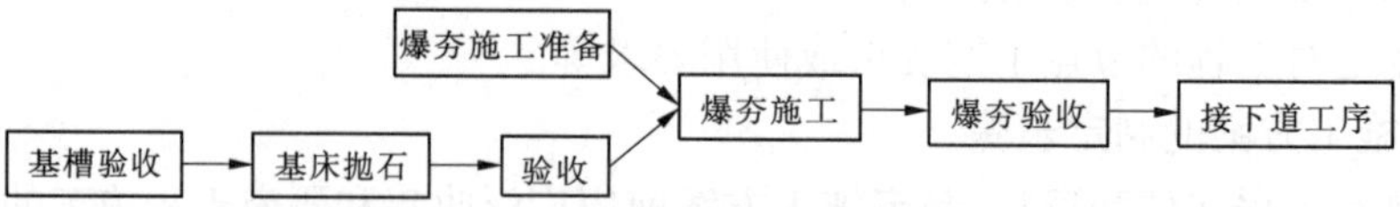

图 4-2 爆破夯实施工工艺顺序

(2)施工工艺流程图

本工程的爆夯采用船上同步投放药包的施工工艺,详见图 4-3。

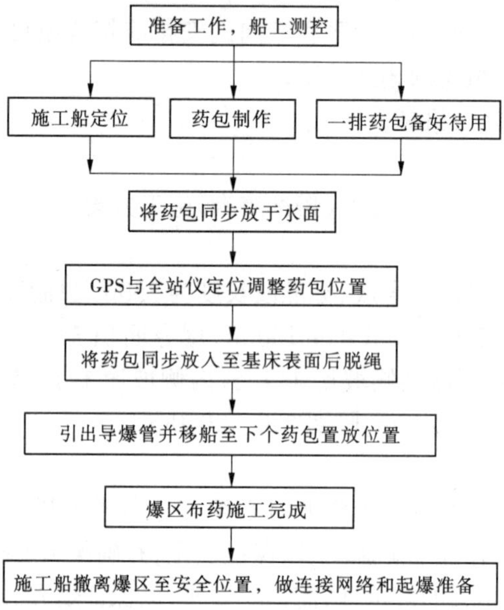

图 4-3 船上爆夯同步投药工艺流程图

5)试验段的安排与要求

(1)爆夯试验段的选取

试验段在基床的北端,计划长度 60.0m,设计基床厚度为 17.0m,分 2 层爆破夯实。

(2)爆夯试验要求

通过试验爆夯区的施工结果及相互对比分析,验证和优化设计,从而指导施工;确定合理的单药包重量、布药网格、爆夯遍数、爆夯夯沉率等参数,以便指导后续施工。

6)爆夯施工作业布置及参数设计

(1)爆夯施工作业布置

爆夯施工现场作业布置见图 4-4。

(2)爆夯参数设计

爆夯分区段与分层。爆夯分区段设计主要以沿轴线自上游至下游相同的设计基床厚

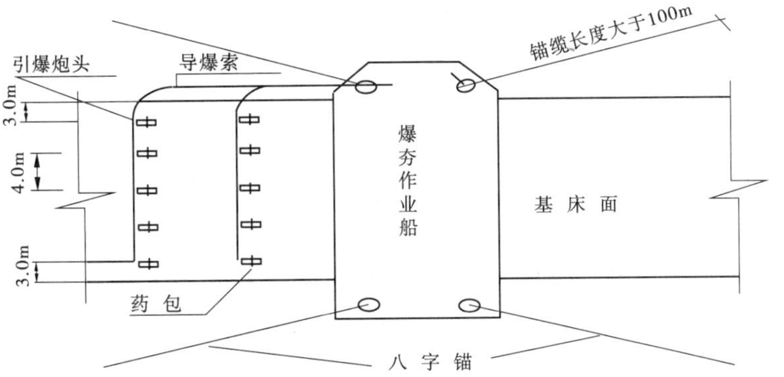

图 4-4 爆破夯实船定位与布药示意图

度来划分区段的原则，目的是使设计参数统一、清晰、有利于实施。本工程沿基床轴线划分为 15 个区进行爆夯参数设计（具体区段划分略）。

根据《爆炸法处理水下地基和基础技术规程》，结合类似工程施工经验，本工程施工水深大于 19m，可满足单药包重 100kg 的水压要求。当设计基床最大厚度为 11m 时，即抛填厚度为 12.5m，需要的单点有效爆炸能大于 3 500kN·m，施工水深条件能满足以上要求，当基床厚度小于 12m 时，按 1 层进行抛填实施爆夯，每层的爆夯遍数以 3 遍为宜。

①布药网格。原则是为使爆夯作用均匀，爆后基床平整，同时单药包重量一般以不超过 30kg 为宜。药包平面布置采用矩形网格布置，第 2、3 遍爆夯错开布设。在考虑基床两侧的爆夯作用尽量不破坏边坡又使下部基床较宽的位置同样得到密实，药包间距采取不等距措施。本项目中布药网格采用当抛填厚度不大于 8m 时，为 4m×4m；大于 8m 时，为 3m×3m。

②单药包药重 Q。按规程中的经验公式计算：

$$Q = q \times S \times H \times \eta / n \tag{4-1}$$

式中：q 为爆夯单耗，kg/m^3，根据经验取 $4.5kg/m^3$；S 为单药包夯实基床表面积，m^2，本工程为 $9m^2$ 和 $16m^2$；H 为爆夯厚度，m；η 为夯实率，本工程为 12%；n 为爆夯遍数，取 3；Q 为单药包药量，kg。

③悬挂高度 h_2。考虑在水深度的隔离下和配重物的影响，药包悬挂高度不宜过大，按式（4-2）计算确定

$$D/3 \leqslant h_2 \leqslant (0.35 \sim 0.4) Q/3 \tag{4-2}$$

式中：D 为药包直径，cm；本工程中 h_2 取 50cm。

一次齐发起爆药量。爆夯设计在综合考虑爆破环境要求的条件下，为了确保与爆区被防护对象的安全，采用排间微差延时起爆技术，间隔时间大于 50ms，一次齐发起爆药量控制在 294kg，一次布药量不大于 1 000kg。

④药包配重。为了保证药包位置准确，在水流较急时，配重不小于药包的重量，且重量均等，配重材料选用容重较大的砂或碎石为宜。

(3)爆夯网络设计

炸药等爆破器材的选取,在水下爆破作业时,需考虑炸药的主要性能:起爆感度、抗水性能及威力。本工程施工水深大于15m,根据类似工程施工经验,爆夯选用防水乳化炸药能满足本工程的准爆要求。当在深水条件下作业时,对传爆引爆材料主要是防水和起爆能量要求,本工程用防水和抗拉性能较强的高能或普通双线塑料导爆索作为传引爆材料。

起爆系统与网络,为保证水下爆夯药包安全准爆,起爆系统与网络设计为:选用高能导爆索或普通导爆索双线起爆药包,药包间采用复式并联(排间安置继爆管延迟),电雷管引爆主导爆索,主导爆索传至爆头,由爆头引爆药包;电雷管脚线与起爆线相连,起爆线引至起爆器组成的起爆网络。为减少爆夯对保护对象的影响,在实际施工时,根据爆区不同的位置采用排间毫秒微差爆破。

7)安全距离下的药量核定

水下爆炸效应一般有水中冲击波、爆炸震动以及爆炸产物的污染等。这几种水下爆炸效应对环境影响的安全范围在爆破安全规定中作了相应规定,并给出了计算公式。根据确定爆炸源与人员和其他保护对象之间的安全距离,应按爆炸效应对人员和其他保护对象的影响进行核定并取其最大值的原则确定齐发的起爆药量。本工程所做药量的核定内容有以下几点。

(1)爆炸震动距离的核定

根据《国家爆破安全规程》中爆破安全振动速度标准如下:

主要建(构)筑物类型	安全震动速度(cm/s)
土窑洞、土坯房、毛石房屋	1
一般房屋、非抗震大型砌块建筑物	2 ~ 3
钢筋混凝土框架房屋	5
重力式码头	7 ~ 12

爆破震动安全距离按式(4-3)计算:

$$V = K \times (Q^m / R)^a \tag{4-3}$$

式中:R 为爆破震动安全距离,m;Q 为齐发装药量,kg;V 为震动安全速度,取1 cm/s;m 为药量指数,取1/3;K、a 为与爆炸区的地形、地质等条件有关的系数和衰减指数,取试验数据 K 为530,a 为1.82。

计算结果表明:当最大齐发药量为294kg时,距爆源60m以外,爆夯振动不会对被保护对象产生不利影响。

(2)水中冲击波安全距离核定

爆炸产生的冲击波在水中传播的速度大于1 400m/s,由于排间药包距离大于3m,微差间隔大于50ms,排间不会产生聚能效应,计算药量采用最大的排布药量294kg。根据《爆破安全规程》中有关规定,在水深不大于30m的水域内进行水下爆破,水中冲击波的最小安全距离,应遵守下列规定:

当炸药量为大于200kg、小于1 000kg时,采用水中裸装药方式,对人员的水中冲击波安全最小距离2 000m;对木船最小距离为500m,对铁船最小距离为250m。

(3)爆破飞散物的安全距离核定

本工程由于覆盖水较深,爆破飞散物主要为落水,根据类似工程的施工经验,爆破飞散物的安全距离不大于 30m。

(4)空气冲击波安全距离

本工程中的爆夯在一定的覆盖水深下实施,爆炸能量主要耗于水中和基床的块石间的密实,空气冲击波强度被快速衰减,其影响与爆破飞散物、水中冲击波的安全距离相比要小,可不考虑。

为了确保生命财产的安全,加快基床工程的顺利进展,本工程重点考虑到水下爆炸效应较复杂的地质、水文和爆炸方式等条件的影响和传播的复杂性,在施工安全管理上规定警戒范围如下:

①陆域上爆炸震动安全警戒线为距爆源以外 100m;

②水中冲击波安全警戒线:对水中人员距爆源以外 2 000m;对船舶距爆源以外 500m。

8)主要船机设备

爆破夯实布药船 1 艘;警戒交通船 2～3 艘。

五、施工进度计划

施工进度计划是施工组织设计的重要组成部分,也是对工程建设实施计划管理的重要手段。单位工程施工进度计划是在施工方案基础上,根据规定工期和施工资源供应条件,按照施工过程的合理施工顺序及组织施工原则,对单位工程的全部施工过程在时间上的合理计划安排。施工进度计划是工程项目施工过程的时间规划,规定了施工过程的施工起讫时间、施工顺序和施工速度,是控制工期的有效工具。

水运工程的施工进度,由于受水文、气象等自然条件的影响,海洋波浪潮汐以及河道水流控制方面的约束,在施工过程中形成了一系列对施工进度起控制作用的环节,如海洋中风力强、波浪大、潮流急、高潮位、低潮位和河道中导流、截流、洪枯水等。由于这些影响因素和控制环节的存在,使水运工程项目的开竣工时间或进度要求比其他工程项目施工在时间安排上有更严格的限制。

(一)施工进度计划的作用

施工进度计划是控制工程施工活动进程实现合同工期目标的重要依据。单位工程施工进度计划确定单位工程各施工过程的施工顺序、持续时间以及相互衔接配合关系;是指导编制各种资源需要量计划、供应计划、施工财务计划的依据;是编制施工班组施工作业计划的依据,是项目管理进行进度控制的基础,是评价施工组织是否合理的指标之一。

(二)施工进度计划的编制依据和步骤

1.进度计划编制依据

工程的施工图纸、施工条件和其他技术经济资料;

施工工期及合同开竣工要求;

施工组织总设计对单位工程施工要求(如果有);

主要分部分项工程的施工方案;

施工采用的资源消耗时间、产量定额;

施工资源的获取、供应及保障情况等。

2.进度计划的编制步骤

研究施工图纸、有关资料和施工条件；

划分施工过程，计算施工工程量；

依据施工方案确定的施工顺序和施工方法，计算施工过程作业的劳动量、作业量；

根据资源供应或工期要求确定施工过程的施工时间或需要的施工资源数量；

设计与绘制初步施工进度计划图；

检查、调整或优化施工进度计划，形成合理可行的执行进度计划。

单位工程施工进度计划的编制步骤也可用程序表示，见图4-5。

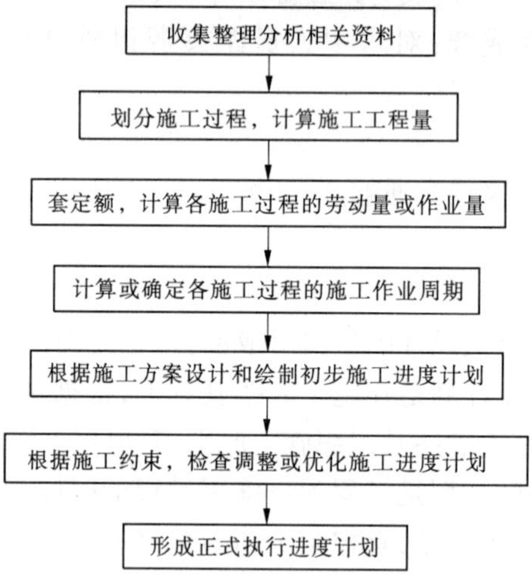

图4-5 单位工程施工进度的编制程序

(三)施工进度计划的表示方法

施工进度计划的表示方法有：文字说明、横道图、速度图、网络图及进度管理曲线等。在实际工作中一般以横道图表和网络图表图示进度计划为主。

1.施工进度计划横道图

横道图表示某单位工程施工进度计划的格式，如表4-1所示。

表4-1 施工进度计划表

序号	分部分项工程名称	工程量	计划工作时间	施工计划资源	施工进度(单位:天、周、旬、月)								
					1	2	3	4	5	6	7	8	9
附简要说明					资源消耗动态图								

从表 4-1 中可以看出，表的左边部分主要是单位工程中的分部分项工程的施工计划信息，一般包括分项工程名称、工程量、计划施工时间等，内容可增可减；右边是用线段和时间坐标形象表示分部分项工程施工进度的指示性图表，不同施工班组的施工可用线段类型相区别；图表的下半部分，可根据实际采用或不用。

横道图表示的进度计划，简单直观，容易编制，只能反映分项工程施工的分布时段和施工平均强度，不能反映分项工程之间的相互关系，也不能区别分项工程施工的重点与关键工作，不能反映施工组织计划中的约束与制约，不利于动态施工项目管理。

某单位工程施工进度计划横道图见图 4-6。

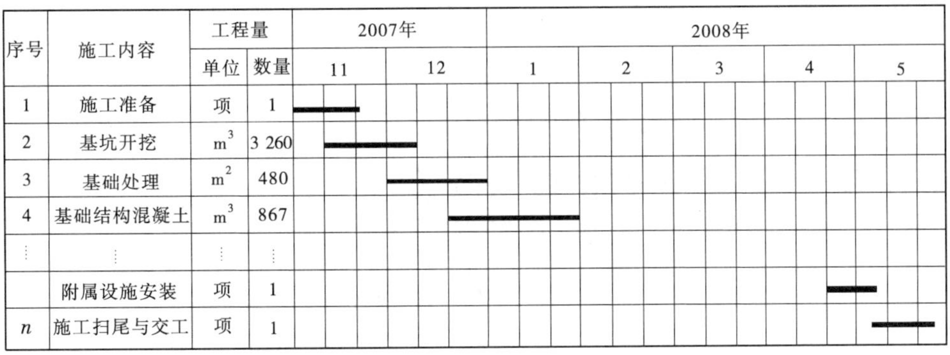

图 4-6　某工程进度计划横道图

2. 施工进度计划的速度图

施工进度计划的速度图也叫垂直图，它是用纵坐标表示施工进度、以横坐标表示施工位置，用不同的符号表示分项分部工程施工内容，如图 4-7 所示。

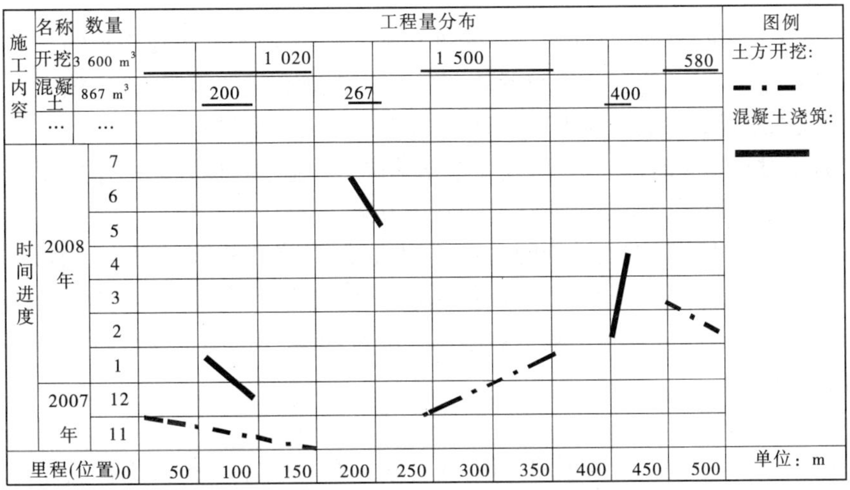

图 4-7　某工程项目施工进度计划速度图示例

从图中可以看出，分项工程的施工时间、施工速度计划，分项工程之间的相互衔接程度，施工作业班组的平面或空间位置。对于施工组织计划，其反映的施工组织计划安排的思想更全面准确，但与横道图一样，不能区别分项工程施工的重点与关键工作，不利于动态施工项目管理。

3. 施工进度计划的网络图

施工进度计划的网络图能清楚反映分部分项工程之间的组织关系，也能形象直观地反映施工进程（如时标网络图），更重要地是它能反映单位工程施工中的关键分部分项施工工作，反映计划的改变与目标控制的关系，对于项目管理者在施工进度的控制与协调方面能提供指示性的组织思路。如图 4-8 所示为某重力式码头网络进度计划图（时间单位：月）。

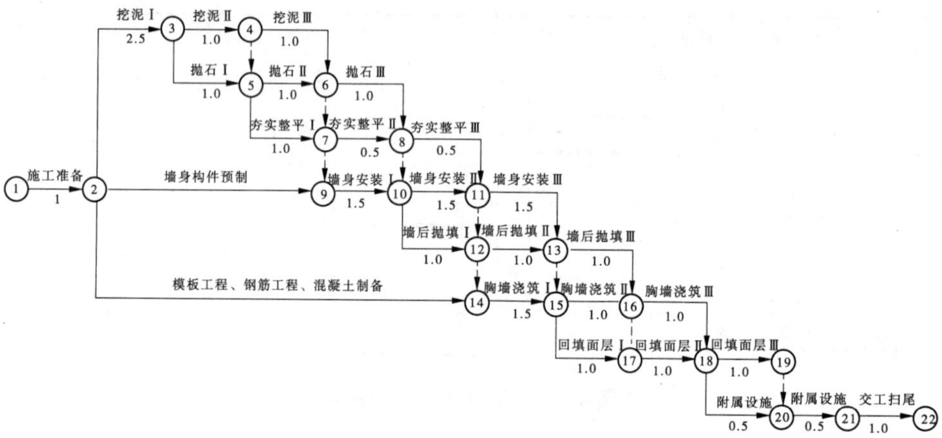

图 4-8 某重力式码头网络进度计划图

（四）施工进度计划的编制

1. 划分施工项目

编制施工进度计划时，首先应按照图纸和施工顺序，将拟建单位工程的各个施工过程列出，并结合施工方法、施工条件和劳动组织等因素，加以适当调整，确定填入施工进度计划表中的施工过程。在确定施工项目时，应注意以下几个问题：

（1）施工过程划分的粗细程度，主要根据单位工程施工进度计划的作用而定。

（2）施工过程的划分要结合所选择的施工方案。

（3）要适当简化施工进度计划的内容，突出重点，避免工程项目划分过细。

（4）水、电和设备安装等专业工程不必细分具体内容，由各专业施工队自己编制计划。

（5）所有施工过程应基本按施工顺序先后排列，所采用的施工项目名称可参考现行定额表上的项目名称。

2. 计算工程量

工程量计算是一项十分繁琐的工作，应与施工方案相结合，按照工程量计算规则进行准确计算。计算工程量时，应注意以下几个问题：

（1）各分部分项工程的工程量计算单位，应与现行施工定额中相应项目的单位一致，以便计算劳动量及材料用量时可直接套用定额。

（2）工程量计算要结合选定的施工方法和安全技术要求，使计算所得工程量与施工实际情况相符合。如挖土时是否放坡、是否加工作面、是否用支撑加固等,这些都直接影响土方工程量的计算。

(3)结合选定的施工方法、安全技术和施工组织要求,分区、分段和分层计算工程量,以便组织流水作业。

(4)计算工程量时,尽量考虑编制其他计划(如预算文件)时使用工程量数据的方便,做到一次计算,多次使用。

3.确定劳动量和机械台班数量

根据各分部分项工程的工程量、施工方法和现行的施工定额,结合施工单位的实际情况,计算各分部分项工程的劳动量和机械台班数量。

施工定额有两种形式:即时间定额和产量定额。时间定额是指某种专业施工组织在合理的技术组织条件下,完成单位合格的建筑产品所必须的工作时间,用符号 H 表示,单位为:工日/m^3,工日/m^2,工日/m,工日/t 等。产量定额是指在合理的技术组织条件下,某种专业施工组织在单位时间内完成单位合格的建筑产品的数量,一般用符号 S 表示,单位为:m^3/工日、m^2/工日、m /工日、t/工日等。时间定额和产量定额互为倒数关系,即:

$$H = 1/S \text{ 或 } S = 1/H \tag{4-4}$$

有些采用新技术、新材料、新工艺或特殊施工方法的项目,施工定额中尚未编入,可以参考类似项目的定额、经验资料,或按实际情况确定。

用人操作时,计算需要的工日数量,即劳动量;

用机械作业时,计算需要的台班数量,即作业量;一般可按下式计算:

$$P = Q/S \tag{4-5}$$

$$P = Q \times H \tag{4-6}$$

式中:P 为完成某分部分项工程所需要的劳动量(工日)或机械台班数量(台班);Q 为某分部分项工程的工程量(m^3,m^2,m,t,…);S 为某分部分项工程人工或机械的产量定额(m^3,m^2,m,t,…/工日或台班);H 为某分部分项工程人工或机械的时间定额(工日或台班/m^3,m^2,m,t)。

4.确定各施工过程的施工时间

计算各分部分项工程施工持续时间的方法有两种。

1)定额计算法

该方法是根据在该分部分项工程施工的机械台套数或人数,以及施工项目需要的劳动量或机械台班量来确定施工持续天数。其计算公式如下:

$$T = Q/(R \times S \times N) = P/(R \times N) \tag{4-7}$$

式中:T 为作业项目持续时间;Q 为作业项目的工程量,以实物量表示;R 为每班配备在该分部分项工程施工的机械台套数或人数;N 为每天工作班次;P 为劳动量(工日)或机械台班数(台班)。

在安排每班配备的机械台数和人数时,应该满足每台机械或每个人应有的工作面,以便充分发挥生产能力,保证施工安全;同时还应满足合理劳动组织人数的要求,以达到最高的劳动生产率。

2)倒排计划法

该方法是首先根据总工期要求或施工经验,确定各分部分项工程的施工时间,然后再按各分部分项工程需要的劳动量或机械台班数,确定每一分部分项工程施工作业每班所需要机械台套数或工人数。其计算公式如下:

$$R = P/(T \times N) \tag{4-8}$$

式中各符号的含义同前。

通常计算时先按一班制考虑,若算得的机械台数或工人数超过施工单位能提供的数量或超过工作面能容纳的数量时,可增加工作班次或采取其他措施,使每班投入的机械台数或人数减少到可能合理的范围内。

5.编制施工进度计划的初步方案

编制施工进度计划时,应首先确定主导施工过程的施工进度,使主导施工过程尽可能连续施工,其余施工过程服从主导施工过程的进度要求,穿插配合进行。具体编制方法是:

(1)确定主要分部分项工程,安排其施工进度计划。

首先确定主要分部工程,组织其中的分项工程流水施工,使主导的分项工程能够连续施工,其他次要的分项工程尽可能与主导分项工程相配合穿插、搭接或平行作业。

(2)安排其他分部分项工程施工进度计划。

其他各分部工程的施工应与主要分部工程相配合,并用与主要分部工程相类似的方法,组织其内部的分项工程尽可能进行流水施工。

(3)按单位工程施工方案中的施工顺序,组合各分部分项工程的施工进度计划,形成初步进度计划。

各分部工程之间按照施工工艺顺序或施工组织的要求,将相邻分部工程的相邻分项工程,按流水施工要求或配合关系搭接起来,组成单位工程进度计划的初步方案。

6.检查与调整施工进度计划

检查、调整与优化的目的在于使初步进度计划方案满足规定的计划目标,确定合理可行符合计划要求的施工进度计划。一般检查的内容如下:

(1)检查施工过程的施工顺序以及平行、搭接组织和技术间歇等是否合理;

(2)初步方案的总工期是否满足规定工期;

(3)主要工种工人是否连续施工,劳动力消耗是否均衡;

(4)各种资源需要量是否均衡,施工机械是否充分发挥作用。

资源消耗的均衡性,一般用资源消耗不均衡系数 K 表示。资源消耗不均衡系数通常按式(4-9)计算。

$$K = \frac{R_{max}}{\overline{R}} \tag{4-9}$$

式中:R_{max} 为施工进度计划中该资源高峰时段单位时间内的消耗最大值;$\overline{R}$ 为施工进度计划期该资源消耗的平均值。

在编制进度计划时,应控制主要资源消耗不均衡系数值。

经过检查,对不符合要求的部分进行调整。调整的方法一般有:增加或缩短某些分项工程的施工时间;在符合工艺关系的情况下,将某些分项工程的施工时间前后移动;必要时还可以改变施工方法或施工组织措施。

六、施工资源计划

在施工进度计划确定后,即可计算编制施工资源计划。资源计划主要包括:劳动力计划、主要施工材料计划、主要施工船机设备计划、施工成本计划等。

(一)劳动力计划

(1)从施工进度图中统计劳动力的工种名称、工作时间、施工人数。

(2)按要求填入劳动力计划表。

某工程项目劳动力计划图表,见图 4-9。

序号	工作岗位	高峰人数	2005 年									2006 年									
			4	5	6	7	8	9	10	11	12	1	2	3	4	5	6	7	8	9	10
1	管理员	10	5	7	8	10	10	10	10	10	10	10	10	10	10	10	10	10	8	8	8
2	施工员	7	5	5	7	7	7	7	7	7	7	7	7	7	7	7	7	7	5	5	5
3	领工员	5	3	3	5	5	5	5	5	5	5	5	5	5	5	5	5	5	3	3	3
4	钢筋工	10		5	5	10	10	10	10	10	10	10	10	10	10	10	10	5	5	5	5
5	木工	10		10	10	10	10	10	10	10	10	10	10	10	10	10	10	10	10	10	10
6	瓦工	8	5	5	5	8	8	8	8	8	8	8	8	8	8	8	8	8			
7	起重工	6	3	3	6	6	6	6	6	6	6	6	6	6	6	6	6	6	6	6	
8	测量工	6	6	6	6	6	6	6	6	6	6	6	6	6	6	6	6	6	6	6	6
9	电焊工	8	4	4	8	8	8	8	8	8	8	8	8	8	8	8	8	8	3	3	3
10	普工	20	10	15	15	15	15	18	18	20	20	20	20	20	20	18	15	12	10	10	10
11	电工	4	2	4	4	4	4	4	4	4	4	4	4	4	4	4	4	4	4	4	3
12	后勤	4	2	4	4	4	4	4	4	4	4	4	4	4	4	4	4	4	4	2	2
合计		98	45	71	83	93	93	96	96	98	98	98	98	98	98	96	93	85	64	62	55

(二)材料计划

(1)计算各项目所需各种主要材料用量。

(2)按进度计划统计各时间段内的材料种类、规格、名称。

(3)计算各时间段内的材料用量之和。按要求填入材料计划表。

(三)机械计划

(1)计算各项目所需各种主要机械用量。

(2)按进度计划统计各时间段内的机械种类、规格、名称。

(3)计算各时间段内的机械用量之和。按要求填入机械计划表。

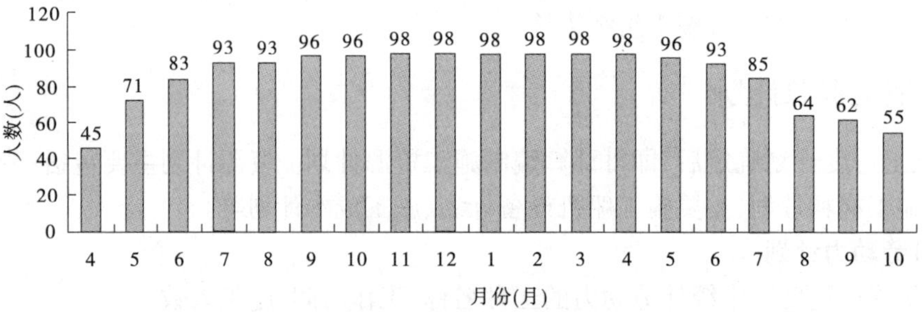

图 4-9 某工程项目劳动力计划图表

七、工地运输组织

工地运输组织应解决的问题有：

(1)确定运输量。

(2)确定运输方案。合理的运输方案应满足的条件：运距最短，运量最小；减少运转次数，力求直达工地；装卸迅速运转方便；尽量利用原有的交通条件，充分使用价格低廉的水运；运输工具应与所运货物相应，充分发挥运输工具的运载能力；符合安全技术要求。

(3)计算运输工具的需要量。

(4)编制运输工具调度计划。

(5)设置运输工作的辅助设施，如临时道路、车库、加油站等。

八、施工平面图设计

施工平面布置的成果，需标示在一定比例尺的施工场区地形图上，构成施工平面图，它是施工组织设计的主要成果之一。利用施工平面图可以正确处理施工期间所需各项设施与永久建筑、拟建工程之间的空间关系，指导现场进行有组织、有计划的文明施工。

(一)施工平面图的设计原则

(1)在满足施工的前提下，尽量将占地范围减少到最低限度，不占或少占农田，不挤占道路；

(2)合理布置各种仓库、机械、加工厂位置，减少场内运输距离，尽可能避免二次搬运，减少运输费用，并保证运输方便、通畅；

(3)施工区域的划分和场地确定，应符合施工流程要求，尽量减少专业工种施工之间的干扰；

(4)充分利用已有的建筑物、构筑物和各种管线，凡拟建永久性工程能提前完工并为施工服务的，应尽量提前完工，并在施工中代替临时设施；

(5)各种临时设施的布置应有利于生产和生活。

(二)施工总平面图的设计依据

(1)工程设计资料和建设地区的自然、经济条件，包括施工地区的地形地貌、水文、地质、气象等资料；当地协作条件、建材、水电供应情况；对外交通运输设施；工程项目范围内有关的一切已有的和拟建的各种建筑物和设施位置。

(2)各种建筑材料、构件、加工品、施工机械和运输工具需要量,各构件加工厂规模、仓库以及其他临时设施的数量和轮廓尺寸。

(3)建设项目组成、施工部署和主要工程的施工方案、施工总平面布置图计划、施工进度计划。

(三)施工平面图的设计方法

施工平面图的设计步骤为:引入场外交通→布置仓库→布置加工厂和混凝土搅拌站→布置内部运输道路→布置临时房屋→布置临时水、电管网和其他动力设施→绘制正式施工平面图。

1.场外交通的引入

设计工地施工平面图时,首先应从考虑大宗材料、成品、半成品、设备等进入工地的运输方式入手。

水运工程场外运输通常采用水路运输方式。场内主要仓库和加工厂应布置在码头附近。当场外运输采用公路运输方式时,一般先将仓库、加工厂等生产性临时设施布置在最经济合理的地方,后布置通向场外的公路。

2.仓库的布置

通常考虑设置在运输方便、位置适中、运距较短并且安全防火的地方。

当采用水路运输时,一般应在码头附近设置转运仓库,以缩短船只在码头的停留时间。

当采用公路运输时,仓库的布置较灵活。一般中心仓库布置在工地中央或靠近使用的地方,也可以布置在靠近外部交通连接处。砂、石、水泥、木材等仓库或堆场宜布置在搅拌站、预制场和木材加工厂附近;预制构件等直接使用的材料应该直接布置在施工对象附近,以免二次搬运。

3.加工厂和搅拌站的布置

各种加工厂布置,应以方便使用、安全防火、运输费用最少、不影响建筑安装工程施工的正常进行为原则。一般应将加工厂与相应的仓库或材料堆场尽量集中布置。

工地混凝土搅拌站的布置有集中、分散、集中与分散相结合的3种方式。当运输条件较好时,以采用集中布置较好,或现场不设搅拌站而使用商品混凝土;当运输条件较差时,则以分散布置在使用地点或升降架等附近为宜。砂浆搅拌站多采用分散就近布置。

预制件加工厂尽量利用建设地区永久性加工厂。水运工程中大型预制构件一般依托企业的专业预制厂生产,小型构件生产在现场设置临时预制厂,其位置一般应就近布置。

钢筋加工厂可集中或分散布置,视工地具体情况而定。对于需冷加工、对焊、点焊钢筋骨架和大片钢筋网时,宜采用集中布置加工;对于小型加工、小批量生产和利用简单机具就能成型的钢筋加工,采用就近的钢筋加工棚进行。

4.场内运输道路的布置

工地内运输道路的布置,应根据各加工厂、仓库及各施工对象的位置布置道路,并研究货物周转运行图,以明确各段道路上的运输负担,区别主要道路和次要道路。规划这些道路时要特别注意满足运输车辆的安全行驶,在任何情况下,不致形成交通断绝或阻塞。在规划临时道路时,还应考虑充分利用拟建的永久性道路系统,提前修建路基及简单路面，作为施工所需的临时道路。道路应有足够的宽度和转弯半径，现场内道路干线应采用环形布置，主要道路宜采用双车道，车道宽度不得小于 3.5m。临时道路的路面结构，应根据运输情况、运输工具和使用条件来确定。

5. 行政与生活福利临时建筑的布置

行政与生活福利临时建筑可分为：行政管理和辅助生产用房、居住用房、生活福利用房等。

对于各种生活与行政管理用房应尽量利用业主的生活基地或现场附近的其他永久性建筑，不足部分另行修建临时建筑物。临时建筑物的设计，应遵循经济、适用、装拆方便的原则，并根据当地的气候条件、工期长短确定其建筑与结构形式。

福利设施应设置在工人较集中的地方或工人必经之路。生活基地应设在场外，距工地 500～1 000m 为宜，并避免设在低洼潮湿、有烟尘和有害健康的地方。食堂宜设在生活区，也可布置在工地与生活区之间。

6. 临时水、电管网和其他动力设施的布置

尽量利用已有的和提前修建的永久线路。

临时变电站应设在高压线进入工地处，避免高压线穿过工地。临时自备发电设备应设置在现场中心或靠近主要用电区域。

临时水池、水塔应设在用水中心和地势较高处。管网一般沿道路布置，供电线路应避免与其他管道设在同一侧，主要供水、供电管线采用环状。

管线过路处均要套以铁管，一般电线用 Φ 51～Φ 76 管，电缆用 Φ 102 管，并埋入地下 0.7m 处。

过冬的临时水管须埋在冰冻线以下或采取保温措施。

排水沟沿道路布置，纵坡不小于 0.2%，过路处须设涵管，在山地建设时应有防洪设施。

消火栓间距不大于 120m，距拟建房屋不小于 5m，不大于 25m，距路边不大于 2m。

各种管道布置的最小净距应符合相关规定。

(四)施工平面图的绘制

施工平面图是归入档案的技术文件之一。因此，要求精心设计，认真绘制。一般绘制步骤如下。

1. 确定图幅大小和绘图比例

图幅大小和绘图比例应根据工地大小及布置内容多少来确定。图幅一般可选用 1～2 号图纸，比例一般采用 1:1 000、1:2 000 或根据实际情况选用。

2. 合理规划和设计图面

施工平面图，除了要反映现场的布置内容外，还要反映周围环境和面貌(如已有建筑物、场外道路等)。故绘图时，应合理规划和设计图面，并应留出一定的空余图面绘制指北针、图例及文字说明等。

3. 绘制施工平面图的有关内容

将现场测量的方格网、现场内外已建的房屋、构筑物、道路和拟建工程等，按正确的内容绘制在图面上。

4. 绘制工地需要的临时设施

根据布置要求及面积计算，将道路、仓库、加工厂和水、电管网等临时设施绘制到图面上去。

5. 形成施工平面图

在进行各项布置后，经分析比较、调整修改，形成施工平面图，并作必要的文字说明，标上图例、比例、指北针等。

完成后的施工平面图比例要正确，图例要规范，线条粗细分明，字迹端正，图面整洁美观。

某单位工程施工平面布置图如图 4-10 所示。

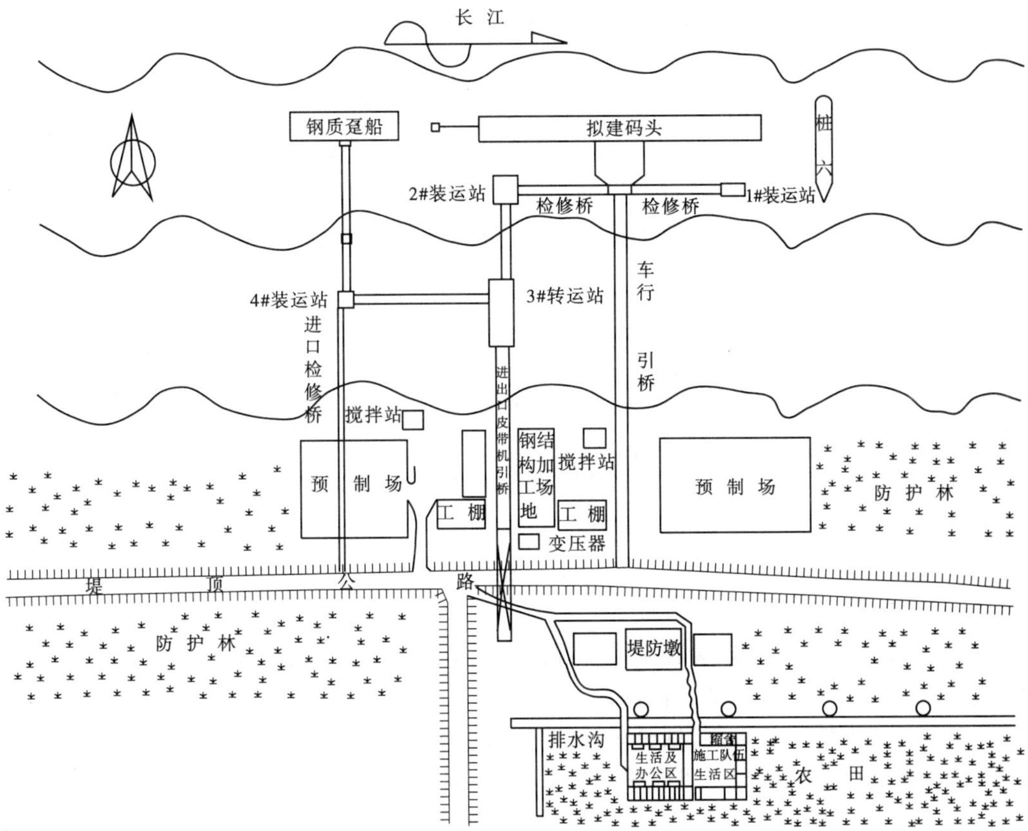

图 4-10　某内河码头工程项目施工平面布置

九、技术、质量、安全管理和保证措施

(1)建立技术质量安全管理体系。

(2)在工程施工中，对施工难度大、技术复杂的工程项目，如桩基、大体积混凝土的浇筑、重大构件的起重、运输、安装等，采用新技术、新材料、新结构、易产生质量通病和施工经验不足的项目，必须提出质量保证措施。

(3)安全技术措施要从具体工程的结构特征、施工条件、技术要求和安全生产的需要出发,如水上作业、高空作业、起重作业、夜间作业、潜水作业、立体交叉作业等编写安全技术措施。水运工程是危险性较大的工程,通常应针对施工中危险性较大的工程施工编制安全专项施工方案,并按规定进行审批。

(4)冬期、夏期和雨期施工,应根据实际天气情况,按规范、设计要求制定技术措施。

十、环境保护、职业健康与文明施工

环境保护、职业健康与文明施工按有关规定结合现场施工情况制定。

(一)环境保护、职业健康

通常应根据项目区相关法规要求,项目部成立专门机构负责施工环境保护工作,制定具体制度及措施,密切联系当地环保部门,把好管理、实施、监督、检测等环节,把环境保护措施贯穿整个施工过程。

建立相应组织机构、明确工作职责,如:项目经理,对环境、职业健康安全运行、控制全面负责;项目部工程部门、安全部门,是环境与职业健康安全运行的主管部门,负责施工生产区域环境和职业健康安全管理方案的制定、实施和检查;项目部办公室,是办公区域、生活区域环境和职业安全健康运行的主管部门,负责办公区、生活区管理方案的制定、实施和检查。

随着人民生活水平的不断提高,做好健康卫生和环境保护及文明施工,是工程建设所必须的要求与目标,日益显出其地位的重要性和迫切性。为贯彻执行国家有关卫生健康和环境保护的法律法规,做到文明生产,项目应结合工程施工特点,积极做好健康、环保工作,并制定工作计划。

水运工程施工中可能出现由于清淤、吹填施工等产生环保问题。项目经理部在施工过程中,要严格执行国家有关环境保护的标准、规范,接受建设单位、设计单位和监理工程师的指导、监督,切实把施工环境保护与工程建设紧密结合,把环境保护措施落到实处。

(二)文明施工

施工组织设计应针对现场施工活动提出文明施工的具体措施,如:

(1)设立文明施工管理常设机构;

(2)建立文明施工负责制,划分区域,明确管理负责人,实行挂牌制;

(3)项目部驻地范围应尽可能采用施工围蔽,围蔽范围外挂设施工标志;

(4)施工场地按施工总平面图设置生活垃圾桶等各项临时设施,施工现场应符合环境卫生、安全、保卫等各项要求,做到整齐、清洁、安全、美观;

(5)做好文明施工宣传工作,在现场张贴文明施工的具体要求和措施,增强施工人员的文明施工意识;

(6)工棚搭设整齐美观,生活污水经过沉淀池沉淀,垃圾收集起来放入垃圾筒,厨房和临时宿舍保持干净卫生,经常打扫,责任到人;

(7)现场材料的堆放,要按照施工组织设计指定的区域范围分类堆放;场内废料和余料及时清运,保持场内整洁;

(8)做好现场的治安、保卫工作,现场设置各种安全设施和配置劳动保护用品;

(9)施工现场设置保证施工安全的夜间照明和保证行人、车辆交通安全的路灯照明,夜间施工尽量减少噪音扰民;

(10)施工现场设置施工牌,标明工程项目名称、建设单位、监理单位、施工单位、设计单位、项目经理和施工现场管理代表人姓名、开竣工日期、施工许可证批号等;

(11)所有施工人员服装整齐,主要管理人员在施工现场佩带证明身份的证件;

(12)现场使用的机械设备,要按平面固定点存放,保持机身周围的环境清洁;

(13)按规定设立标准食堂、医疗急救站、浴室及厕所等;

(14)施工现场办公室或会议室必须布设下列图表:施工平面总布置图;施工工期控制总进度计划(横道图、网络图);施工实际进度形象图;单位工程负责人、安全生产责任人、防火负责人等以及负责人的职责范围;管理机构及主管人员的分工图表;睛雨图表等。

十一、主要技术经济指标

主要技术经济指标有质量技术指标、安全事故指标、成本控制指标、利润指标、劳动生产率等。

十二、附图

附图主要包括:

(1)施工总平面布置图;

(2)临时设施布置图;

(3)测量控制点和基线布置图;

(4)结构施工顺序图;

(5)主要模板结构图;

(6)构件安装作业顺序图。

第五节　施工组织总设计

一、施工组织总设计编制依据

(1)项目建设的计划文件,如国家批准的项目建设的计划文件、建设项目主管部门的行政管理批件等;

(2)项目的设计文件,如项目的可行性研究报告、批准的初步设计或技术设计、设计说明书等;

(3)施工合同文件,如技术规范、工程量清单、合同条件、合同协议书等;

(4)建设项目的施工组织设计资料调查,如气象、地质、水文、社会、经济等;

(5)技术标准规范,如工程建设强制性标准、工程定额、施工技术规范等;

(6)类似工程施工资料,如企业以往或同期类似项目的工程施工组织与管理资料等。

二、施工组织总设计编制内容

(一)工程概况及施工条件分析

工程概况主要是对项目建设的主要参与单位、项目建设系统内容与规模、建设目标等作一个简明扼要的介绍。

一般包括:项目的性质;建设地点;项目的业主、设计、监理单位;项目的建设规模与工程系统构成;建设项目概算总投资、主要建设项目的工程量;项目设计中的结构类型、新技术、新材料、新设备的设计特点与建设要求;项目建设的目标要求等。

施工条件分析主要针对施工合同条件、项目建设现场条件及施工管理法规等方面。其内容一般有:

施工合同条件,如项目开工竣工时间目标,工程质量标准及监督、验收规定,工程费用支付与结算方式,工期与质量责任的规定等;

项目建设现场条件,如地质水文与气象条件,地物地形与地貌,业主提供的相关条件,对外交通运输方式与途径,水电供应,施工材料的供应等;

施工管理法规,如安全施工管理规定,施工环境保护规定,施工时间规定,施工中禁航规定、交通管制等。

(二)施工总体部署

施工总体部署是对建设项目的施工全局作出统筹规划,简明阐述施工条件的创造和施工展开的战略总体思路,使之成为全部施工活动及过程组织的基本框架和纲领。主要内容有:

(1)工程项目分期分批实施的项目划分,分期施工项目的组成;

(2)工程项目施工区段的划分和施工流向的顺序安排;

(3)施工项目管理组织机构的建立,施工合同结构及施工单位之间的分工与合作要求;

(4)施工阶段划分和各阶段施工重点及任务目标;

(5)开工前的准备工作项目及其完成的时间目标;

(6)施工展开阶段的各专业施工的交叉、衔接及工作界面的划分要求;

(7)配合施工进程和主要项目的技术攻关、试验分析的相关工作安排;

(8)施工技术物资的计划,主要材料的采购运输与加工计划安排、主要施工设备的计划与落实等。

(三)施工总进度计划

施工总进度计划是指施工组织设计范围内全部工程项目的施工顺序及施工进程的时间计划。它包括工程项目的开竣工日期,主要项目施工的先后顺序及其相互衔接关系,主要单位工程或主要施工项目的施工工期等。

施工总进度计划的编制一般应保障项目工期目标实现,权衡与质量、成本、现场条件的关系,力求施工顺畅有序、均衡协调和经济合理。编制步骤一般有:

(1)划分建设项目的 WBS 结构,列出工程项目清单;突出主要单位工程或主要施工项目;

(2)计算工程项目的主要工程量;

(3)根据施工总体部署的分期分批建设要求,确定各单位工程或主要施工项目的施工期限;一般根据项目的结构形式、工程量规模和现场施工条件、资金材料供应以及施工单位的施工力量与管理水平等多方面情况综合确定;

(4)确定各单位工程或主要施工项目的开工竣工时间和相互搭接时间关系;在保障建设工期的条件下,保证主要施工项目的开工竣工时间;在全面分析现场施工条件、影响因素和季节性均衡施工后,确定各单位工程或主要施工项目的搭接时距;

(5)编制施工总进度计划,根据主要施工项目的施工工期及搭接时距,编制初步进度计划;然后根据协调均衡施工要求,对初步进度计划做调整形成施工总进度计划。

(四)资源需要量计划

施工总进度计划编制后,即可编制各种主要资源的需要量计划。其内容主要有劳动力计划,主要材料需要量计划,主要材料的采购、运输、加工计划,施工船机设备需用量计划等。

(五)临时工程与设施

施工组织总设计,应针对项目施工总体部署,建设必要的临时工程和设施,满足项目施工需要。这些临时工程和设施因项目类型和规模区别而有差异,一般应有辅助生产车间或场地、生活办公用房与设施、水电供应设施、临时码头道路工程等。

1.工地加工场地

工地加工场地主要有预制场、木工厂、钢筋加工车间、金属结构构件加工厂、机械维修车间、混凝土搅拌站场等。工地加工场地的结构类型主要考虑防火防台和施工时间要求,通常采用简易结构形式。

加工场地的面积可以参照有关资料或按施工经验确定,也可按式(4-10)计算。

$$F = \frac{K \times Q}{T \times S \times \alpha} \tag{4-10}$$

式中:F 为所需建筑面积;Q 为加工总量;T 为加工总工期;S 为每平方米场地的月平均产量;K 为加工不均衡系数,取 1.3～1.5;α 为场地利用系数,取 0.6～0.7。

2.工地临时仓库

工地临时仓库分为转运仓库、中心仓库和现场仓库等,工地仓库结构可分为露天、库棚和封闭库房。仓库的面积确定与该材料的需储备的数量和仓库单位面积的储存定额有关,可通过式(4-11)计算:

$$F = \frac{P}{q \times K} \tag{4-11}$$

式中:F 为仓库面积;P 为仓库材料储存量;q 为每平方米仓库储存材料定额;K 为仓库面积的有效利用系数。

对于仓库材料储存数量,可以按式(4-12)计算:

$$P = T_e \frac{Q_i \times R_i}{T} \tag{4-12}$$

式中:T_e 为材料储备期天数;Q_i 为材料总需要量;R_i 为材料使用不均衡系数;T 为相关

项目的施工工期。

特殊材料的仓库面积,一般按安全要求确定。

仓库的平面尺度确定,既要考虑材料存放方式、使用方便、装卸要求,也要考虑仓库结构形式。

3. 临时生活、办公用房

临时生活、办公用房包括行政管理和生产用房,居住生活用房以及生活福利用房等。

临时生活、办公用房应按节约、适用、建拆方便的原则设计,其结构形式按当地气候、材料来源和工期长短等因素确定。临时生活、办公用房的面积可按式(4-13)计算确定。

$$F = N \times P \tag{4-13}$$

式中:F 为建筑面积;N 为现场人数;P 为建筑面积指标,见表 4-2。

表 4-2 办公、生活临时建筑面积指标 (单位:m^2 /人)

序号	临时房屋名称	指标使用方法	参考指标
一	办公室	按使用人数	3.0~4.0
二	宿舍		
1	单层通铺	按高峰年(季)平均人数	2.5~3.0
2	双层床	按在工地住宿实有人数	2.0~2.5
3	单层床	按在工地住宿实有人数	3.5~4.0
三	食堂	按高峰年平均人数	0.5~0.8
	食堂兼礼堂	按高峰年平均人数	0.6~0.9
四	其他合计	按高蜂年平均人数	0.5~0.6
1	医务室	按高峰年平均人数	0.05~0.07
2	浴室	按高峰年平均人数	0.07~0.1
3	理发室	按高峰年平均人数	0.01~0.03
4	俱乐部	按高峰年平均人数	0.1
5	小卖部	按高蜂年平均人数	0.03
6	招待所	按高峰年平均人数	0.06
7	其他公用设施	按高峰年平均人数	0.05~0.1
8	开水房	每间	10~40
9	厕所	按工地平均人数	0.02~0.07

4. 工地的临时供水、供电、供气、供热

工地的临时供水、供电、供热应解决的问题有：确定用量、选择供应来源、设计管线网络等，如需工地自行解决供应来源，还需确定相应的设备。

1)工地临时供水

(1)工地用水量计算：分工程用水量、施工船机用水量、施工现场生活用水量、生活区用水量以及工地消防用水量计算。

工程用水量按式(4-14)计算：

$$q_1 = k_1 \times \sum \frac{Q_1 \times N_1}{T_1 \times b} \times \frac{k_2}{8 \times 3\ 600} \tag{4-14}$$

式中：q_1 为工程用水量，L/s；k_1 为未预见的施工用水量系数，取 1.05～1.15；k_2 为用水不均衡系数；b 为每天工作班数；Q_1 为年(月)度工程量；N_1 为施工用水定额；T_1 为年(月)度有效作业天数。

施工船机用水量按式(4-15)计算：

$$q_2 = k_1 \times \sum Q_2 \times N_2 \times \frac{k_3}{8 \times 3\ 600} \tag{4-15}$$

式中：q_2 为施工船机设备用水量，L/s；Q_2 为同一种类船机数量；N_2 为施工船机台班用水定额；k_3 为用水不均衡系数。

施工现场生活用水量按式(4-16)计算：

$$q_3 = \frac{P_1 \times N_3 \times k_4}{8 \times 3\ 600 \times b} \tag{4-16}$$

式中：q_3 为施工现场生活用水量，L/s；P_1 为施工现场高峰人数；N_3 为施工现场生活用水定额，视当地气候、工种而定，一般为 20～60 L/人班；k_4 为用水不均衡系数。

生活区用水量按式(4-17)计算：

$$q_4 = \frac{P_2 \times N_4 \times k_5}{24 \times 3\ 600} \tag{4-17}$$

式中：q_4 为生活区生活用水量，L/s；P_2 为生活区居住人数；N_4 为生活区生活用水定额，根据相关定额表确定；k_5 为用水不均衡系数。

消防用水量根据消防安全规定取值，见表 4-3。

工地总供水量计算：

当$(q_1 + q_2 + q_3 + q_4) \leqslant q_5$时：

$$Q = q_5 + 0.5 \times (q_1 + q_2 + q_3 + q_4) \tag{4-18}$$

当$(q_1 + q_2 + q_3 + q_4) > q_5$时：

$$Q = q_1 + q_2 + q_3 + q_4 \tag{4-19}$$

当工地面积小于 5 万 m^2，且$(q_1 + q_2 + q_3 + q_4) < q_5$时：

$$Q = q_5 \tag{4-20}$$

表 4-3 消防用水量(q_5)参考表

序号	用水区域	用水情况	火灾同时发生	用水量(L/s)
1	生活区	5 000 人以内 10 000 人以内 25 000 人以内	1 次 2 次 2 次	10 10～15 15～20
2	施工现场	施工现场在 25 万 m^2 以内 施工现场每增加 25 万 m^2	1 次 1 次	10～15 5

在计算出的总水量基础上,再增加 10%的管路损耗,即为所求的施工用水量。

(2)水源选择

工地临时供水水源,首先应考虑当地自来水,如不可能,才另选天然水源。天然水源有河水、湖水、水库蓄水等地面水和泉水、井水等地下水。

选择临时水源时应注意相应要求:水量充足稳定,能保证最大需水量供应;符合生产用水和生活用水水质标准;取水、输水、净水设施要安全、经济、可靠;施工安装、运行、管理和维护方便。

(3)临时供水系统

临时供水系统可由取水设施、净水设施、贮水构筑物、输水管线等几部分组成。

取水设施由取水口、进水管及水泵站组成,取水口距河底或井底不得小于 0.5m,距冰层底部边沿的距离不得小于 0.25m。水泵应有足够的抽水能力和扬程。

当水泵不能连续工作时应设置贮水构筑物,其容量以每小时消防用水量确定,但一般不得小于 10～20m^3。

输水管网的管径可用式(4-21)计算,管材一般根据管道尺寸和压力大小进行选择,干管一般为钢管或铸铁管,支管通常采用钢管。

$$D=\sqrt{\frac{Q}{250\pi \cdot v}} \tag{4-21}$$

式中:D 为输水管径;Q 为耗水量;v 为管网中的水流速度,见表 4-4。

表 4-4 水管经济流速表

管径	流速(m/s)	
	正常时间	消防时间
支管 $D<0.01$m	2	
生产消防管道 $D=0.1\sim0.3$m	1.3	>3.0
生产消防管道 $D>0.3$m	1.5～1.7	2.5
生产用水管道 $D>0.3$m	1.5～2.5	3.0

2)工地临时供电

工地临时供电设计包括:用电量计算、选择电源、确定变压器、确定导线及布置配电线路。

(1)工地用电量计算

工地用电一般分为动力用电和照明用电,在计算用电量时应考虑以下因素:工地用电设备的功率;施工高峰时用电负荷;用电设备的利用情况等。

工地总用电量计算可按式(4-22)计算:

$$P = (1.05 \sim 1.10)\left(K_1 \frac{\sum P_1}{\cos\varphi} + K_2 \sum P_2 + K_3 \sum P_3 + K_4 \sum P_4\right) \qquad (4\text{-}22)$$

式中:P 为供电设备总需要容量,kVA;P_1 为电动机额定功率,kW;P_2 为电焊机额定容量,kVA;P_3 为室内照明容量,kW;P_4 为室外照明容量,kW;$\cos\varphi$ 为电动机的平均功率因数,根据电量和负荷情况而定,最高取 0.75~0.78,一般为 0.65~0.75;K_1、K_2、K_3、K_4 为用电器需要量系数,见表 4-5。

由于施工现场照明用电所占比例较小,在估算总用电量时,只需在动力用电量基础上增加 10%即可。

表 4-5　用电器需要量系数

电器名称	数量(台)	需要系数				备注
		K_1	K_2	K_3	K_4	
电动机	3~10	0.7				施工中如用电热,也应计算
	11~30	0.6				
	30 以上	0.5				
加工厂动力设备		0.5				
电焊机	3~10		0.6			
	10 台以上		0.5			
室内照明				0.8		
室外照明					1.0	

(2)电源选择及确定变压器

工地临时用电电源,最经济的选择是当地电网供给,也可在工地设置临时电站供给;供电的品质和容量都应满足施工期间电压和最高负荷要求。如单独设置变压器,则变压器的功率按式(4-23)计算。

$$P = K\left(\frac{\sum P_{max}}{\cos\varphi}\right) \qquad (4\text{-}23)$$

式中:P 为变压器功率,kVA;K 为功率损失系数,取 1.05;P_{max} 为各施工区的最大计算负荷,kW。

(3)配电线路的布置

线路应尽量架设在道路一侧,尽可能选择平坦线路,保持线路水平,使电杆受力平衡。线路与建筑物的水平距离应大于1.5m,临时线路一般采用架空线,在水上施工时也采用沉底电缆,在架空交叉或沉底电缆布设中要符合有关输电规范要求。

工地配电箱要设置在便于操作的地方,并有电箱保护,开关容量应按最大负荷选用,同时应设置接地保护。

3)工地临时供热

工地临时供热的对象是冬季施工供热、临时房屋内部的供热取暖、其他供热如钢筋混凝土的蒸汽养护等。

供热施工组织设计的内容,包括供热量计算、选择热源或配置锅炉、管网配置。

5.其他临时工程

为满足施工需要,可能还需要修建临时施工道路、施工临时码头、临时电讯设施、施工废物处理站场等。

案例:某港口工程施工用电组织设计

1)工程施工用电方案布置

根据本工程建筑特点、施工顺序、施工工艺和场地布置,工程施工用电可分为下面5部分:①水上施工用电,采用船舶上的发电机供给,主要为沉箱安装、潜水等;②胸墙混凝土浇筑;③搅拌站和扭王字块预制以及钢筋、铁焊、木工车间用电;④现场生活区用电;⑤沉箱预制。其中第⑤项沉箱预制安排在专业预制场,故本方案不包括该项。

上述①~④项电源全部采用移动式发电机发电供给施工现场用电,其中第一级电箱为固定式,其他电箱为移动式。现场供电系统采用TN—S系统,三相五线制、至少两级带漏电开关保护;现场供电电箱除固定设备外,电箱将随现场的施工而变动位置,由于电箱经常移动,故线路采用橡皮电缆沿地面敷设或架空,电缆做好标示和警告保护措施。

2)施工用电设备负荷汇总

施工用电设备负荷汇总见表4-6。

3)负荷计算电流

采用需要系数法对各负荷计算,如表4-7所示。

预制场总负荷(同期系数取0.95和0.98):

$$视在计算功率\ S_{30} = \sqrt{[0.95 \times (24.1 + 44.9 + 83.0)]^2 + [0.98 \times (18.1 + 59.9 + 84.7)]^2} = 215.2(\text{kVA})$$

计算电流 $I_{30} = S_{30} / (0.38 \times \sqrt{3}) = 326.9(\text{A})$

4)发电机、电缆及电器设备选择

(1)发电机及主要线路电缆选择

根据计算负荷表进行发电机功率和一级电缆(按发热条件)的选择,选用的发电机功率(不考虑大电动机的启动)和电缆,列表如表4-8所示。

表 4-6　施工用电设备负荷计算

位置		设备名称	设备型号、功率及技术数据	台数	功率(kW)	各区负荷总和(kW)
预制场	钢筋木工车间	照明	卤素灯　1kW+3kW	4+2	10.00	37.06
		电焊机	BX1-315　380V　17kVA　35%	1	10.06	
		钢筋弯曲机	3kW	2	6.00	
		钢筋切断机	3kW	2	6.00	
		平板刨	2kW	1	2.00	
		圆锯	3kW	1	3.00	
	铁焊	照明	卤素灯　1kW	6	6.00	81.73
		电焊机	BX1-500　380V　30kVA　35%	2	35.50	
		电焊机	BX1-315　380V　17kVA　35%	4	40.23	
	搅拌站及预制场地	主机电机	18.5kW	2	37	127.75
		水泥输送机	15kW	3	45	
		皮带机	11kW	1	11	
		卷扬机	15kW	1	15	
		空压机	7.5kW	1	7.5	
		水泵	3kW	1	3	
		振动马达	0.25kW	5	1.25	
		空调及照明	4kW	2	8	
胸墙现场		电焊机	BX1-315　380V　17kVA　35%	1	10.06	34.06
		照明	卤素灯　1kW+3kW	6+2	12.00	
		振动棒	2kW	6	12.00	
沉箱安装		空压机	7.5kW	1	7.50	72.50
		照明	卤素灯　1kW+3kW	4+2	10.00	
		卷扬机	5.5kW	4	22	
		潜水泵	5.5kW	6	33.00	
生活、办公区		办公	电脑插座	1kW/个	15	72.20
			照明	0.08kW/间	1.2	
		生活	2kW/间	20	40.00	
		厨房	10kW	1	10.00	
		公共照明	1kW/盏	6	6.00	

表 4-7　负荷计算

序号	位置	用电区域名称	负荷性质	线路编号		设备容量(kW)	计算负荷			
							有功功率 P_{30}(kW)	无功功率 q_{30}(kW)	视在功率 S_{30}(kVA)	计算电流 I_{30}(A)
1	预制场	钢筋木工车间	动力和照明	L	L1	37.06	24.1	18.1	30.11	45.75
		铁焊车间	动力和照明		L2	81.73	44.9	59.9	74.92	113.82
		搅拌站及预制场地	动力和照明		L3	127.75	83.0	84.7	118.63	180.23
2	胸墙浇筑		动力和照明	L4		34.06	22.1	19.5	29.52	44.85
3	沉箱安装		动力和照明	L5		72.50	43.5	27.0	51.18	77.75
4	生活办公区		动力和照明	L6		72.20	53.9	33.4	63.35	96.25

表 4-8　发电机功率和电缆选择

位置	发电机额定功率 $\geqslant I_{30}\times0.4\times\sqrt{3}\times1.2$(kW)		发电机编号	线路编号	一级电箱编号	选用电缆(线)型号规格(mm^2)	电缆敷设方式	选用电缆载流量 I(A)	计算负荷电流 I_{30}(A)	1.2 倍计算负荷电流 $1.2\times I_{30}$(A)	满足情况 $I\geqslant1.2\times I_{30}$
预制场	选用	300	G1	L	A	4×RV－150+1×70	明敷	402	326.9	392.28	满足
	计算	261.5									
胸墙	选用	50	G2	L4	B	XV－3×16+2×10	明敷	76	44.85	53.82	满足
	计算	37									
沉箱	选用	75	G3	L5	C	XV－3×25+2×16	明敷	101	77.75	93.3	满足
	计算	64.6									
生活办公区	选用	100	G4	L6	D	XV－3×35+2×16	埋地	124	96.25	115.5	满足
	计算	80.0									

(2)线路电压损失

现场负荷中心在搅拌站，有功负荷为 127.75kW，功率因数为 0.75，线路长度设为 200m，电缆选用 XV－3×70+2×35mm^2，电压损失 $\triangle U\%=0.081\times0.2\times127.75=2.07\%<5\%$ 的压降，可不考虑电压降损失。

(3)开关电器选择

施工现场的开关设备主要是由各种开关电器组合而成的配电箱、开关箱等，并成为整个临时用电系统的枢纽。为了确保临时用电安全，配电箱和开关箱必须在技术上采取合理的组成结构形式，并与施工临时用电工程配电线路相适应，在保护方面采用 TN－S 系统。

现场工地用电设备的控制箱根据设备要求进行开关电器的结构组合。由于施工现场大部分是电动机,各分支线路总开关选用长延时带过载保护的漏电断路器;负荷控制端选用漏电断路器短延时带过载动作保护;照明线路选用的瞬时型漏电断路器,漏电动作电流小于 30mA,漏电动作时间不大于 0.1s,主要开关选择如表 4-9 所示。

表 4-9　主要开关选择

开关控制线路	开关位置	选用开关名称及型号	开关编号	主要参数满足情况 $I \geqslant 1.2 \times I_{30}$
发电机—预制场一级配电箱	一级配电箱 A	断路器 DZ20Y—400/490	Q	额定电压 400V,额定电流 400A,脱扣器脱扣电流 400A,短路分断电流 25kA
一级配电箱—钢筋木工车间	一级配电箱 A	漏电断路器 DZ15L—100/490	QF1	额定电压 400V,额定电流 63A,漏电动作电流 75mA,漏电不动作电流 40mA,动作时间 0.03s
一级配电箱—搅拌站	一级配电箱 A	漏电断路器 DZ20L—250/490	QF2	额定电压 400V,额定电流 200A,漏电动作电流 200mA,漏电不动作电流 100mA,动作时间 0.03s
一级配电箱—铁焊车间	一级配电箱 A	漏电断路器 DZ20L—250/490	QF3	额定电压 400V,额定电流 150A,漏电动作电流 150mA,漏电不动作电流 100mA,动作时间 0.03s
发电机 G2—胸墙浇筑电箱	一级配电箱 B	漏电断路器 DZ15L—100/490	QF4	额定电压 400V,额定电流 63A,漏电动作电流 100mA,漏电不动作电流 50mA,动作时间 0.03s
发电机 G3—沉箱安装电箱	一级配电箱 C	漏电断路器 DZ15L—100/490	QF5	额定电压 400V,额定电流 100A,漏电动作电流 100mA,漏电不动作电流 70mA,动作时间 0.03s
发电机 G4—生活办公区电箱	一级配电箱 D	漏电断路器 DZ20L—250/490	QF6	额定电压 400V,额定电流 125A,漏电动作电流 150mA,漏电不动作电流 100mA,动作时间 0.03s

5)线路、一级电箱主结线图

(略)

6)施工照明

现场施工照明采用广照型功率 1kW 的防雨防尘卤素灯,预制场灯塔高度为 9m,每个灯塔上安装两盏卤素灯,为固定式;施工现场灯塔将随施工现场的不同而进行移动,并在各个灯塔上固定电源控制电箱一个;灯塔采用角钢或圆管焊接,并做好接地接线端子与接地极形成良好的电气连接。

现场施工照明采用大面积照明的卤素灯外,局部照明采用室外碘钨灯。各车间采用金属卤素灯和碘钨灯混合照明,办公室、宿舍采用 40W 日光灯,平均照度不少于 50lx(单盏灯在 3m×5m 的房间内利用系数法计算为 60lx)。照明线路采用一灯一闸,漏电开关漏电电流不得大于 30mA,动作时间小于 0.1s。

7)接地与防雷

(1)接地

在各发电机、一级电箱附近或四周做接地系统,接地电阻 $R \leqslant 4\Omega$(发电机在船舶上时以船舶为接地体)。施工现场土壤电阻率 ρ 约取 $50\Omega \cdot m$,镀锌钢管根数估计:

要求接地电阻 $R_1 \leqslant 4\Omega$,单根钢管接地电阻约为 $R_2 = \rho/L = 50/2.5 = 20\Omega$。管间距离与管长之比为 2,查表得利用系数 $\eta = 0.88$。

钢管根数 $N = R_2/(\eta \times R_1) = 20/(0.88 \times 4) = 5.68$

取整数共 6 根,材料采用 6 根 DN50、长度为 2.5m 的镀锌钢管,沿发电机(或一级配电箱)四周每条间隔 5m 打入地下,钢管顶部离地不少于 0.5m,采用 3×30mm 镀锌扁钢可靠焊接。采用接地电阻测试仪测试接地电阻不大于 4Ω,如接地电阻大于 4Ω 则增加打入镀锌钢管的根数,直到接地电阻不大于 4Ω。

(2)防雷

资料显示,该地区平均雷暴日数为 87.6d/a,根据国家有关规范,该区属于多雷区,高于 15m 的设备及建筑物需采取防雷措施。

本工程在搅拌站水泥罐上设立避雷接闪器,并做接地系统一个,接地电阻不大于 4Ω(如接地系统与电网共用,则系统接地电阻需小于 1Ω),作为搅拌站的防雷保护系统。对其他较高物体如吊机扒杆,在雷雨期间,要尽量降低扒杆高度;对较高金属建筑物(如活动房金属结构)必须做良好接地,且接地电阻小于 4Ω。

(六)施工总平面图

针对施工组织总设计的工程对象范围的建筑物、施工生产阶段的临时构筑物和临时设施在平面上的合理规划和布置,就是施工总平面图。

施工总平面图是具体指导现场施工部署的行动方案,对于指导现场有组织有计划的文明施工具有重大意义。

施工总平面图应用规范图例来表示以下主要内容:

(1)工程范围;

(2)地上地下现有和拟建的建筑物和设施的位置和尺寸;

(3)临时工程和设施的位置、尺寸和布设,如仓库堆场、办公用房、生产生活设施、临时道路码头、临时供水供电管线、测量控制网等。

施工总平面设计合理与否,对现场施工的效率和成本、安全与文明施工等多方面影响重大,应予充分重视。因此,在布置时,应贯彻平面布置的理念:布局紧凑合理,满足施工生产要求,节约施工用地;使用功能协调,生产安全方便;动静结合,既要适应施工过程变化后的及时调整,也要尽量减少施工过程中的搬迁与转移。

思考题

1. 什么是施工组织设计？简述其一般应包括的内容。

2. 简述工程进度计划的作用及编制程序。

3. 水运工程施工组织设计资料调查的主要内容有哪些？

4. 什么是施工总平面图？施工总平面布置图一般应反映哪些施工组织要素和成果？

5. 简述确定工地临时供水量应考虑哪些因素和工地临时供水方案应考虑的主要问题？

6. 某工程需完成Ⅲ类土开挖2 000m^3，采用人力挖、装，1t机动翻斗车运输施工方案。已知相关定额为：每完成100 m^3土施工，需人工20工日、翻斗车3台班。计算：①土方工程开挖的劳动量及作业量；②当工期限定为10d、一班工作制时，安排施工资源投入。

7. 根据下表相关参数：①计算中粗砂使用的不均衡系数；②若中粗砂贮存天数为工期的1/7，场地利用系数为0.7，贮存定额为4t/m^2，中粗砂容重1.6 t/m^3，计算中粗砂堆存场地面积。

施工过程	A	B	C	D	E	F
中粗砂用量(m^3)	0	80	140	160	120	80
持续时间(d)	4	4	8	6	6	7
流水步距(d)	—	2	2	4	3	3

8. 施工总体部署一般包括哪些内容？

9. 施工总平面图上一般应表示哪些基本要素？

第五章 水运工程定额

第一节 概 述

一、定额的定义

定额，是与社会生产力水平相适应的、在正常生产条件下，完成单位合格产品所消耗的人工、材料、机具设备、资金及时间的数量标准。它直接反映产品生产过程中资源消耗数量标准，间接反映了社会生产技术水平、产品生产的条件、方法、工序、环节、内容与质量安全要求。所谓正常生产条件，一般指企业生产任务饱满，原材料供应及时，劳动组织合理，企业管理制度健全。

二、工程定额内容

定额指标反映的是一定时期社会生产力发展的中等水平，是大多数企业通过努力可以达到的水平。工程定额内容通常包括以下 3 个方面：

(1)资源定额：生产产品的人工、材料、机械设备、时间等资源消耗数量指标。

(2)费用定额：产品计价的费用计算指标。

(3)有关文件规定：针对工程项目建设的地域特点、项目特点、市场特点，对应用定额的差异性、时效性等方面所做的规定、补充或调整。

三、工程定额的特点

工程定额具有科学性、法令性、系统性、统一性、时效性的特点。

(一)定额的科学性

定额的科学性主要表现在两个方面：一是定额必须和生产力发展水平相适应，反映工程施工中物资消耗的客观规律，作为基本建设计划、调节、组织、预测、控制的可靠依据；二是定额的管理在理论、方法和手段上是科学的，以适应现代科学技术和信息社会发展的需要。

定额指标是运用科学方法确定的，反映客观自然规律；制定定额中吸取了现代科学管理成果，形成了一套严密、科学确定定额的技术方法。

(二)定额的法令性

定额的法令性表现在定额权威性和强制性方面，而且在一定条件下具有经济法规的性质；我国定额的信誉和信赖程度高，说明了定额及定额管理的刚性约束和严肃性。

只有科学的定额才具有权威性。在市场经济条件下，定额必然牵涉到各有关方面的经济关系和利益关系。赋予定额一定的强制性，意味着在规定的范围内，对于定额的使用者不论主观上是否愿意，都必须严格按定额的要求和规定执行；特别是在市场欠规范的情况下，定额的法令性显得尤为重要，它可以帮助理顺建设项目有关各方的经济关系和利益关系；所以这一特点是对生产消耗水平的合理限制，不是降低或提高消费水平，更不是限制和约束生产力的发展，而是最大限度地保证生产力水平的提高。

（三）定额的系统性

定额的系统性主要表现在：一是定额从估算指标到施工定额形成反映项目建设阶段的定额指标系统；二是定额内容能系统全面地反映工程建设的所有工程内容；三是定额指标本身反映了工程建设的技术、经济与管理的系统性。

（四）定额的统一性

水运定额由初期借助于国家统一的技术标准、规范到现在依据水运工程建设的标准、规范，在交通部定额站的统一领导下，按照定额的制定、颁布和贯彻执行的统一行动，使定额制定及管理等工作实行了统一的程序、原则、要求和用途。

（五）定额的时效性

定额指标反映的是一定历史阶段的施工技术水平和生产管理水平，具有一定的时效性。一般在定额颁布后的5～10年，是水运工程定额的稳定期。另一方面，稳定的定额给项目建设计划编制和宏观经济调控提供了保证。生产力是不断发展的，定额指标要同步反映其发展是不现实，也是不必要的。定额的稳定时效是必需的，也是相对的；定额的变化是绝对的，定额修编及完善是不断进行的。

四、工程定额的作用

在工程建设中，工程定额有如下的作用：

（1）它是编制概算、预算和决算的依据；是编制施工组织文件的依据；是编制各种施工计划的依据；是工程施工中签发任务单、领料单等施工文件的依据。

（2）它是施工企业进行经济核算、考核工程成本的依据。

（3）它是进行工资核算、实行经济承包责任制的依据。

（4）它是搞好企业管理的基本条件。

（5）正确贯彻执行定额、及时修订和补充定额是提高劳动生产率的主要手段。

五、工程定额的分类

（一）按生产要素分类

1. 劳动消耗定额

劳动消耗定额简称劳动定额，又称人工定额，是在技术条件正常、生产工具使用合理和劳动组织正确的条件下，工人为生产合格产品所消耗的劳动时间。劳动定额分为时间定额和产量定额。

1）时间定额

时间定额 = 耗用的工时数/完成单位合格产品的数量

例如：《沿海港口水工建筑工程定额》中人力挖Ⅰ、Ⅱ类土方100m^3，挖土就近堆放时需要5.67工日，时间定额 = 5.67工日/100m^3 = 0.057工日/m^3。

2)产量定额

产量定额指在技术条件正常、生产工具使用合理和劳动组织正确的条件下,工人在单位时间内完成的合格产品的数量。

产量定额=完成合格产品的数量/耗用的工时数

如上例中完成人力挖Ⅰ、Ⅱ类土方 $100m^3$,需要5.67工日,则产量定额为 $100m^3/5.67$ 工日 $=17.64m^3$/工日,即每人每工日完成 $17.64m^3$ 的挖土。

时间定额与产量定额互为倒数关系。

2.材料消耗定额

材料消耗定额简称材料定额,是指在节约和合理使用材料的条件下,生产单位合格产品所必须消耗的一定品种、规格的材料、半成品、配件、水、电、燃料等的数量标准,单位为实物单位,如t、kg等;它包括材料的净用量、损耗和废料。

材料消耗定额还有下述2种表现形式:

1)材料产品定额

材料产品定额,指用一定规格的原材料,在合理的操作条件下获得标准产品的数量。

一次使用量=净用量×(1+材料损耗率)

2)材料周转定额

材料周转定额,指周转性材料在施工中合理周转使用的次数和用量。

$$\text{周转性材料摊销量}=\frac{\text{一次使用量}\times(1+\text{周转次数中的总损耗率})-\text{回收量}}{\text{周转次数}}$$

3.机械台班定额

有机械台班消耗定额和机械台班费用定额。

1)机械台班消耗定额

机械台班消耗定额简称机械定额,是指在正常施工条件下、合理地组织生产与合理地利用某种机械完成单位合格产品所必须的机械台班消耗标准,或在单位时间内机械完成的产品数量。

例如:推土机推土,查《内河航运水工建筑工程定额》1.2.3定额为:60kW以内推土机完成Ⅰ~Ⅱ土施工,当推土距离为30m以内时定额为0.79台班/$100m^3$ 实体。

2)机械台班费用定额

按照机械台班费组成算出当时人工工资、燃料价格条件下使用一个机械台班的费用。机械台班定额所给台班数是平均施工条件下的消耗量,它还包括了一些工序衔接时的停滞台班和少量干扰等。

例如,抓扬式斗容量 $2m^3$ 内燃挖泥船的船机艘(台)班费=第一类费用+第二类费用(人工、燃料单价要依据当时情况调整)。停置艘班费可以根据定额规定计算,也可以根据实际情况如人员是否要开工资和航养管理费等确定。

(二)按使用要求分类

在基本建设活动中,工程建设工作所处的阶段不同,编制造价文件的依据、定额、作用是不同的。按使用要求可分为:施工定额、预算定额、概算定额、估算指标等。

1.施工定额

从性质上看,施工定额是属于施工企业内部使用的定额,体现企业在市场竞争中,完成同样产品的工程量，企业表现出来的竞争力。施工定额是在施工阶段及施工准备阶段使用的定额，各施工企业的施工定额不一定相同，为保持企业具有较强的竞争力，企业的施工定额在某种意义上说是商业机密，所以施工企业要不断挖潜创新，提高自身定额水平，不断增强其竞争力。

施工定额是规定建安工人或小组在正常施工条件下，完成单位合格产品的劳动力、材料、机械消耗的数量标准。它是施工企业组织生产、编制施工组织设计和施工作业计划、签发工程任务单和限额领料单、考核工效、评奖、计算劳动报酬、加强企业成本管理和经济核算、编制施工预算的依据；是编制预算定额和补充定额的基础。它包括时间定额和产量定额，定额水平是先进的。采用的产品单位一般比较小，其中时间以工时计，产品以最小单位（m，m^2，m^3）计，则定额子目多、细目划分复杂。

2.预算定额

预算定额是一种计价性质的定额。预算定额的水平从国家的政策、法规等方面表现出一个时期生产力发展水平，它具有广泛的社会性，是施工、建设、设计及监理单位都采用的定额。

这种定额采用的产品单位比施工定额大，它是按分项工程和结构构件的要求，以一定产品单位（如 10m、10m^3 等）来规定劳动力、材料和机械的消耗数量。它是编制施工图预算的基本依据；是确定和控制基本建设投资额，对结构的设计方案进行技术经济比较和对新结构、新材料进行技术经济分析的依据；是编制施工组织计划、确定劳动力、材料和机械需要量的依据；是工程结算、施工企业贯彻经济核算和进行经济活动分析的依据；而且是编制概算定额和概算扩大定额的基础。定额水平是先进合理的，它比施工定额水平略低。

3.概算定额

概算定额在性质上与预算定额相同。在基本建设程序中，概算文件是国家对工程项目造价进行宏观控制，国民经济部门对建设资金进行控制的主要依据。所以概算定额同预算定额一样重要，只是使用阶段和主体有区别而已。概算定额是在预算定额的基础上加以综合而成的，因而产品常使用更大的单位来表示。定额水平比预算定额为低，它是编制设计概算、修正概算的主要依据；是进行设计方案和施工方案经济比较和选择的重要依据；是主要材料申请计划的计算基础，也是编制估算指标的基础。

4.估算指标

估算指标既不同于施工定额，也不同于概、预算定额。它是在工程可行性研究阶段编制投资估算的依据，而估算的总费用仅仅只作为社会效益、内部收益率、回收期计算的参考，所以它的作用和重要性是特别的。随着市场经济的发展，对工程项目的可行性及决策研究受到重视，估算指标更加表现出它的重要性。

估算指标的作用主要是为了做好水运基本建设项目可行性研究中的投资估算工作，为经济效益评价提供建设项目造价成本的计算依据。它包括综合指标和分项指标两部分：

1）综合指标

综合指标是以人工、主要材料和其他材料费、机械使用费及各项费用指标等全部工程造价为表现形式的指标。它是编制建设项目建议书（预可行性研究）和编制规划估算投资的依据。

2)分项指标

分项指标是以各项工程的人工、主要材料和其他材料费、机械使用费消耗量及施工管理指标为表现形式的指标。它是编制工程可行性研究估算投资的依据。

(三)按编制单位和执行定额的范围分类

(1)全国统一定额;

(2)行业定额;

(3)地方定额;

(4)企业定额。

(四)按专业不同分类

建筑领域各专业分别由其行业主管部门颁发在本系统使用的专业定额,如:建筑安装工程定额(亦称土建定额)、设备安装工程定额、给排水工程定额、公路工程定额、铁路工程定额、水利水电工程定额、水运工程定额、井巷工程定额等。

第二节　水运工程定额的运用

在水运建设生产活动中,正确地使用定额是非常重要的。为了正确使用定额,必须全面了解定额内容,理解定额使用相关规定,掌握应用定额技巧。通过概预算编制实践,熟悉和提高定额运用水平。因定额种类繁多,本节介绍水运定额运用方面的基本知识和方法。

一、正确选用定额

1.选用现时最新的定额或补充定额

定额反映的是平均先进水平,它体现一定时期施工技术水平和管理水平。随着生产技术的发展、新技术采用和管理水平的提高,定额水平会突破,这就要求制定符合新技术水平的定额和补充定额。因此,在使用时一定要选用现时最新的定额或补充定额。目前内河航运建设工程采用的定额是 1998 年 6 月 1 日颁发的《内河航运水工建筑工程定额》、《内河航运设备安装工程定额》、《水运工程混凝土和砂浆材料用量定额》、《内河航运工程船舶机械艘(台)班费用定额》、《内河航运建设工程概算预算编制规定》。沿海港口建设工程采用的定额是 2004 年 7 月 1 日颁发的《沿海港口水工建筑及装卸机械设备安装工程船舶机械艘(台)班费用定额》、《沿海港口建设工程概算预算编制规定》、《沿海港口水工建筑工程定额》、《沿海港口水工建筑及装卸机械设备安装工程定额》、《沿海港口水工建筑工程参考定额》、《水运工程混凝土和砂浆材料用量定额》、《沿海港口水工建筑及装卸机械设备安装工程定额工、料、机基价单价》等。

2.按不同用途选用相应的定额

在编制港口建设项目投资估算时,采用《港口建设工程投资估算指标》;编制沿海港口工程项目设计概算和施工图预算时,采用《沿海港口水工建筑工程定额》、《沿海港口装卸设备安装工程定额》、《沿海港口水工建筑及装卸设备安装工程混凝土和砂浆材料用量定额》、《沿海港口水工建筑及装卸机械设备安装工程船舶机械艘(台)班费用定额》、《沿海港口建设工程概算预算编制规定》;而编制内河航运建设工程设计概算和施工图预算时,则采用《内河航运水工建筑工程定额》、《内河航运设备安装工程定额》、《水运工程混凝土和砂浆材料用量定额》、《内河航运工程船舶机械艘(台)班费用定额》、《内河航运建设工程概算预算编制规定》等。

3. 干什么工程执行什么定额

在编制和计算建设项目概、预算各项工程费用时,应根据专业工程性质执行其相应的定额。执行定额的界限有以下几方面。

1)执行水运工程定额

(1)航务建筑工程:包括码头、船闸、升船机、船台、滑道、引堤、护岸、靠船建筑物、软基加固、港作堆场、港(厂)区道路工程等;

(2)整治建筑工程:包括航道整治中的炸礁、清渣、筑坝和护岸工程等;

(3)大型土石方工程:包括各类建、构筑物的基础土石方开挖工程、场区的大型土石方回填造陆工程以及新开河道、引航道的土石方开挖工程等;

(4)疏浚工程:港池、航道的挖泥工程。

2)执行水利工程定额

挡水建筑工程的水坝、水闸、节制闸工程等。

3)执行公路工程定额

港口、枢纽的配套道路、对外公路、港(厂)区的进港(厂)公路以及桥梁、涵洞工程等。

4)执行铁路工程定额

港区铁路、进港铁路联络线工程等。

5)执行土建工程定额

港口、枢纽的仓库、车间、电站厂房、绞车房等生产建筑和宿舍、办公楼、综合楼等一般土建工程。

6)执行其他专业工程定额

除上述工程外的其他专业工程。

二、水运工程定额的运用

(一)定额的直接运用

如果工程项目的工作内容、施工条件和施工工艺与相应定额的工程项目完全符合时,则可直接引用定额。但引用时应特别注意定额的总说明、章或节说明及定额表中附注,以免发生错误。

【例 5-1】 试确定在内河港口中人力挖土(Ⅲ类土)的预算定额。

解:(1)由相应专业的定额可知该定额号为:〔内河 - p7 - 1085〕——1.1.11 人力挖土,见表 5-1。

表 5-1 人力挖土专业定额

工程内容:挖土、就近堆放

每 $100m^3$

顺序号	定额编号		1084	1085	1086
	项目	单位	土类级别		
			Ⅰ~Ⅱ	Ⅲ	Ⅳ
1	人工	工日	6	11	19
2	基价	元	124	227	391

(2)计算:(每 $100m^3$)人工=11 工日,基价=227 元

【例 5-2】 试确定某沿海港口中预制预应力梁的钢筋加工的预算定额。

解:(1)由相应专业的定额可知该定额号为:〔沿海－p378－3541〕——五十六、钢筋加工,见表 5-2。

表 5-2 钢筋加工专业定额

工程内容:预应力钢筋:钢筋制作、绑扎、吊运入模、张拉切割。

非预应力钢筋:钢筋制作、绑扎、吊运入模。

每 1t 钢筋

顺序号	定额编号		3539	3540	3541	3542
	项目	单位	方桩、板桩、叠合梁		梁与板	
			预应力钢筋	非预应力钢筋	预应力钢筋	非预应力钢筋
1	人工	工日	6.48	9.72	8.91	13.77
2	钢筋	t	1.035	1.020	1.055	1.020
3	20 号铅丝	kg	6.00	6.00	6.50	6.50
4	电焊条	kg	—	0.10	—	1.00
5	张拉设施及材料摊销费	元	100	—	150	—
6	张拉设施及材料摊销钢材	kg	(18)	—	(18)	—
7	机械费	元	156	205	199	262
8	基价	元	3 022.62	2 924.83	3 243.68	3 117.10

(2)计算:(每 1t 钢筋)人工=8.91 工日,钢筋=1.055t,$20^{\#}$ 铅丝=6.5kg,张拉设施及材料摊销费=150 元,机械费=199 元,基价=3 243.68 元。

(二)补充定额及报批手续

水运工程定额是根据正常的施工条件,并按常用的工程结构、合理的施工工艺造型制定的,使用时一般不得调整。考虑到工艺的多样性,定额中也列有多工艺的定额项目,在使用时应根据施工条件设计或施工组织设计合理选用。由于水运工程的工程条件复杂、结构多样和施工工艺多变,如定额中的项目与实际不符时,则可编制补充定额和补充单位估价表,并随同概、预算一并送审。

第三节　工程量计算和基本价格确定

一、工程量计算的依据和基本要求

(一)计算的依据

1.设计文件

施工图纸及说明书,工程地质勘测报告等是计算工程量的主要依据,要求在计算前熟悉图纸,并审查有无错误和遗漏。

2.概、预算定额

定额是计算工程量,确定分部分项工程消耗资源数量的依据,定额规定了各分部分项工程的工作内容、计算方法和计算单位,因此工程量的计算单位要同定额的计算单位统一起来。

(二)计算要求

(1)必须严格按照定额规定和工程量计算规则的要求,根据设计图纸尺寸、数量以及构件、设备明细表等分别计算各个分部分项工程量。

(2)计算公式要简单、明确、概念清楚,运算准确。

(3)运算过程要注意各项工程量之间的关系,减少重复劳动,避免漏算或重算。

(4)尽量采用表格计算,简化计算过程,便于进行校核。

二、工程量计算方法

(一)计算顺序

在实际工作中,为避免遗漏某些分部分项工程的工程量,同时也便于校核和审查,工程量计算应按一定顺序进行。一般有以下几种计算顺序:

(1)按施工顺序计算。按工程施工先后顺序来计算工程量。

(2)按定额项目顺序计算。按《工程定额》目录上所列的分部分项工程次序来计算工程量。

(3)按图分项编号顺序计算。即按照图纸上所注构件、配件的编号顺序,依次进行计算。

(二)计算工程量的注意事项

(1)在计算每一分部分项工程的工程数量时,必须先熟悉定额的总说明,特别是各章节说明中有关工程量计算的规定,严格按规定要求进行计算。

(2)必须严格按设计图纸进行计算。现行概预算编制中,工程量一般按每一分部分项工程计算,因此首先必须熟悉相应图纸,了解工程内容,严格按照定额规定和工程量计算原则,以设计图纸所标注的尺寸为依据进行计算,不能任意加大或缩小构件的尺寸。

(3)在列计算式时,必须部位清楚,详细分析列式,注明计算构件的所在位置。工程量计算式要力求简单明了,并按一定的顺序排列,以便审核核对。

(4)计算工程量的单位应和《工程定额》中规定的单位相一致。

(5)工程量计算完毕后应进行复核,检查其项目、计算式、数值等有无错误和遗漏。

三、基本价格确定

水运工程项目直接费的多少,除决定于设计的质量和概预算定额规定的人工、材料和船舶、机械艘(台)班的消耗数量外,还取决于人工工资、材料和船舶、机械(台)班预算价格的合理确定。

(一)人工单价的确定

在概预算定额中,建筑安装工程的人工费,是工程概预算造价的一个重要组成部分,因此正确确定人工单价、计算人工费,对合理确定工程造价,有效地使用项目建设资金等有着重要意义。

水运工程项目建设的工程建筑、安装生产工人工资单价包括的内容有:

(1)基本工资:指发给生产工人的基本工资。

(2)工资性补贴:指按规定标准发放的物价及生活补贴、地区津贴、流动施工津贴、水上津贴、少数民族津贴等。

(3)辅助工资:指生产工人年平均有效作业天数以外非作业天数的工资,包括职工学习、培训期间的工资、调动工作、探亲、休假期间的工资,因气候影响的停工工资,女工哺乳时间的工资,开会和执行必要的社会义务时间的工资,六个月以内的产、婚、丧假期间的工资。

(4)职工福利费:指按规定标准计提的职工福利费。

(5)劳动保护费:指按规定标准发放的劳动保护用品的购置费、修理费和保健费、防暑降温费、服装补贴,在有碍身体健康环境中施工的保健费用等。

内河航运建设工程建筑、安装生产工人工资单价应根据工程所在地的工资区类别按表 5-3 选用。

表 5-3　内河航运建设工程建筑、安装生产工人工资单价　(单位:元/工日)

项目	工资区类别					
	六	七	八	九	十	十一
工资单价	20.44	20.58	20.72	21.07	21.21	21.34

注:东北地区按上述工资单价乘以 1.13 系数。

沿海港口建筑、安装生产工人工资单价的基价及各地区单价均为 31.30 元/工日。

对下述地区的地区工资单价:东北、华北按上述工资单价乘以 1.04 系数;特区(指深圳、珠海、厦门、汕头和海南省)按上述工资单价增加 3.94 元/工日。

(二) 材料预算价格

1. 材料预算价格的作用和意义

建筑安装材料(包括构件、成品及半成品等)是构成工程实体的主要因素,其费用在工程成本中占有很大的比重,因此合理地确定材料预算价格是编制概预算的基础工作,对提高概预算的质量、合理使用建设资金,加强企业经济核算都具有重要的意义和作用。

材料预算价格是指材料从发货地点开始到用料地点仓库发料为止所发生的一定费

用:材料原价、供销部门手续费、包装费、运输费和采购保管费。

进口材料的原价是指材料的外币到岸价(CIF)。

2.材料预算价格的计算和编制依据

1)计算公式

材料预算价格 = [材料原价 ×(1 + 供销部门手续费率)+ 包装费 + 运输费]×(1 + 采购保管费率)- 包装品回收价格

2)编制依据

(1)材料名称、规格及计算单位,由概预算定额和设计要求提供;

(2)单位重量的确定,是计算运输费用的依据;

(3)材料原价:按国家或地方规定的价格确定;

(4)运费:按铁路、公路、水运及地方运输工具规定的收费办法计算;

(5)材料的来源地、货量及运输方式资料等。

3.材料预算价格的确定

内河航运建设工程、沿海港口建设工程所采用的材料,一般均采用所在地区建设主管部门颁布的材料现行预算价格和有关规定来编制概预算。若地方无规定或规定不全,则由建设单位组织设计等有关单位并会同建设银行一起、根据货源调查编制补充材料预算价格,并报请当地建设主管部门审批后执行,其计算公式同上。

(三)船机艘(台)班费用单价的确定

施工机械化水平的提高,一方面节省了劳力,减轻了繁重的体力劳动;另一方面提高了劳动生产率,加快了建设速度。它反映在工程预算单价中的是船机使用费比重的增加,人工费用比重的减少,因此正确确定船机艘(台)班使用费的标准,对降低工程预算造价和不断改善施工的机械化装备有着重要的意义。

1.船机艘(台)班费用的组成及计算方法

工程船舶的艘班费用由第一类费用(不变费用)和第二类费用(可变费用)组成。

第一类费用包括:

(1)基本折旧费:指施工船舶、机械设备在规定的使用期限内陆续收回其原值的费用。

(2)船舶检修费、机械大修理费:指施工船舶、机械设备按规定的检(大)修间隔期必须进行检(大)修,以恢复其正常功能所需的费用。

(3)船舶小修费:指施工船舶按规定的小修间隔期,须进行小修所需的费用。

(4)船舶常修费:指施工船舶在使用过程中经常性保养维修的费用。

(5)机械经常修理费:指施工机械设备除大修以外的各级保养和临时故障排除所需的费用。

(6)辅助材料费:指施工船舶在使用中辅助材料的消耗、工具及替换设备的修理更新、低值易耗品的摊销、润滑油、液压油料、擦拭材料等的费用。

(7)安拆及辅助设施费:安拆费指施工机械本体及不可分割的辅助装置或附属设施在现场组装、拆卸所发生的人工、材料配合机具等费用,以及试运转费;辅助设施费系指施工机械的折旧、搭设、拆除等费用。

第二类费用包括:

(1)人工工资:指船员、司机和机械使用工人的工资。包括:标准工资、工资性津贴、辅助工资、职工福利费和劳动保护费。

(2)燃料动力费:指施工船舶和机械在使用过程中所消耗的燃料、淡水及电力等。

2.施工机械台班费用的组成及计算方法

施工机械的台班费,同船舶艘班费一样,也由第一类费用(不变费用)和第二类费用(可变费用)组成,各类费用的组成和计算方法也与船舶艘班费类似,在此不重复。

内河航运建设工程船员、司机和机械使用工工资单价应根据工程所在地的工资区类别按表 5-4 选用。

表 5-4 各地区船员、司机和机械使用工工资单价表 (单位:元/工日)

项 目	工资区类别					
	六	七	八	九	十	十一
船 员	33.80	34.04	34.28	34.97	35.21	35.45
司机和机械使用工	24.25	24.43	24.61	25.10	25.28	25.48

沿海港口建设工程船员、司机和机械使用工工资单价不分地区按下列标准执行:船员工资单价 46.40 元/工日,司机和机械使用工工资单价 33.88 元/工日。使用中不得调整。

特区(指深圳、珠海、厦门、汕头和海南省)按上述工资单价,船员增加 1.80 元/人,司机和机械使用工增加 4.41 元/人。

第四节 单位估价表

单位估价表,即分部分项工程的预算单价表,是以货币形式表现概预算定额中完成定额单位分部分项工程所耗用的人工、材料和船机艘(台)班的预算单价。具体地说,就是将选用的概预算定额中工日数、各种材料数量及船舶、机械艘(台)班数量乘上各自的预算单价,变为货币表现形式,即称为单位估价表。它是由人工费、材料费、船机使用费组成的;是计算分部分项工程定额直接费的基础。其格式见第六章附录 2 概(预)表六。

一、单位估价表的作用

(1)单位估价表是编制工程概预算的基本依据之一,是分部分项工程定额直接费(人工费、材料费、船机费)的计算依据。

(2)单位估价表是进行方案比较、选择经济合理方案的依据。

(3)单位估价表是建设单位与施工单位双方办理已完工程结算的依据之一,也是施工单位进行计划统计和经济核算的基础资料。

二、单位估价表的编制依据

(1)概预算定额,对水运工程视沿海、内河工程分别采用现行的沿海港口或内河航运建设工程定额;

(2)人工工资单价；

(3)材料预算价格；

(4)船舶机械艘(台)班费用单价。

三、单位估价表编制方法

(1)根据分部分项工程的名称，选用相应的定额。

(2)将选用定额中的人工、材料和船机定额数量抄录于空白单位估价表相应栏内。

(3)将人工工资单价、材料预算价格和船机艘(台)班单价填入空白表的“单价”栏内。

(4)计算与复核。

四、单位估价表编制实例

利用单价法来编制工程概预算，可以简化计算程序，提高概预算质量，加快编制速度。因此，我国各地区各种类型的建筑工程普遍都采用单价法来编制概预算并作为工程结算的依据。

【例 5-3】　编制××内河港码头工程基槽挖泥的单位估价表。

资料：采用 1.0m^3 抓斗式挖泥船，一类土，水深 4m，运距 4km，工程所在为六类工资区，柴油单价 2.4 元/kg，水单价 6 元/m^3(船用)。

解：(1)查《内河航运水工建筑工程定额》目录得基槽挖泥属于第一章土方工程第三节(1.0m^3 抓斗式挖泥船挖泥)，查得定额如表 5-5 所示。

表 5-5　1.0m^3 抓斗式挖泥船挖泥

工程内容：移船、定位、测水深、挖运卸泥　　（单位：100m^3）

顺序号	定额编号		1271	1272	1273	1274	1275	1276	1277
	项目	单位	运距 3km 以内						每增运1km
			水深 5m 以内			水深 10m 以内			
			土类级别						
			一	二	三	一	二	三	
1	人工	工日	1	2	2	2	2	3	—
2	其他材料	元	1	1	1	1	1	1	—
3	1.0m^3 抓斗式挖泥船	艘班	0.249	0.313	0.395	0.313	0.395	0.490	—
4	60m^3 泥驳	艘班	0.970	1.035	1.117	1.035	1.117	1.210	0.094
5	176kW 拖轮	艘班	0.726	0.726	0.727	0.726	0.727	0.725	0.094
6	18kW 起锚艇	艘班	0.050	0.063	0.079	0.063	0.079	0.098	—
7	其他船机	%	0.17	0.23	0.28	0.23	0.28	0.32	—
8	基价	元	1 229	1 345	1 467	1 345	1 467	1 625	109

(2)查《内河航运工程船舶机械艘(台)班费用定额》得表5-6。

表5-6 挖泥船、泥驳、拖轮、起锚艇费用定额

定额编号			1006	1039	1029	1090
费用项目			抓斗挖泥船	泥 驳	拖 轮	起锚艇
			斗容(m^3)	仓容量(m^3)	主机功率(kW)	主机功率(kW)
			1.0	60	176	18
第一类费用	基本折旧费	元	365.58	69.82	184.17	11.84
	检修费	元	44.17	12.15	22.38	2.45
	小修费	元	142.18	39.09	57.48	6.32
	航修费	元	88.56	20.88	38.43	4.21
	辅助材料费	元	31.49	10.02	19.16	1.69
	小计	元	671.98	151.96	321.62	26.51
第二类费用	定员	人	9	3	7	2
	柴油	kg	103	—	188	18
	水	t	2.7	0.90	2.10	0.60
	小计	元	503.99	108.60	578.64	103.54
基价	使用艘班费	元	1 175.97	260.56	900.26	130.05
	停置艘班费	元	404.37	123.18	293.39	73.97

(3)编制单位估价表,见表5-7。

表5-7 单位估价表

定额项目名称:基槽挖泥 单位:100m^3 编号:内河-26-1271+1277

费用及项目名称		单位	数 量	单 价	合 价	编制依据及说明
合价		元			1 452.96	
其中	人工费	元			20.44	
	材料费	元			1	
	船机费	元			1 431.52	
一、人工费		元			20.44	
人 工		工日	1	20.44	20.44	
二、材料费		元			1	
其他材料		元	1		1	
三、船机费		元			1 431.52	
1.0m^3 抓斗式挖泥船		艘班	0.249	1 239.58	308.66	
60m^3 泥驳		艘班	1.064	258.76	275.32	
176kW 拖轮		艘班	0.82	1 022.02	838.06	
18kW 起锚艇		艘班	0.050	140.91	7.05	
其他船机		%	0.17		2.43	

【例 5-4】 编制××沿海港码头工程基槽挖泥的单位估价表。

资料：采用 4.0m³ 抓斗式挖泥船，一类土，水深 12m，运距 6km，工程所在为八类工资区，柴油单价 4.2 元/kg，水单价 8.5 元/m³（船用）。

解：(1)查《沿海港口水工建筑工程定额》目录得基槽挖泥属于第一章土方工程第三节（二十九、水下挖泥），查得定额如表 5-8 所示。

表 5-8　4m³ 抓斗挖泥船挖泥定额

工程内容：移船、定位、测水深、挖运、卸泥　　　　（单位：100m³）

顺序号	定额编号		1292	1293	1294	1295	1296	1297	1298	1299	1300	1301	1302	1303	1304
	项目	单位	运距 5km 以内												每增运1km
			水深 15m 以内				水深 20m 以内				水深 30m 以内				
			土壤类别												
			Ⅰ	Ⅱ	Ⅲ	Ⅳ	Ⅰ	Ⅱ	Ⅲ	Ⅳ	Ⅰ	Ⅱ	Ⅲ	Ⅳ	
1	人　工	工日	0.17	0.22	0.31	0.59	0.22	0.27	0.39	0.74	0.27	0.34	0.49	0.93	—
2	4m³ 抓斗式挖泥船	艘班	0.134	0.167	0.242	0.457	0.167	0.209	0.303	0.574	0.209	0.261	0.445	0.714	—
3	500m³ 泥驳	艘班	0.259	0.293	0.372	0.597	0.293	0.339	0.437	0.720	0.339	0.393	0.586	0.866	0.09
4	294kW 拖轮	艘班	0.124	0.124	0.124	0.125	0.124	0.125	0.125	0.125	0.125	0.125	0.126	0.126	0.09
5	其他船机	%	0.50	0.56	0.58	0.68	0.56	0.60	0.60	0.68	0.60	0.60	0.68	0.68	—
6	基　价	元	1 241.91	1 422.94	1 835.51	3 020.67	1 422.94	1 660.01	2 175.19	3 664.32	1 660.01	1 944.73	2 957.32	4 434.95	37.34

(2)查《沿海港口水工建筑及装卸机械设备安装工程船舶机械艘（台）班费用定额》得表 5-9。

表 5-9　挖泥船、泥驳、拖轮费用定额

定额编号			20	28	44
费用项目			抓斗（斗容量(m³)）	泥　驳	主机功率(kW)
			内燃	泥舱容量(m³)	
			4	500	294～368
第一类费用	基本折旧费	元	1 148.11	822.51	569.84
	检修费	元	169.19	121.21	83.98
	小修费	元	543.84	311.69	215.94
	航修费	元	338.39	207.79	143.96
	辅助材料费	元	135.36	83.12	57.58
	小计	元	2 334.89	1 546.32	1 071.30
第二类费用	定员	人	11	5	7
	柴油	kg	228	27	335
	水	t	3.30	1.50	2.10
	小计	元	1 132.87	314.92	1 216.58
基价	使用艘班费	元	3 467.76	1 861.24	2 287.88

(3)编制单位估价表5-10。

表5-10　单位估价表

定额项目名称:水下挖泥　单位:100m³　编号:沿海－45－1292＋1304

费用及项目名称		单位	数　量	单　价	合　价	编制依据及说明
合价		元			1 795.911	
其中	人工费	元			5.321	
	材料费	元			0	
	船机费	元			1 790.59	
一、人工费		元			5.321	
人　工		工日	0.17	31.3	5.321	
二、材料费		元				
三、船机费		元			1 790.59	
4m³ 抓斗式挖泥船		艘班	0.134	3 830.94	513.35	
500m³ 泥驳		艘班	0.349	1 904.47	664.66	
294kW 拖轮		艘班	0.214	2 820.95	603.68	
其他船机		%	0.5		8.9	

思　考　题

1. 什么是定额？定额的特点是什么？
2. 定额的分类有几种？按定额的使用要求可分为哪几种？
3. 如何正确使用定额？
4. 基本价格包括哪些？分别如何确定？
5. 什么是单位估价表？有何作用？
6. 试确定某沿海港口场地回填的预算定额？
7. 试确定某内河航运工程人力抛筑丁坝(水上抛石)的预算定额？
8. 已知:方驳抛填、夯船夯实,该地区为十类地区,柴油4元/kg,100kg以内块(片)石单价60元/m³,淡水7.5元/t。编制某沿海港口码头工程基床抛石的单位估价表。

第六章　水运工程概预算编制

第一节　水运工程施工图预算

施工图预算是根据施工图设计要求所计算的工程量、施工组织设计、现行水运工程预算定额及取费标准、人工费单价、材料预算价格和国家制定的其他取费规定,进行计算和编制单位工程建设费用的文件。按交通部颁发的概、预算管理规定,施工图预算由承担设计任务的设计单位负责编制。

一、施工图预算的意义和作用

(一)施工图预算的意义

施工图预算是建筑产品的计划价格或称预算成本。由于建筑产品生产的复杂性,决定了影响其定价的因素较工业产品多而复杂,有的即使是相同项目的工程因现场施工条件不同、原材料来源和运输方式的不同、采用施工船机和施工方法不同、建设单位和施工单位的经营管理水平不同、编制人员业务水平不同以及其他各种难以预见因素的影响等,往往使结果相差较大。一个编制完全、准确、合理的施工图预算、可以促进施工企业遵循经济的原则,合理地选用施工船机,改进施工技术,合理调配和使用劳动力,节省各项费用开支,以较低的工程造价,较短的工期和满意的质量完成项目建设。

(二)施工图预算的作用

(1)按预算承包的工程,其预算经审定后是确定工程造价、签订建筑安装工程合同和办理工程结算的基础。

(2)对实行施工招标的工程,预算是编制工程标底的基础;

(3)在设计单位内部,预算是考核施工图设计经济合理性的依据;

(4)对投资银行,预算是办理拨款或贷款、监督建设单位和施工单位按工程进度办理结算的依据。

二、施工图预算编制的责任主体

施工图预算由承担设计任务的设计单位负责编制或委托有资格的造价咨询机构编制。具体编制人员应持有水运工程造价人员资格证书。

三、施工图预算的编制依据

(1)国家有关的法令及法规;

(2)施工图设计和施工组织设计;

(3)概预算编制规定及有关定额规定;

(4)地方颁发的材料、半成品及各种设备器材的价格或工程所在地建设主管部门颁发的材料预算价格及有关规定;

(5)工程所在地的材料市场价格等。

四、施工图预算文件的组成

(1)编制说明。包括工程概况、定额费率的采用、主要施工工艺、使用的主要船机设备、人工及主要材料单价、主要技术经济指标、存在的主要问题及其他必要的说明。

(2)建筑工程预算表和设备安装工程预算表。

(3)主要材料汇总表。

(4)补充单位估价表。

单位估价表和工程量计算表,在审查预算时一并送审。

上述表格形式详见本章附录2。

五、施工图预算编制要求

(1)必须严格执行有关制度,努力提高预算的准确性,保证预算的质量,以适应国家宏观调控和建设、设计、施工单位经营管理的需要。

(2)坚持实事求是的工作作风,正确地编制预算是预算人员的职责。

第二节 沿海港口建设工程施工图预算

沿海港口建设工程是指新建、改建和扩建的沿海港口(指沿海、长江南京长江大桥以下、珠江黄埔以下河段及各入海口门、其他主要入海河流感潮河段等水域内的港口)及长江干线港口(千吨级及其以上泊位)的建设工程。水工建筑工程、装卸机械设备安装工程及临时工程均应编制单位工程概算和预算。

一、单位工程概、预算费用的组成

单位工程概、预算费用由直接工程费、间接费、计划利润、税金和专项费用5部分组成,见图6-1。

(一)直接工程费

直接工程费包括定额直接费和其他直接费。

1. 定额直接费

指施工过程中耗费的构成工程实体和有助于工程形成的各项费用。指按工程所在地的人工、材料、船机艘(台)班价格计算的工、料、机费用之和,其计算方法已在第五章阐述。

2. 其他直接费

指定额直接费以外施工过程中发生的其他直接费。其他直接费包括临时设施费,冬季、雨季及夜间施工增加费,材料二次倒运费,施工辅助费和施工队伍进退场费,外海工程拖船费等6项,均以基价定额直接费为基数按费率取费计算。

其他直接费的取费费率需按工程类别及专业工程名称的划分来取。其后的间接费也

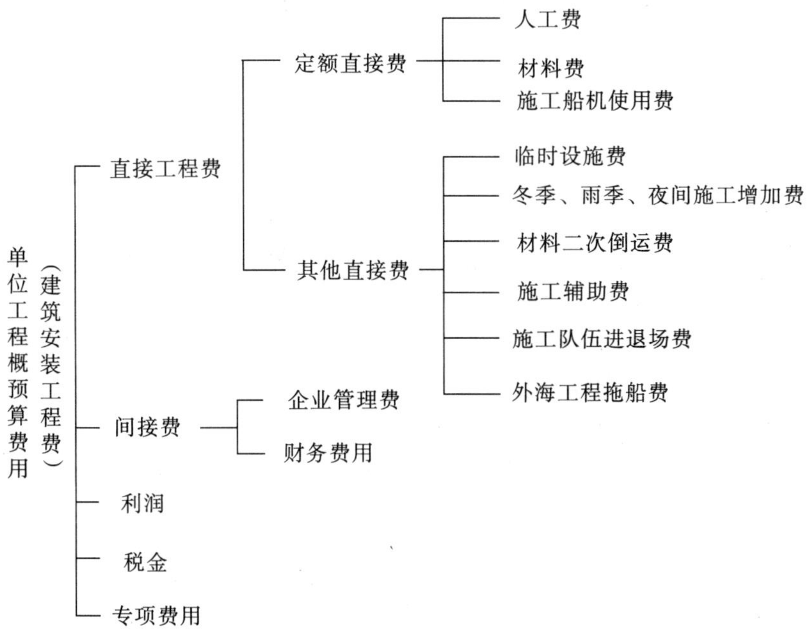

图 6-1 单位工程概、预算费用组成示意图

是如此。

1)工程类别划分

沿海港口水工建筑及装卸机械设备安装工程根据其主体工程建设规模和难易程度划分为两类，见下表 6-1。

表 6-1 工程分类表

序号	名称	工程分类标准	
		一类	二类
一	一般水工工程	沿海码头≥10 000t 级	沿海码头＜10 000t 级
		河口及长江干线码头≥3 000t 级	河口及长江干线码头＜3 000t 级
		对应码头类别的栈(引)桥	对应码头类别的栈(引)桥
		直立式防波堤、挡砂堤	斜坡式防波堤、挡砂堤
		海上孤立建(构)筑物	—
		—	引堤、海堤、护岸、围堰
		取水构筑物	—
		水上软基加固	—
二	陆域构筑物工程	翻车机房、坑道、廊道、栈桥及筒仓	其他
三	堆场道路工程	集装箱及 10 000t 级以上散货泊位的堆场道路	其他货种的堆场道路
四	大型土石方工程	—	统归为二类
五	装卸机械设备安装工程	集装箱、散货(装卸设备成系统)码头；液体危险品码头装卸机械设备安装	其他装卸机械设备安装

注：防波堤、引堤兼码头，按工程类别高的确定。

2)专业工程名称划分

沿海港口水工建筑及装卸机械设备安装工程在计算各项施工取费时,按不同的工程类型划分以下几类取费标准。

a. 一般水工工程

包括各种码头、防波堤、海岸、引桥、灯塔、取水构筑物、围堰、护岸、水工软基加固等港口水工建筑物及有关的配套设施。在上述单位工程中,对以下3个分部工程另有规定:

(1)施打钢桩及制作安装钢拉杆:指码头、引桥、系靠船墩等主体工程施打的钢板桩、钢管桩以及制作安装钢拉杆;

(2)安装大型钢结构:指码头、引桥等主体工程中使用的钢桥、钢栈桥、钢梁、钢桁架等;包括以下两个部分:①每榀(根)自重在50t以上;②每榀(根)自重虽不足50t,但由于批量大,其钢结构价值占该单位工程造价的1/3以上者;

(3)安装橡胶护舷:指码头、系靠船墩等主体工程中安装的各种橡胶护舷。

b. 陆域构筑物工程

指港区内的翻车机房、廊道、坑道、陆上软基加固等陆域构筑物及有关的配套设施。

c. 堆场道路工程

指港区内的堆场道路工程。

d. 大型土石方工程

指在一个单位工程中开挖或回填的土石方工程量在1万m^3以上的无结构要求的工程,如码头后方堆场道路、翻车机房、廊道的陆上开挖,码头和护岸后方、堆场道路结构层以下、翻车机房、突堤码头堤心的回填。但不适应于防波堤、引堤、基床、棱体、倒滤层、护岸、围堰等有结构要求的工程。棱体与码头(或护岸)后方的界线按工程定额规定划分。

大型土石方工程应划分为机械施工、人力施工两类。

e. 装卸机械设备安装工程

指各种装卸船设备、库场装卸设备、装卸车辆设备、输送设备及其他设备的安装。

3)临时设施费

指施工企业为进行建筑安装工程施工所必须的生活和生产用临时建筑物、构筑物和其他临时设施费用等,内容包括临时设施的搭设、维修、拆除费或摊销费。

计算办法:以各类工程的基价定额直接费为基础,按表6-2计算。

表6-2　临时设施费费率　(单位:%)

序号	专业工程名称		工程类别	
			一类工程	二类工程
1	一般水工工程		1.392	1.253
2	陆域构筑物工程		1.309	1.178
3	堆场道路工程		1.215	1.094
4	大型土石方工程	机械施工	—	0.387
5		人力施工	—	3.359
6	装卸机械设备安装工程		1.486	1.337

4)冬季、雨季及夜间施工增加费

指工程在冬季、雨季及夜间施工增加的费用。包括冬季、雨季及夜间施工工效降低；在冬季施工需要采取防寒、保暖措施；在雨季施工需采取防雨、防潮、防冲措施；在夜间施工的夜班津贴；照明及有关设施的折旧、维修、安拆、运输管理所增加的费用。但不包括冬季采用蒸汽养护混凝土的费用以及属于现场管理费开支的值班人员夜餐津贴和现场一般照明等费用。

计算办法：以各类工程的基价定额直接费为基础，按表 6-3、表 6-4 费率计算。

表 6-3　冬季、雨季及夜间施工增加费费率　（单位：%）

序号	专业工程名称	一类工程			
		东北地区	华北地区	长江干线马鞍山及其上游地区	华东、中南、西南地区
1	一般水工工程	1.859	1.581	1.209	0.744
2	陆域构筑物工程	1.745	1.484	1.135	0.698
3	堆场道路工程	1.655	1.407	1.076	0.662
4	装卸机械设备安装工程	2.476	1.981	1.486	0.990

表 6-4　冬季、雨季及夜间施工增加费费率　（单位：%）

序号	专业工程名称		二类工程			
			东北地区	华北地区	长江干线马鞍山及其上游地区	华东、中南、西南地区
1	一般水工工程		1.674	1.423	1.088	0.670
2	陆域构筑物工程		1.571	1.335	1.021	0.628
3	堆场道路工程		1.490	1.266	0.968	0.596
4	大型土石方工程	机械施工	0.928	0.774	0.619	0.387
5		人力施工	1.768	1.503	1.149	0.884
6	装卸机械设备安装工程		2.228	1.783	1.337	0.891

5)材料二次倒运费

指在施工现场发生的材料、成品及半成品的二次倒运费。

计算方法：以各类工程的基价定额直接费为基础，按表 6-5 费率计算。

大型土石方不计算此项费用。

6)施工辅助费

包括以下 3 项内容：

(1)生产工具用具使用费：指施工生产所需不属于固定资产的生产工具及检验、试验用具等的购置、摊销和维修费，以及支付给生产工人自备工具的补贴费。

(2)检验试验费：指建筑材料、构件和建筑安装物进行一般鉴定、检查所发生的费用，包括自设实验室进行试验所耗用的材料和化学用品费用等，以及技术革新和研究试验费。不包括新结构、新材料的试验费和建设单位要求对具有出厂合格证明的材料进行检验、对构件破坏性试验及其他特殊要求检验试验的费用。

(3)工程定位复测、工程点交、场地清理等费用。

计算办法：以各类工程的基价定额直接费为基础，按表 6-6 费率计算。

表 6-5 材料二次倒运费费率 （单位：%）

序号	专业工程名称	工程类别	
		一类工程	二类工程
1	一般水工工程	0.353	0.318
2	陆域构筑物工程	0.306	0.275
3	堆场道路工程	0.304	0.274
4	装卸机械设备安装工程	0.495	0.446

表 6-6 施工辅助费费率 （单位：%）

序号	专业工程名称		工程类别	
			一类工程	二类工程
1	一般水工工程		1.116	1.004
2	陆域构筑物工程		1.047	0.942
3	堆场道路工程		1.011	0.910
4	大型土石方工程	机械施工	—	0.309
5		人力施工	—	1.326
6	装卸机械设备安装工程		1.783	1.605

7)施工队伍进退场费

指施工单位承担工程施工时，所使用的船舶及施工机械进入和退出施工现场的费用及派出部分施工力量所发生的往返调遣费用。

内容包括调遣期间职工工资、差旅交通费、施工船舶、机械、工具、器具、周转材料和生产及管理用具的调遣和运杂费，以及船舶、机械在调遣时需要开舱、封舱、改装、复原、拆卸、安装的费用。

计算办法：以各类工程的基价定额直接费为基础，按表 6-7 费率计算。

8)外海工程拖船费

指码头、防波堤、栈(引)桥等工程使用挖泥船、打桩船、起重船、打夯船等大型工程船舶在外海施工时，由于风浪、水流等原因不能连续驻船作业，必须拖回临时停泊地而发生的船舶拖运费。

计算办法：以各类工程的基价定额直接费为基础，按表 6-8 费率计算。

表 6-7　施工队伍进退场费费率　（单位：%）

序号	专业工程名称		一类工程		二类工程	
			施工单位基地距工程所在地距离(km)			
			25 以内	25 以外	25 以内	25 以外
1	一般水工工程		0.707	1.326～4.861	0.636	1.193～4.375
2	陆域构筑物工程		0.655	1.228～4.503	0.590	1.105～4.053
3	堆场道路工程		0.610	1.144～4.194	0.549	1.029～3.774
4	大型土石方工程	机械施工	—	—	0.309	1.160～3.868
5		人力施工	—	—	—	0.541～1.805
6	装卸机械设备安装工程		0.990	0.990～5.447	0.891	0.891～4.902

表 6-8　外海工程拖船费费率　（单位：%）

序号	专业工程名称	工程类别	
		一类工程	二类工程
1	一般水工工程	1.133	1.020
2	装卸机械设备安装工程	0.604	0.544

陆域构筑物工程、堆场道路工程、大型土石方工程不计此项费用。

（二）间接费

间接费包括企业管理费和财务费用。

1. 企业管理费

指施工企业为组织施工生产经营活动所发生的管理费用，内容包括：

（1）管理人员工资：是指管理人员的基本工资、工资性补贴、职工福利费、劳动保护费等。

（2）差旅交通费：是指职工因公出差、工作调动的差旅费，住勤补助费、市内交通及误餐补助费，职工探亲路费，劳动力招募费，职工离退休、退职一次性路费，工伤人员就医路费，工地转移费以及管理部门使用的交通工具的油料、燃料、牌照费、养路费等。

（3）办公费：指企业管理办公用的文具、纸张、账表、印刷、邮电、书报、会议、水电、烧水和集体取暖（包括现场临时宿舍取暖）用煤等费用。

（4）固定资产使用费：是指管理和试验部门及附属生产单位使用的属于固定资产的房屋、设备仪器等的折旧、大修、维修或租赁等。

（5）工具用具使用费：是指管理使用的不属于固定资产的生产工具、器具、家具、交通工具和检验、试验、测绘、消防用具等的购置、维修和推销费。

（6）劳动保险费：是指由企业支付离退休职工的易地安家补助费、职工退职金、6 个月以上的病假人员工资、职工死亡丧葬补助费、抚恤费、按规定支付给离休干部的各项经费。

(7)保险费:指企业财产、管理用车辆等的保险费用。

(8)职工教育经费:是指企业为职工学习先进技术和提高文化水平,按职工工资总额计提的费用。

(9)财产保险费:是指施工管理用财产、车辆保险。

(10)工会经费:指企业按职工工资总额计取的工会经费。

(11)财务费:是指企业为筹集资金而发生的各种费用。

(12)税金:指企业按规定缴纳的房产税、车船使用税、土地使用税、印花税。

(13)其他:包括技术转让费、技术开发费、业务招待费、土地使用费、排污费、绿化费、广告费、公证费、法律顾问费、审计费、咨询费、定额测定费、临时工管理费、施工现场一般照明费、上级管理费等。

计算办法:以各类工程的基价定额直接费、其他直接费之和为基础,按表 6-9 费率计算。

表 6-9 企业管理费费率 (单位:%)

序号	专业工程名称	一类工程					
		施工单位基地距工程所在地距离(km)					
		25 内	100 内	300 内	500 内	1 000 内	1 000 外
1	一般水工工程	8.919	9.712	10.237	10.791	11.058	11.918
2	陆域构筑物工程	8.564	9.321	9.821	10.349	10.604	11.425
3	堆场道路工程	8.257	8.987	9.471	9.980	10.226	11.018
4	装卸机械设备安装工程	7.035	7.498	7.805	8.128	8.283	8.786

2. 财务费用

指企业为筹集资金而发生的各项费用,包括企业经营期间发生的短期贷款利息净支出、汇兑净损失、调剂外汇手续费、金融机构手续费以及企业筹集资金发生的其他财务费用。

计算办法:以各类工程的基价定额直接费、其他直接费之和为基础,按表 6-10 费率计算。

表 6-10 财务费用费率 (单位:%)

序号	专业工程名称		工程类别	
			一类工程	二类工程
1	一般水工工程		0.754	0.679
2	陆域构筑物工程		0.708	0.637
3	堆场道路工程		0.642	0.578
4	大型土石方工程	机械施工	—	0.311
5		人力施工	—	0.900
6	装卸机械设备安装工程		0.496	0.446

(三)利润

指施工企业完成所承包工程获得的盈利。

计算办法:利润以基价定额直接费、其他直接费、间接费之和为基础计算。

编制概(预)算时利润按7%计算;大型土石方工程的填料价值,其利润按3%计算。

(四)税金

指按国家税法规定应计入建筑安装工程造价内的营业税、城市维护建设税和教育费附加。

计算公式:

$$税金=(直接工程费+间接费+利润)\times 税率$$

$$税率=\{1/[1-营业税税率\times(1+城市维护建设税税率+教育费附加税率)]\}-1$$

纳税地点在市区的,税率为3.41%;纳税地点在县城、乡镇的,税率为3.35%;纳税地点不在市区、县城、乡镇的,税率为3.22%。

(五)专项费用

需要独立计算的费用,此项费用应计算税金。

三、编制预算时的计费规定

(一)基价定额直接费

水工建筑及装卸机械设备安装工程的计费基础为基价定额直接费。本规定中的计费基础适用于计算其他直接费、现场经费、间接费和利润。

基价定额直接费是指按定额规定的人工、材料、船机艘(台)班基价计算的工、料、机费用之和。其中:

(1)水工建筑工程的外购钢桩、大型钢结构、钢拉杆及橡胶护舷、按其基价中确定的购置价格的10%计入计费基础;自制钢桩及大型钢结构按其基价的30%计入计费基础。

(2)大型土石方工程的填料价值不参与计算其他直接费、现场经费和间接费,只计算利润。

(3)装卸机械设备安装工程的设备购置费不参与计算施工取费。

(4)混凝土及钢筋混凝土预制及现浇工程中,采用商品混凝土时:①按相应定额中自拌同规格混凝土计算基价(工、料、机项目,规格不变);②计算市场价时,按商品混凝土实际价格计算,定额中混凝土搅拌机械不计,固定预制厂使用费不计,其余不变。

(二)外海系数

按本规定计算的基价定额直接费、定额直接费适用于内港工程。外海工程在编制概、预算时,人工费乘以系数1.10;船舶及水上施工机械使用费乘以系数1.25。

外海工程指水上施工且符合下列条件之一者:

(1)防波堤本身;

(2)设计有防波堤、在防波堤未建成之前其掩护区水域工程(不包括陆上工程)需要提前施工者;

(3)由于风浪影响,水域工程施工期(不包括封冻期)月平均工作少于15d的工程。

(三)间接费

在孤岛施工的工程按规定的费率乘以系数1.20。孤岛是指远离大陆且无基本的施工条件的岛屿,但不包括崇明岛、海南岛等。

四、水工建筑及装卸机械设备安装工程各项费用计算程序及计算方式

水工建筑及装卸机械设备安装工程各项费用计算程序及计算方式,见表6-11。

表6-11 建筑安装工程费的计算程序及方法

序号	项目	说明及计算
(1)	基价定额直接费	指按定额规定的人工、材料、船机艘(台)班基价计算的工、料、机费用之和
(2)	定额直接费	指按工程所在地的人工、材料、船机艘(台)班基价计算的工、料、机费用之和
(3)	其他直接费	(1)×其他直接费费率
(4)	直接工程费	(2)+(3)
(5)	企业管理费	[(1)+(3)]×企业管理费费率
(6)	财务费用	[(1)+(3)]×财务费用费率
(7)	利润	[(1)+(3)+(5)+(6)]×利润率
(8)	税金	[(4)+(5)+(6)+(7)]×税率
(9)	专项费用	专项费用=(1+税率)×独立计算的费用
(10)	单位工程概预算金额	(4)+(5)+(6)+(7)+(8)+(9)

五、沿海港口建设工程施工图预算的编制步骤

(一)熟悉预算定额和单位估价表

定额是编制工程预算的主要资料和依据。因为在单位工程中,其分部分项工程项目的单位预算价值和人、机、料消耗量,都需要相应定额来确定。因此,在使用前必须熟悉其内容、形式和使用方法,以便使用时结合施工图纸,迅速而准确地确定其相应的工程项目和计算工程量。

单位估价表是根据相应定额计算出的分部分项工程单价,编制预算可直接套用。

(二)分列工程项目

在熟悉图纸的基础上,根据相应定额和单位估价表上的工程项目,列出所需编制的预算工程项目。如定额缺项,则需补充该项目。排列时最好按分部分项工程项目的顺序进行,以免漏项。

(三)计算工程量

工程量是编制预算的原始凭证。计算工程量是一项繁重而又细致的工作,它的计算精确度和快慢,都直接影响着预算编制的质量和速度。因此,在编制预算时,计算工程量不仅要求认真、细致、及时和准确,而且要按照一定的规则和顺序进行,从而避免和防止重算与漏算等现象的产生,同时也便于校对和审核。

（四）编制单位估价表

编制单位估价表的方法见第五章。

（五）编制单位工程预算表

单位工程预算表分为水工建筑工程预算表和装卸机械设备安装工程预算表，表格形式相同，见本章附录2概（预）表四。编制计算的填表步骤如下。

1. 定额直接费

计算填写各分部分项工程的定额直接费 P 和基价定额直接费 F。

$$P = \text{分项工程量} \times \text{单位估价表价格}$$

$$F = \text{分项工程量} \times \text{定额基价}$$

$$\text{定额直接费} = \sum P$$

$$\text{基价定额直接费} = \sum F$$

2. 其他直接费

按本节上述所述费率计算，各项其他直接费 $= \sum F \times$ 其他直接费费率

3. 直接工程费

$$\text{直接工程费} = \text{定额直接费} + \text{其他直接费}$$

4. 企业管理费

$$\text{企业管理费} = (\sum F + \text{其他直接费}) \times \text{企业管理费费率}$$

5. 财务费率

$$\text{财务费率} = (\sum F + \text{其他直接费}) \times \text{财务费费率}$$

6. 间接费

$$\text{间接费} = \text{企业管理费} + \text{财务费用}$$

7. 利润

$$\text{利润} = (\sum F + \text{其他直接费} + \text{间接费}) \times \text{相应费率}$$

8. 税金

$$\text{税金} = (\text{直接工程费} + \text{间接费} + \text{利润}) \times \text{税率}$$

9. 工程造价

$$\text{工程造价} = \text{直接工程费} + \text{间接费} + \text{利润} + \text{税金} + \text{专项费用}$$

（六）进行工料机分析

按分部工程的顺序，将每一部分工程中各分项工程所需的人工、材料、船机费用分别进行汇总，得出该分部工程所需的人工、材料、船机费用，再汇总各分部工程就可分别得出单位工程所需的人工、材料、船机费用。

（七）计算技术经济指标

单位工程预算价值确定后，根据各单位工程的特点，算出各计量单位的技术指标。

（八）填写主要材料汇总表

按各分部分项工程填写后，对钢材、水泥和木材等主要材料分别汇总填表。

（九）扉页和编制说明

1. 扉页

填写工程名称、编号、报送日期。编写单位负责人及编者要签字盖章，编写单位、建设

单位等要加盖公章才能生效。

2. 编制说明

包括工程概况、定额费率的采用、主要施工工艺和使用的主要船机设备、人工及主要材料单价、主要技术经济指标、存在的主要问题及其他必要的说明。

第三节 内河航运建设工程施工图预算

一、水工建筑和设备及大型钢结构制作安装工程项目划分

(一)航务建筑工程

主要指各种码头,船闸,升船机,航运枢纽工程的水坝、水闸、节制闸等,护岸,防汛墙,系(靠)船建筑物,引堤,栈引桥,港区堆场、港(场)区道路以及软基加固等工程。适用于港区以内、引航道以内的航务水工建筑物及其有关的配套设施。

(二)整治建筑工程

主要指航道的炸礁、清渣、筑坝和护岸工程。适用于港区以外、航运枢纽及通航建筑中引航道以外的航道整治工程。

(三)大型土石方工程

系指在一个单位工程内开挖或回填的土石方工程量在1万m^3以上的没有结构要求的土石方工程。适用于各类建(构)筑物的基础上、石方开挖工程、回填造陆工程以及新开河道、引航道的土石方开挖工程等。

(四)设备及大型钢结构制作安装工程

系指装卸设备和启闭机的安装、航运枢纽和通航建筑工程中的闸(阀)、钢结构等的制作安装及附属工程。适用于内河港口工程、通航建筑工程及航运枢纽工程中通航建筑部分的设备及大型钢结构的制作安装工程。

关于内河航运建设项目工程项目划分,详见本章附录1。

二、工程类别划分

内河航运建设工程类别划分见表6-12。

表6-12 内河航运建设工程类别分类

主体工程名称	工程类别	
	一类工程(a)	二类工程(b)
航运枢纽工程:船闸	a≥300t	100t≤b<300t
航道等级	a≥Ⅳ级	Ⅴ级≤b<Ⅳ级
通航建筑工程:船闸	a≥300t	100t≤b<300t
升船机	a≥100t	50t≤b<100t
内河港口工程:码头吨级	a≥1 000t	500t≤b<1 000t
航道整治工程:航道等级	a≥Ⅳ级	Ⅴ级≤b<Ⅳ级
炸礁	a≥2万m^3	1万m^3≤b<2万m^3

注:①工程类别的判断,两项条件中满足其中一项即符合该类工程条件;

②当以航道等级作为判别依据时,对于山区航道,其判别条件应降一等级。

三、单位工程概、预算费用组成

单位工程概、预算费用由直接工程费、间接费、计划利润、税金和专项费用5部分组成,与沿海港口建设工程费用组成基本相同(见图6-1),不同之处在于直接工程费包括定额直接费、其他直接费、现场经费;内河航运建设工程的其他直接费包括:冬季、雨季、夜间施工增加费、材料二次搬运费、施工辅助费、施工队伍进退场费共4项。

(一)直接工程费

由定额直接费、其他直接费、现场经费构成。

1. 定额直接费

内容与计算同沿海港口建设工程。

2. 其他直接费

指定额直接费以外施工过程中发生的其他直接费。其他直接费包括冬季、雨季及夜间施工增加费,材料二次倒运费,施工辅助费和施工队伍进退场费。

1)冬季、雨季及夜间施工增加费

内容同沿海港口建设工程。

计算办法:以各类工程的基价定额直接费为基础,按表6-13费率计算。

表6-13　冬季、雨季及夜间施工增加费费率　(单位:%)

序号	专业工程名称		工程类别	
			一类工程	二类工程
1	航务建筑工程		0.74	0.66
2	整治建筑工程	筑坝、护岸	0.46	0.39
3		炸礁	0.65	0.54
4	大型土石方工程	机械施工	0.14	0.14
5		人力施工	0.10	0.09
6	设备及大型钢结构制作安装工程	制作	0.82	0.76
7		安装	0.78	0.71

2)材料二次搬运费

指材料、成品和半成品运达施工现场后,在施工过程中所发生的场内倒运或小搬运费用,包括人工费、机械费、材料成品和半成品倒运中的损耗等。

计算方法:以各类工程的基价定额直接费为基础,按表6-14费率计算。

大型土石方工程不计算此项费用。

炸礁工程的二次搬运费中包括了火工产品的多次转运费。筑坝护岸工程的二次搬运费中不包括大宗筑坝石料的季节性备料所发生的费用。季节性备料所需的转运费可根据备料数量、倒运距离和方式,按照当地的运价标准或运输定额计算。

表 6-14 材料二次搬运费费率 （单位:%）

序号	专业工程名称		工程类别	
			一类工程	二类工程
1	航务建筑工程		0.26	0.22
2	整治建筑工程	筑坝、护岸	0.12	0.08
3		炸礁	0.32	0.27
4	设备及大型钢结构制作安装工程	制作	0.25	0.22
5		安装	0.24	0.21

3)施工辅助费

指生产工具用具使用费、检验试验费、工程定位复测点及场地清理费用和爆破测震及扫床费共 4 项费用。

前 3 项内容同沿海港口工程。

爆破测震及扫床费:专指水下炸礁工程中为观测爆破产生的震波对周围环境影响以及交工前扫床验收所发生的费用。

计算办法:以各类工程的基价定额直接费为基础,按表 6-15 费率计算:

表 6-15 施工辅助费费率 （单位:%）

序号	专业工程名称		工程类别	
			一类工程	二类工程
1	航务建筑工程		1.11	1.03
2	整治建筑工程	筑坝、护岸	0.12	0.08
3		炸礁	1.30	1.14
4	大型土石方工程	机械施工	0.14	0.14
5		人力施工	0.08	0.08
6	设备及大型钢结构制作安装工程	制作	1.23	1.14
7		安装	1.17	1.08

4)施工队伍进退场费

内容同沿海港口建设工程。

计算办法:以各类工程的基价定额直接费为基础,按表 6-16 费率计算。

3. 现场经费

1)临时设施费

内容同沿海港口建设工程。

航运枢纽工程中的电站部分所需的临时设施费用,同其他临时工程费用的计算。

计算办法:以各类工程的基价定额直接费为基础,按表 6-17 费率计算。

表 6-16　施工队伍进退场费费率　(单位:%)

工程类别		施工单位距工程所在地距离(km)						
		≤25	≤100	≤200	≤300	≤400	≤500	>500(费率 a)
航务建筑工程		$\frac{0.55}{0.52}$	$\frac{0.99}{0.93}$	$\frac{1.17}{1.08}$	$\frac{1.36}{1.25}$	$\frac{1.54}{1.41}$	$\frac{1.72}{1.60}$	$1.72<a\leq4.03$ $1.60<a\leq3.75$
整治建筑工程	筑坝护岸	$\frac{0.39}{0.35}$	$\frac{0.69}{0.62}$	$\frac{0.78}{0.70}$	$\frac{0.92}{0.86}$	$\frac{1.06}{0.93}$	$\frac{1.17}{1.05}$	$1.17<a\leq2.73$ $1.05<a\leq2.45$
	炸礁	$\frac{1.08}{1.03}$	$\frac{1.60}{1.53}$	$\frac{2.50}{2.36}$	$\frac{3.35}{3.17}$	$\frac{4.24}{4.04}$	$\frac{5.10}{4.58}$	$5.10<a\leq7.15$ $4.85<a\leq6.79$
大型土石方工程	机械	$\frac{0.16}{0.15}$	$\frac{0.28}{0.26}$	$\frac{0.33}{0.30}$	$\frac{0.36}{0.34}$	$\frac{0.41}{0.38}$	$\frac{0.47}{0.43}$	$0.47<a\leq1.10$ $0.43<a\leq1.01$
	人力	$\frac{0.01}{0.01}$	$\frac{0.01}{0.01}$	$\frac{0.01}{0.01}$	$\frac{0.02}{0.02}$	$\frac{0.02}{0.02}$	$\frac{0.02}{0.02}$	$0.02<a\leq0.05$ $0.02<a\leq0.05$
设备大型钢结构制作安装	制作	$\frac{0.89}{0.82}$	$\frac{1.56}{1.45}$	$\frac{1.18}{1.67}$	$\frac{2.13}{1.96}$	$\frac{2.42}{2.21}$	$\frac{2.73}{2.49}$	$2.73<a\leq6.36$ $2.49<a\leq5.80$
	安装	$\frac{0.84}{0.78}$	$\frac{1.47}{1.38}$	$\frac{1.17}{1.59}$	$\frac{2.01}{1.86}$	$\frac{2.28}{2.101}$	$\frac{2.58}{2.37}$	$2.58<a\leq6.00$ $2.37<a\leq5.52$

注:表内分子为一类工程,分母为二类工程。

表 6-17　临时设施费费率　(单位:%)

序号	专业工程名称		工程类别	
			一类工程	二类工程
1	航务建筑工程		1.48	1.33
2	整治建筑工程	筑坝、护岸	0.39	0.35
3		炸礁	0.54	0.49
4	大型土石方工程	机械施工	0.32	0.29
5		人力施工	0.20	0.18
6	设备及大型钢结构制作安装工程	制作	0.66	0.60
7		安装	2.10	1.92

2)现场管理费

指企业在现场为组织和管理工程施工所需的费用,内容包括:

(1)现场管理人员的基本工资、工资性补贴、职工福利费和劳动保护费等。

(2)办公费:指现场管理办公用的文具、纸张、账表、印刷、邮电、书报、会议、水电、烧水和集体取暖(包括现场临时宿舍取暖)用煤等费用。

(3)差旅交通费:指职工因公出差期间的差旅费、住勤补助费、市内交通费和误餐补助费,职工探亲路费,劳动力招募费,职工离退休或退职一次性路费,工伤人员就医路费以及现场管理使用的交通工具的油料、燃料、养路费、牌照等。

(4)固定资产使用费:指现场管理和试验部门使用的属于固定资产的设备、仪器等的折旧、大修理、维修费或租赁费等。

(5)工具用具使用费:指现场管理使用的不属于固定资产的工具、器具、家具、交通工具和检验、试验、测绘、消防用具等的购置、维修和摊销费。

(6)保险费:指施工管理用财产、车辆等的保险费用。

(7)工程保修费:指工程竣工交付使用后,在规定保修期以内的修理费用。

(8)工程排污费:指施工现场按规定缴纳的排污费用。

(9)其他费用:指施工现场一般照明、临时工管理费等。

计算办法:以各类工程的基价定额直接费为基础,按表 6-18 费率计算。

表 6-18 现场管理费费率 (单位:%)

序号	专业工程名称		工程类别	
			一类工程	二类工程
1	航务建筑工程		4.46	3.87
2	整治建筑工程	筑坝、护岸	2.47	2.16
3		炸礁	3.78	3.35
4	大型土石方工程	机械施工	0.62	0.54
5		人力施工	0.41	0.40
6	设备及大型钢结构制作安装工程	制作	4.27	3.70
7		安装	7.97	6.89

(二)间接费

间接费包括企业管理费和财务费用。

1. 企业管理费

内容同沿海港口工程。

计算办法:以各类工程的基价定额直接费、其他直接费、现场经费之和为基础,按表 6-19 费率计算。

表 6-19 企业管理费费率 (单位:%)

序号	专业工程名称		工程类别	
			一类工程	二类工程
1	航务建筑工程		3.39	2.95
2	整治建筑工程	筑坝、护岸	2.00	1.77
3		炸礁	3.03	2.59
4	大型土石方工程	机械施工	0.50	0.43
5		人力施工	0.35	0.30
6	设备及大型钢结构制作安装	制作	3.23	2.82
7		安装	5.60	4.88

2. 财务费用

内容同沿海港口工程。

计算办法:以各类工程的基价定额直接费、其他直接费、现场经费之和为基础,按表6-20费率计算。

表6-20　财务费用费率　(单位:%)

序号	专业工程名称		工程类别
			一、二类工程
1	航务建筑工程		0.74
2	整治建筑工程	筑坝、护岸	0.69
3		炸礁	0.97
4	大型土石方工程	机械施工	0.15
5		人力施工	0.06
6	设备及大型钢结构制作安装工程	制作	0.57
7		安装	0.54

(三)计划利润

指按国家规定的计划利润率计算的利润。

计算办法:计划利润以基价定额直接费、其他直接费、现场经费、间接费之和为基础计算。

编制概(预)算时计划利润按7%计算;大型土石方工程的填料价值,其计划利润按3%计算;钢闸(阀)门及大型钢结构制作工程中的主体结构钢材本身的价值,其计划利润按钢材价值的2%计算。

(四)税金

内容及计算同沿海港口建设工程施工图预算文件中税金的计算。

第四节　疏浚工程费用预算

一、疏浚工程费用组成

疏浚工程费用由直接工程费、间接费、计划利润、税金和专项费用5个部分组成,如图6-2所示。

二、直接工程费用计算

(一)定额直接费

定额直接费指施工过程中消耗的构成工程实体和有助于工程形成的各项费用,包括挖泥、运泥、吹泥费,开工展布、收工集合费,管线和管架安拆费。

(1)挖泥、运泥、吹泥费:指在挖泥、运泥、吹泥过程中各种船舶和排泥管的使用费,按疏浚工程相关定额计算。

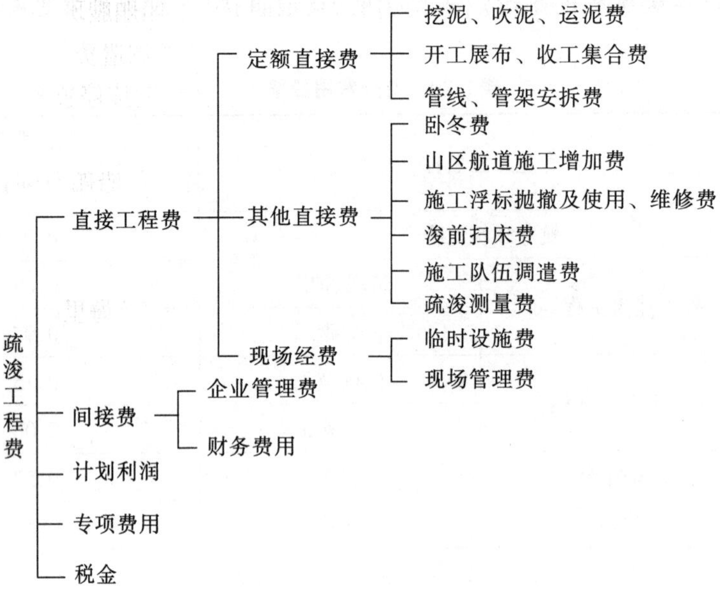

图 6-2　疏浚工程费用组成

(2)开工展布、收工集合费:指船舶进退场的费用,按疏浚工程相关定额计算。开工展布、收工集合的次数,一个单位工程原则上只计算一次。若因工程量较大,需要跨冰封期施工,可按实际情况计算开工展布、收工集合次数;自航耙吸、挖泥船开工展布、收工集合按挖槽长度 l0km 计算一次,小于 10km 时按一次计算,每超过 10km 增加一次;对经常性进行维护的疏浚工程,则按每月计算一次。

(3)管线、管架安拆费:按疏浚工程相关定额计算。

(二)其他直接费

(1)卧冬费:指各种船舶在烟台和黄河以北地区(包括烟台和黄河地区)施工时因卧冬需要所增加的费用;烟台及其以北沿海地区按定额直接费的 15%计算,黄河及其以北内河地区按定额直接费的 15%计算,其中黑龙江地区按定额直接费的 30%计算。

(2)山区航道施工增加费:指挖泥船在山区河流航道上施工时因洪水期流速大、影响工效所增加的费用;按定额直接费乘费率计算。黄河及其以北内河地区卧冬费与山区航道增加费不得重复计算。

(3)疏浚测量费:指浚前、浚中、浚后的施工测量费;按疏浚工程量 700 元/万 m^3 计算。

(4)施工浮标抛撤及使用、维护费:指浮标的抛撤、使用及维护所发生的费用;沿海地区按每座天 200 元计算,内河地区按每座天 100 元计算。浮标抛撤需要使用航标船时,其调遣费按相同功率拖轮的调遣费计算。

(5)浚前扫床费:指新建工程因对水下情况不明,需在施工前扫床所发生的费用(不包括清理障碍物和扫床船舶的调遣费);按扫床面积 3 万元/km^2 计算。

(6)施工队伍调遣费:指施工船舶、设备等根据建设任务的需要,非成建制地由原施工地点(或由基地)至另一施工地点所发生的往返调遣费用。调遣次数,工期在一年以内原则上按一次计算,工期超过一年的按施工组织设计确定。

费用内容:包括被调遣船舶准备、结束调遣和执行调遣中的船舶艘班费及封舱、启舱、改装、拆除、复原所发生的费用以及管线人员、设备、仪器、材料的调遣费等。

船舶在调遣航行期间,自航船舶按使用艘班费计算,被拖船舶按停置艘班费计算,调遣航行期间自航船舶的航速按规定计算。

船舶在准备调遣,结束调遣期间按停置艘班费计算,疏浚工程船舶及辅助船舶在准备、结束调遣期间需要的艘班数按规定计算。

人员、设备、仪器、材料等的调遣费按船舶调遣费的 5% 计算。

调遣距离小于 25 海里时,不计算施工队伍调遣费,大于等于 25 海里时按实际距离计算施工队伍调遣费。

(三)现场经费

(1)临时设施费:指施工企业为进行疏浚工程施工所必须的生活和生产用的临时建筑物、构筑物和其他临时设施费用。内容包括临时设施(如水位站、临时工棚等)的搭设、维修、拆除费或摊销费。

临时设施费按定额直接费的 2% 计算。

(2)现场管理费:指企业在现场为组织和管理工程所需的费用。

现场管理费按定额直接费的 5% 计算。

三、间接费用计算

间接费包括企业管理费和财务费用。

(一)企业管理费

指施工企业为组织施工、生产经营活动所发生的管理费用,内容与沿海港口工程的相同。

企业管理费按直接工程费的 10% 计算。

(二)财务费用

指企业为筹集资金而发生的各项费用,包括企业经营期间发生的短期贷款利息净支出、汇兑净损失、调剂外汇手续费、金融机构手续费、以及企业筹集资金发生的其他财务费用。

财务费用按直接工程费的 1% 计算。

四、计划利润、专项费用、税金计算

(一)计划利润

计划利润按直接工程费与间接费之和的 7% 计算。

(二)专项费用

指需要独立计算的费用,包括燃料差价、人工费差价、高原津贴、特区津贴、疏浚土废弃物倾倒费、航养费、过闸费等费用。

(三)税金

指按国家税法规定计算的应缴税费。

第五节　水运工程建设项目设计概算

一、设计概算的定义

建设项目在设计阶段,由设计单位根据初步设计图纸、概算定额及国家、行业部委和地方建设主管部门颁发的有关取费规定而编制的建设项目全部建设费用的工程造价文件,称为设计概算。

设计概算是初步设计文件的重要组成部分。在进行初步设计时,必须根据建设项目组成分别编制单项或单位工程概算和建设项目总概算。

二、设计概算的作用

设计概算经批准后,具有以下作用:

(1)它是国家确定的控制基本建设项目造价的依据,其总费用为该建设项目的最高投资限额。不论是国家基本建设计划的安排、银行拨款或贷款、施工图预算、竣工决算等,在未经主管部门批准增加概算之前,都不能突破这个限额,以保证国家资金计划的平衡和维护国家基本建设计划的严肃性;

(2)它是编制基本建设计划的依据;

(3)它是选择和衡量设计方案经济合理性的依据;

(4)它是签订建设项目总承包合同,实行拨款或贷款的依据;

(5)设计概算是实行基本建设项目投资包干的依据;

(6)它是控制施工图预算的依据;

(7)它是考核建设项目设计经济合理性的依据;

(8)对初步设计阶段实行施工招标的工程,其单位或单项工程概算在批准的总概算范围内经调整后,也是编制标底的依据之一。

三、设计概算编制的一般规定

(1)初步设计概算是初步设计文件的重要组成部分。设计单位进行初步设计时,应根据工程项目组成和工程造价管理的有关规定分别编制单项或单位工程概算以及建设项目总概算。

(2)总概算应控制在批准的建设项目可行性研究报告投资估算范围内。概算经批准后,是建设项目投资的最高限额,是筹措资金、编制和安排基本建设项目计划、签订建设项目总承包合同的依据,也是考核设计经济合理性的依据。

(3)概算由设计单位负责编制。一个建设项目,如由几个设计单位共同设计时,须由主体设计单位负责统一概算的编制原则和依据,汇编总概算,并对全部概算的编制质量负责;其他设计单位负责编好所承担设计的工程概算。

(4)使用国外贷款的建设项目,应依据本规定分别编制内币和外币概算。

四、设计概算编制依据

(1)国家的有关法令及法规;

(2)工程项目初步设计(包括施工条件设计);

(3)水运工程的相关定额和规定;

(4)生产厂家的设备出厂价格;

(5)当地建设主管部门颁发的市场材料价格及有关规定(或工程所在地的材料、半成品及各种设备器材的市场价格)。

五、设计概算文件组成

(1)编制说明:包括工程概况、编制依据、工程总投资、主要技术经济指标及各项投资所占比例、存在的主要问题等;

(2)建设项目总概算表;

(3)建筑工程概算表;

(4)设备购置及安装工程概算表;

(5)建筑安装工程主要材料用量汇总表;

(6)概算中采用的主要材料及设备价格汇总表;

(7)补充单位估价表。

上述表格格式见本章附录 2。

第六节　内河航运建设工程设计概算编制

一、初步设计总概算的费用组成

内河航运建设工程项目总概算包括建设项目从可行性研究到竣工验收所需的全部建设费用。

总概算按其投资构成分为工程费用、其他费用、预留费用、固定资产投资方向调节税、建设期贷款利息、铺底流动资金 6 大部分,见图 6-3。

二、设计总概算的费用计算

(一)工程费用

工程费用包括建筑工程费用、安装工程费用、设备购置费。

1. 建筑工程、安装工程费用

计算同预算文件中建筑、安装费的计算。

2. 设备购置费

1)国产设备

国产设备购置费指根据设计提出的设备清单按设备原价及有关规定计算的费用总和。通航建筑工程、内河港口工程、航道整治工程以及航运枢纽工程中的通航建筑工程和

- 建设项目总概算
  - 工程费用
    - 建筑工程费
    - 安装工程费
    - 设备购置费
  - 其他费用
    - 土地使用费
    - 建设单位管理费
    - 工程建设监理费
    - 工程质量监督费
    - 定额编制管理费
    - 联合试运转费
    - 生产人员培训费
    - 办公和生活家具购置费
    - 工器具及生产家具购置费
    - 前期工作费
    - 勘察设计费
    - 研究试验费
    - 供电贴费
    - 施工专用设备购置费
    - 实船试航费
    - 航道整治效果观测费
    - 整治河段竣工前测量费
    - 施工期港航安全监督费
    - 断航损失补偿费
    - 进口设备和材料的其他费
    - 其他
  - 预留费用
    - 基本预备费
    - 物价上涨费
  - 固定资产投资方向调节税
  - 建设期贷款利息
  - 铺底流动资金

图 6-3 内河航运建设工程项目总概算费用构成

挡水建筑工程部分的设备购置费,包括设备原价、备品备件购置费、运杂费和采购保管费等,应按下述规定计算。航运枢纽工程中的电站等有关部分设备购置费的构成及计算方法,执行水利定额及有关规定。

(1)设备原价,是指生产厂家规定的现行出厂价格。非标产品则按生产厂家的实际价格或合同价格(不包括非标设计费)确定。

(2)备品备件的购置费,是指工程在投产运行初期所必须添置的易损零部件、专用替换材料等的购置费,但不包括随设备出厂价格所配备的备品备件以及港口装卸工艺中所需要的网络货板,上述二项应计入设备购置费中。计算办法以设备原价为基础按下述费率计算:通航枢纽工程,0.50%;通航建筑及内河港口工程,0.60%;航道整治工程,0.70%。

(3)运杂费，指设备由出厂地点运至安装现场所发生的运杂费用。包括运输费、包装费、装卸费以及其他可能发生的各项杂费。

计算办法：港口装卸设备、一般起重设备、通信及航标设备、通航启闭设备、机修和其他生产设备，以设备运杂费按设备原价与备品备件购置费之和乘以表6-21费率。

港作车船和其他交通车辆的运杂费费率按表6-21费率乘以系数0.50。

表6-21 设备运杂费费率表

序号	工程所在地	费率(%)
1	浙江、江苏、安徽、山东、辽宁、河北、上海、山西、陕西、天津	4.0
2	江西、湖北、黑龙江、吉林	5.0
3	广东、广西、云南、贵州、四川、福建、湖南、河南、重庆	6.0

设备到达安装现场后直至安装前所发生的设备二次转运费也包括在运杂费内。二次转运费占设备运杂费的5%～8%。

(4)采购保管费，指设备在采购、保管过程中发生的各项费用，主要包括：采购保管部门支付的工作人员的人工费、工具用具使用费以及办公费、差旅交通费等各项管理费；仓库、转运站等设施的固定资产折旧费(或租赁费)、检修费以及技术安全措施费等；设备在采购保管中必要的检修、试验费；供销部门以及在中转环节发生的各项手续费等。

计算方法：采购保管费按设备原价与备品备件购置费之和的0.8%计算。

2)进口设备

(1)设备原价

进口设备原价按设备的外币到岸价(CIF)确定。

(2)进口设备国内接运保管费

按照“内河航运建设工程其他费用”中规定计算。

3. 临时工程费

指建设项目在建设期限内，为保证永久工程的正常施工而必须兴建的单项临时工程和施工现场四通一平等所发生的费用。

单项临时工程是指临时码头、施工围堰、施工导流、施工排水、水上浮标、临时测量平台、临时水源、电源设施及整治工程的临时设标等。单项临时工程应根据施工条件设计提出。

单项临时工程应根据设计图纸的分部分项工程量套用有关定额编制概算和预算，初步设计阶段如无相应定额可使用时，也可根据工程量参照已完工程的资料或经济指标估算。

四通一平是指通达施工现场的临时道路、临时供水设施及管道、临时供电设施及线路、临时通信设施等和施工现场的平整以及施工期的环境保护、防汛、防冰工程和设施等。

四通一平应根据施工条件设计提出的工程数量套用有关定额或指标计算，也可以按该建设项目的建筑工程费的总和为基础，按表6-22的费率估算。

其他临时工程，专指航运枢纽工程中的电站部分所需的临时设施费用。包括承担电站厂房、发电设备安装工程等的施工单位所必须搭建的临时宿舍、仓库、办公室等临时建构筑物;砂石系统工程;混凝土搅拌设施,砂石料场,木工、钢筋、机修等辅助加工厂,混凝土构件预制场等生产设施以及施工现场内的临时便道,水、电管线和其他小型临时设施。费用的内容包括临时设施的搭设、维修、拆除费以及施工期间四通一平的维修、养护费用。

表 6-22　内河航运建设项目四通一平费率表

工程类别	建筑工程费总和(万元以上)									
	100	300	500	1 000	3 000	5 000	10 000	30 000	50 000	50 000 外
航运枢纽	—	—	—	—	1.63	1.40	1.17	0.95	0.70	0.49
通航建筑	4.41	3.15	2.52	1.94	1.47	1.26	1.05	0.86	—	—
内河港口	3.92	2.80	2.24	1.72	1.30	1.12	0.94	—	—	—

注:航道整治工程可根据设计按实际需要计算。

其他临时工程费可按电站工程部分的建筑工程费总和(不包括土石方的开挖及回填工程)为基础,依挡水建筑物的不同结构,按下述费率计算:土坝或石料坝 2.50%～3.30%;混凝土重力坝 3.25%～4.29%;混凝土轻型坝 3.38%～4.46%;节制闸、水闸 3.50%～4.50%。

(二)内河航运建设工程其他费用

内河航运建设工程其他费用包括土地使用费、建设单位管理费、工程建设监理费、工程质量监督费、定额编制管理费、联合试运转费、生产人员培训费、办公和生活家具购置费、工器具及生产家具购置费、前期工作费、勘察设计费、研究试验费、供电贴费、施工专用设备购置费、实船试航费、航道整治效果观测费、整治河段竣工前测量费、施工期港航安全监督费、断航损失补偿费等。

1. 土地使用费

土地使用费包括工程用地征用费以及航运枢纽工程中的水库淹没补偿费。

1)工程用地征用费

工程用地征用费系指根据设计提出的工程建设场地和施工用的场地,需永久征用和临时占用的土地、渔场和水面等的费用。工程用地征用费一般包括以下内容:

(1)土地补偿费:指被征用或占用的土地(分耕地和其他土地)、渔场、水生物养殖场等本身的补偿费和附着于之上的青苗、农作物、树木、水生物以及房屋、水井等的补偿费。

(2)安置补助费:指因土地、渔场等被征用后需安置的农民、居民等的补助费。

(3)建筑物迁建费:指被征用或占用土地上的房屋、建筑物等的迁建费。

(4)耕地占用税:指工程占用的耕地、鱼塘、园地、菜地等应缴纳的占用税。

(5)新菜地开发建设基金:指征用城市郊区的菜地,包括种菜或者养殖鱼、虾等商品菜地和精养鱼塘所应缴纳的费用。

(6)土地管理费:指土地管理部门用于征地、迁建、安置等工作而提取的管理经费。

(7)复耕费:指临时占用的耕地、渔塘等,在工程完工后将其复还所发生的费用。

计算办法:工程用地征用费应根据设计提出的用地(包括水面)的数量和其附着物的情况,以及实际发生的费用项目,按照国家的有关规定和工程所在地地方政府制定的标准计算。

2)水库淹没补偿费

水库淹没补偿费系指航运枢纽工程因形成水库后对库区(包括淹没、浸泡和坍岸区)淹没损失的补偿费和有关工程费。水库淹没补偿费用内容包括：

(1)农村移民安置迁建费：指库区内农村居民迁移和所属企业迁建等所需的补偿费用。包括耕地补偿、安置补助费，各种林木、农作物补偿费，房屋及附属建筑物迁建补偿费，农副业生产及福利设施迁建补偿费，小型水利水电设施补偿费，搬迁运输费、补助费等。

(2)城镇迁建补偿费：指库区城镇或集镇内的居民、机关及企事业单位迁移迁建补偿费。包括新址的土地征用费，房屋建筑物、生产及福利设施的迁建补偿费以及企业搬迁期间减产停产损失补贴费等。

(3)生产恢复改建费：指库区内的工矿企业、铁路、公路、航运、电力、电信、广播、管路、水利设施等的恢复、改建补偿费。

(4)库底清理费：指库区内不属补偿的清理项目的费用。

(5)防护工程费：指对库区内不予迁建的受淹对象进行防护处理所需兴建的堤防、护岸等的工程费用。

(6)环境影响补偿费：指由于兴建水库对环境造成不利影响而补偿的一次性费用。

(7)行政管理补贴费：指为处理上述安置迁建、恢复改建等而对当地行政管理部门的一次性补贴费用。

(8)专项调查勘察设计费：指对水库淹没及其影响进行现场踏勘、航测、调查、规划等以及防护工程的勘测设计所需的工作费用。

计算办法：水库淹没补偿费应根据《中华人民共和国土地管理法》和《水利水电工程水库淹没处理设计规范》等有关规定，由设计单位在工程所在地地方政府的支持配合下，按实际发生的费用项目，经测算分析进行专题计算。

2. 建设单位管理费

指建设单位为工程建设项目从立项、筹建、建设、联合试运转、竣工验收、交付使用及后评估等工作所发生的管理费用。建设单位管理费包括建设单位开办费和建设单位经费。

1)建设单位开办费

指新组建的建设单位为保证正常开展管理工作所需的初始费用，费用项目有：

(1)办公和生活临时用房工程费；

(2)车辆和办公生活设备、检验试验设备、其他用具用品购置费以及用于开办工作的其他费用。

计算办法：

(1)办公和生活临时用房：其面积(S)按下式计算，土建的平方米造价指标按当地标准估列。

航运枢纽工程、综合性港口工程：$S = 2\,000\text{m}^2 +$ 建设单位定员 $\times (10 \sim 15)\text{m}^2$；

通航建筑、一般港口及航道整治工程：$S = 150\text{m}^2 +$ 建设单位定员 $\times 10\text{m}^2$。

(2)车辆:按设计确定的车种、规格和数量计算购置费。

(3)设备、工具用品及其他:按建设单位定员,每人 5 000 元计算费用。

其他规定:

(1)凡由成建制的管理单位或部门对工程建设进行管理的,不计算建设单位开办费;

(2)已有建设单位的续建工程,其建设单位开办费按以上规定的 1/3 或根据具体情况进行计算。

2)建设单位经费

指建设单位对工程建设实施日常管理所需的经常性费用。

费用内容包括工作人员人工费、教育经费、劳动保险费和差旅交通费;固定资产折旧费、维修费、零星固定资产购置费、工具用具使用费、低值易耗品摊销费;办公费、会议费、技术图书资料费、咨询费;招标活动经费;合同公证费、完工清理费、工程验收费;土地使用税、房产税、车(船)使用税、车辆牌照税、印花税;水电费、采暖费以及其他属于管理性质的费用。

计算办法:以工程费用的总和为基础,按表 6-23 的费率计算。

表 6-23 建设单位经费费率 (单位:%)

序号	工程费用总和(万元)	建设工程类型			
		航运枢纽	通航建筑	内河港口	航道整治
1	<100	—	2.28	2.17	1.30
2	<300	—	1.99	1.89	1.13
3	<500	—	1.65	1.58	0.95
4	<1 000	—	1.44	1.37	0.82
5	<3 000	1.51	1.33	1.26	0.76
6	<5 000	1.39	1.21	1.16	0.69
7	<10 000	1.22	1.06	1.02	0.61
8	<30 000	1.09	0.86	—	0.50
9	<50 000	0.88	—	—	—
10	≥50 000	0.80	—	—	—

3. 工程建设监理费

工程建设监理费系指建设单位委托具有相应资质等级的水运工程建设监理单位,按工程建设监理办法进行全面监督与管理所发生的费用。监理费用依照国家发改委、建设部发改价格[2007]670 号文计算:施工监理服务收费 = 施工监理服务收费基准价 ×(1 ± 浮动幅度值);施工监理服务收费基准价 = 施工监理服务收费基价 × 专业调整系数 × 工程复杂程度调整系数 × 高程调整系数。施工监理服务收费基价按照表 6-24 计取。

4. 工程质量监督费

工程质量监督费系指工程质量监督部门,依据国家有关法规、技术规范、规程和质量检验评定标准，对工程质量和建设行为以及按规定应进行质量监督的生产单位生产的建筑构件实施质量监督管理所发生的费用。工程质量监督费按表 6-25 规定的标准计算。

表 6-24　施工监理服务收费基价　（单位：万元）

序号	计费额	收费基价	序号	计费额	收费基价
1	500	16.5	9	60 000	991.4
2	1 000	30.1	10	80 000	1 255.8
3	3 000	78.1	11	100 000	1 507.0
4	5 000	120.8	12	200 000	2 712.5
5	8 000	181.0	13	400 000	4 882.6
6	10 000	218.6	14	600 000	6 835.6
7	20 000	393.4	15	800 000	8 658.4
8	40 000	708.2	16	1 000 000	10 390.1

注：计费额在范围之间的直线内插；计费额大于 1 000 000 万元的，以计费额乘以 1.039％的收费率计算收费基价；其他未包含的收费由双方协商议定。

表 6-25　工程质量监督费费率

序号	总概算工程费用中建安工程费总和（万元）	工程质量监督费费率（％）
1	≤1 000	0.100
2	≤10 000	0.075
3	＞10 000	0.050

5．定额编制管理费

指水运工程造价管理部门为组织定额的编制和管理所需要的工作经费。定额编制管理费由建设单位按期缴纳给水运工程定额站，由定额站统一管理使用。

计算办法：按工程费用（扣除设备购置费）总和的 0.08％计算。

6．联合试运转费

指内河航运建设工程中的各种设备、设施等在施工安装完毕，竣工验收前进行单机或整个生产运行系统的重载联合试运转期间所需的费用。

费用内容：联合试运转所需要的原料、燃油料和动力的消耗、船舶机械使用费、工具用具和低值易耗品费用、其他费用以及施工单位参加联合试运转人员的人工费。

计算办法：以工程费用中的设备购置费为基础，按以下费率计算：航运枢纽工程 0.20％；通航建筑工程 0.30％；内河港口工程中使用系统设备的散货码头、液体化工码头等0.50％；其他一般件杂货码头 0.15％。

7．生产人员培训费

指工程在竣工验收前生产单位为保证生产正常运行而需安排提前进港（厂、所）人员的经费和培训人员所需培训费。

费用内容：提前进港（厂、所）人员和所需的培训人员的人工费、教育经费、劳动保险费、差旅交通费以及办公费、会议费、技术图书资料费、零星固定资产购置费、工具用具使用费、水电费等属于生产筹备发生的费用和培训人员的实习费等。

计算办法:按设计定员,新建项目每人2 000元,扩建项目每人1 400元计算。

8. 办公和生活家具购置费

指为保证新建、扩建项目初期正常生产、运行和管理所必须购置的办公和生活家具的费用。

费用内容:办公室、会议室、资料档案室、阅览室、文娱室、食堂、浴室、理发室、招待所、医务室、单身宿舍等的家具、用具、用品的购置费。

计算办法:按设计定员,新建项目每人800元,扩建项目每人500元计算。

9. 工器具及生产家具购置费

费用内容:为保证建设项目初期正常生产所必须购置的第一套不够固定资产标准的设备、仪器、生产工具器具和生产家具的费用。

计算办法:以工程费用中的设备购置费为基础,按以下费率计算:航运枢纽工程0.30%;通航建筑工程0.75%;内河港口工程1.60%;航道整治工程1.00%。

10. 前期工作费

指为建设项目编制可行性研究报告、进行环境预评价及为可行性研究安排的勘察、测量、试验等以及在初步设计之前进行设计或方案比选、工程咨询和评估等支付的费用。

前期工作费按国家和有关部门规定的标准计算。

11. 勘察设计费

指初步设计和施工图设计的勘察费、设计费(包括非标设计费)、概预算编制费,但不包括临时工程设计费。

勘察设计费按国家颁发的工程勘察设计费标准和有关规定计算。

12. 研究试验费

指为初步设计和施工图设计提供或验证设计参数、数据资料进行必要的研究试验所需的费用,按照设计要求在施工过程中必须进行的试验所需的费用以及支付科研成果、技术专利等的一次性技术转让费。

研究试验费按设计提出的研究试验内容和要求计算。

13. 供电贴费

指本建设项目按规定应缴付的供电工程贴费。

供电贴费按国家和有关部门规定的标准计算。

14. 施工专用设备购置费

指经批准需增加的专用施工船机、设备等的购置费或改装费。

计算办法:设备购置费,根据设计提出的设备清单,按照设备原价和运杂费计算组成;需改装的船机、设备,根据相关规定计算或根据已有资料估算。

15. 实船试航费

指航道整治工程中新开发的航道、整治后提高通航等级的航道和渠化后的航道,在竣工验收前按设计要求的通航船舶吨级、编队及载量的要求,组织一次实船通航试验所发生的费用。

费用内容:试航船队准备费、航行费,护航船舶航行费,施工单位及其他单位参加实船试航人员的人工费和公杂费。

计算办法:根据试航天数,按营运船舶的费用标准及有关规定计算。

16.航道整治效果观测费

指竣工验收前对整治后的航道区段在不同水位下进行水下地形和水文情况的观测,用以验证模型试验、验证整治效果等所发生的测量费和其他工作费。

计算办法:参照《工程勘察取费标准》和有关规定计算。

17.整治河段竣工前测量费

指新开发航道、提高通航等级的航道和渠化后的航道,在竣工验收前所进行的全河段航道全程图和各整治滩段的局部扩大图的测量费。

18.施工期港航安全监督费

按有关部门的规定计算。

19.断航损失补偿费

指通航河段兴建航运工程而临时断航造成损失的补偿费。

计算方法:根据断航期限、运量情况以及采取的措施等进行估算。

20.进口设备和材料的其他费

包括国内接运保管费、从属费用和技术合作费,按有关规定分别以内币或外币计列。

1)国内接运保管费

指进口设备和材料从到达港口至施工现场仓库或指定堆放地点的运杂费、保管费等费用,如合同规定的进口设备和材料的到岸价为舱底价时,还应包括卸船费。

计算办法:按进口设备(包括备品备件)和材料原价外币金额与现行牌价折算成人民币后,进口设备按0.5%～2%计算;进口材料按2%～5%计算。超限设备运输的特殊措施费,按有关规定另行计算。

2)从属费用

指进口设备和材料的外贸手续费、中国银行手续费、外国银行手续费、海关关税、增值税、海关监管手续费、商品检验费、车辆购置附加费、承诺费等。

计算办法:按国家有关规定或贷款协定计算。

3)技术合作费

技术合作费包括:

(1)为引进技术和进口设备派出人员进行设计联络、设备材料监检、培训等的差旅费,置装费和生活费用等。

(2)国外工程技术人员来华差旅费、生活费和接待费用等。

(3)国外设计及技术资料、专利和技术转让费、延期或分期付款利息等。

(4)利用外资贷款建设项目的外方监理费。

上述费用按照合同和国家有关规定计算。

21.其他

指根据建设任务的需要,必须在建设项目列支的其他费用,例加施工机构迁移费、水资源费、工程保险费等。

(三)预留费用

预留费用包括基本预备费和物价上涨费。

1. 基本预备费

基本预备费系指在初步设计时难以预料的工程和费用,其内容包括:

(1)在施工图设计和施工过程中,因局部的结构变更、标准的改变以及局部设计条件的变化等所增加的费用。

(2)一般自然灾害造成的损失和预防自然灾害所采取的措施费用以及为保证正常的航运生产而对施工造成干扰等所增加的费用。

(3)组织竣工验收时,必须开挖和修复隐蔽工程的费用。

基本预备费以工程费用和其他费用之和为计算基础,按5%计算。外币部分的基本预备费按外币计列。

2. 物价上涨费

物价上涨费系指在工程建设期内由于价格的上涨引起工程造价的变化而增加的投资额。物价上涨费应根据合理建设工期和分年度投资(仅限工程费用和其他费用,不含土地使用费)按年投资价格指数计算。计算公式为:

$$E = \sum_{n=1}^{N} F_n [(1+P)^n - 1]$$

式中:E 为物价上涨费;N 为合理建设工期(按施工条件设计确定);n 为建设年度;P 为年投资价格指数,以国家或有关部门发布的价格指数为准,现行年投资价格指数为6%;F_n 为第 n 年的年度投资额。

(四)固定资产投资方向调节税

根据1991年中华人民共和国国务院令第82号《中华人民共和国固定资产投资方向调节税暂行条例》和1991年国家税务局国税发[1991]113号《中华人民共和国固定资产投资方向调节税暂行条例实施细则》以及1991年国家计委(现发改委)、国家税务局计投资[1991]1045号《关于实施＜中华人民共和国固定资产投资方向调节税暂行条例＞的若干补充规定》,应缴纳的固定资产投资方向调节税。

(五)建设期贷款利息

建设期贷款利息系指建设项目投资中分年度使用国内贷款或国外贷款部分,在建设期内应归还的工程贷款利息。国外贷款部分利息按外币计列。

在编制概算时,建设期贷款利息可根据需付息的分年度投资(包括工程费用、其他费用、基本预备费、物价上涨费和固定资产投资方向调节税)按现行利率计算。

计算公式为:

$$\text{建设期贷款利息} = \sum[\text{本年初需付息贷款本息累计} + (\text{本年度付息贷款} \div 2)] \times \text{年利率}$$

(六)铺底流动资金

指新建项目建成投产初期需要的流动资金。有老企业作依托进行改建或扩建的项目所需的流动资金,由老企业自筹解决,原则上不得计列此项费用。

铺底流动资金按流动资金计划需要量的30%计列。

第七节　沿海港口建设工程设计概算的编制

一、建设项目总概算费用构成

总概算按其投资构成分为工程费用、其他费用、预留费用、建设期贷款利息四大部分，参见图 6-3。其费用构成分解与内河航运建设项目总概算不同之处，在于其他费用。

沿海港口建设工程项目总概算的其他费用由以下费用构成：土地征用及拆迁补偿费、建设单位管理费、工程建设监理费、工程质量监督费、定额编制管理费、联合试运转费、工器具及生产家具购置费、生产职工培训费、办公和生活家具购置费、前期工作费、勘察设计费、研究试验费、扫海费、进口设备和材料的其他费、其他。

二、建设项目总概算费用计算

沿海港口建设工程项目总概算各组成费用计算与内河航运建设项目相应费用计算的方法基本相同，差别在于费率的取值不同。

第八节　×港×作业区♯1、♯2 泊位工程概算

一、编制说明

（一）编制依据

（1）某设计院×港×作业区♯1、♯2 泊位工程码头及栈桥工程初步设计图纸及有关资料；

（2）交通部 2004 年版《沿海港口建设工程概算预算编制规定》；

（3）交通部 2004 年版《沿海港口水工建筑工程定额》；

（4）交通部 2004 年版《沿海港口水工建筑工程参考定额》；

（5）交通部 2004 年版《水运工程混凝土和砂浆材料用量定额》；

（6）交通部 2004 年版《沿海港口水工建筑及装卸机械设备安装工程船舶机械艘（台）班费用定额》；

（7）交通部 1997 年版《疏浚工程预算定额》；

（8）交通部 1997 年版《疏浚工程概算预算编制规定》；

（9）交通部 1997 年版《疏浚工程船舶艘班费用定额》；

（10）×省×区工程造价信息（2007 年第 3 期）。

（二）其他

（1）疏浚工程：用耙吸挖泥船施工外抛，卸泥运距按 22km 考虑；

（2）混凝土预制构件水运按 130km 考虑；

（3）港作船考虑租用；

（4）资金筹措：按施工期 2 年，工程总投资的 65％为商业贷款，贷款年利率为 6.39％。

(三)总投资

初步设计的推荐方案,其总投资为:89 388.55 万元。

(四)附总概算表及各单位工程概算表

二、×港×作业区♯1、♯2 泊位工程码头及栈桥工程概算表

(1)×港×作业区♯1、♯2 泊位工程项目总概算表,见表 6-26。

(2)×港×作业区♯1 泊位单位工程概算表,见表 6-27。

(3)×港×作业区♯1 栈桥单位工程概算表,见表 6-28。

(4)×港×作业区♯1、♯2 泊位工程项目疏浚单位工程概算表,见表 6-29。

(5)×港×作业区♯1、♯2 泊位工程项目自控工程概算表,见表 6-30。

(6)×港×作业区♯1、♯2 泊位工程项目供电照明工程概算表,见表 6-31。

(7)其余表格略。

表 6-26 总概算表

工程名称:×港×作业区♯1、♯2 泊位工程项目 (单位:万元)

序号	工程项目或费用名称	单位	数量	总价
	总投资			89 388.55
Ⅰ	工程费用			74 053.20
一	水工工程			44 737.85
1	♯1 泊位	m	334	21 918.79
2	♯2 泊位	m	266	9 123.49
3	转角平台	m	40	1 125.61
4	♯1 栈桥	m	590.70	8 054.27
5	♯2 栈桥	m	466.90	4 515.69
二	疏浚工程	万方	87.30	1 919.52
三	工艺设备购置及安装工程	项	1	22 453.55
四	港作车辆	项	1	285.00
五	土建工程	项	1	1 110.67
六	给排水、消防及环保工程	项	1	316.11
七	供电照明工程	项	1	2 373.40
八	控制工程	项	1	588.98

续表 6-26

序号	工程项目或费用名称	单位	数量	总价
九	通信导航工程	项	1	88.12
十	暖通工程	项	1	30.00
十一	临时工程	项	1	150.00
Ⅱ	其他费用			7 969.09
一	海域使用费	项	1	300.00
二	建设单位管理费	项	1	2 528.00
三	工程建设监理费	项	1	651.47
四	工程质量监督费	项	1	94.88
五	定额编制管理费	项	1	41.28
六	联合试运转费	项	1	157.17
七	工器具及生产家具购置费	项	1	359.26
八	生产职工培训费	人	115	115.00
九	办公和生活家具购置费	人	115	115.00
十	前期工作费	项	1	1 710.00
十一	勘察设计费	项	1	1 190.00
十二	研究试验费	项	1	300.00
十三	扫海费	项	1	50.00
十四	招标代理费	项		134.87
十五	工程保险费	项	1	222.16
Ⅲ	预留费用			4 101.11
一	基本预备费	项	1	4 101.11
	Ⅰ+Ⅱ+Ⅲ			86 123.40
Ⅳ	建设期贷款利息	项	1	3 265.14

表 6-27 单位工程概算表

工程名称：＃1 泊位工程(334m×31m,排架间距 10m)工程代号：＃1BW21　　一类工程

序号	定额编号	分部分项工程名称	单位	工程量	基价(元)		市场价(元)	
					单价	合计	单价	合计
1	0L	购置钢管桩	t	16 983.00	4 000.00	67 932 000	6 500.00	110 389 500
2	2228 *	打桩船打钢管桩(Φ130cm)L≤88m,三级土,斜桩,长引桥	根	144.00	28 083.36	4 044 004	31 022.89	4 467 296
3	2228 *	打桩船打钢管桩(Φ130cm 内)L≤85m,三级土,长引桥	根	140.00	22 832.95	3 196 613	25 222.96	3 531 214
4	4121 *	水上(搅拌船)现浇桩心混凝土,C45 高性能	方	2 007.00	1 612.45	3 236 187	1 987.71	3 989 334
5	3038 *	预制预应力纵梁,10 方内/根,C45 高性能	方	385.00	1 185.63	456 468	1 418.95	546 296
6	3039 *	预制预应力纵梁,20 方内/根,C45 高性能	方	1 786.00	1 131.74	2 021 288	1 357.96	2 425 317
7	3040 *	预制预应力轨道梁,30 方内/根,C45 高性能	方	1 564.00	1 118.03	1 748 599	1 343.34	2 100 984
8	3186	水上安装预制纵梁,20t 内/根,运距:130km	件	60.00	1 462.25	87 735	1 841.51	110 491
9	3187	水上安装预制纵梁,30t 内/根,运距:130km	件	150.00	2 085.45	312 818	2 660.59	399 089
10	3182	水上安装预制轨道梁,60t 内/根,运距:130km	件	60.00	3 740.89	224 453	4 809.95	288 597
11	3098	预制实心平板,15 方内/块,C45 高性能	方	2 263.00	786.25	1 779 284	960.36	2 173 295
12	3207	水上安装实心平板,30t 内/块,运距:130km	件	180.00	2 213.46	398 423	2 818.62	507 352
13	3111 *	预制靠船构件,C45 高性能	方	638.00	1 260.91	804 461	1 469.08	937 273
14	3227	水上安装靠船构件,40t 内/件,运距:130km	件	35.00	5 164.97	180 774	6 602.69	231 094
15	3028 *	预制横梁,10 方内/根,C45 高性能	方	975.00	1 121.30	1 093 268	1 351.90	1 318 103
16	3179	水上安装预制横梁,20t 内/根,运距:130km	件	70.00	1 458.72	102 110	1 838.47	128 693
17	3180	水上安装预制横梁,30t 内/根,运距:130km	件	35.00	2 080.94	72 833	2 656.63	92 982
18	4081 *	水上(搅拌船)现浇纵梁,C45 高性能	方	1 194.00	1 181.56	1 410 783	1 465.44	1 749 735
19	4085 *	水上(搅拌船)现浇悬臂纵梁,C45 高性能	方	639.00	1 473.49	941 560	1 809.77	1 156 443
20	4081 *	水上(搅拌船)现浇横梁,C45 高性能	方	5 162.00	1 181.56	6 099 213	1 465.44	7 564 601
21	4109 *	水上(搅拌船)现浇面板,C45 高性能	方	1 142.00	1 083.61	1 237 483	1 298.65	1 483 058
22	4113 *	水上(搅拌船)现浇悬臂板,C45 高性能	方	2 440.00	1 089.87	2 659 283	1 327.28	3 238 563
23	4177	水上(搅拌船)现浇磨耗层,C40	方	654.00	361.71	236 558	434.34	284 058
24	4058	现浇混凝土护轮坎,C40	方	47.00	838.99	39 433	995.85	46 805
25	4103 *	水上搅拌船现浇管桩桩帽(双桩),C45 高性能	方	3 053.00	1 257.48	3 839 086	1 528.86	4 667 610
26	4168 *	水上(搅拌船)现浇混凝土系船柱块体,C45 高性能	方	12.00	699.78	8 397	846.30	10 156
27	6007	购安 QU100 钢轨	延米	668.00	322.11	215 169	975.37	651 547
28	6028	水上安装系船柱(系船柱能力 1 500kN)	个	16.00	10 828.90	173 262	16 763.89	268 222
29	6091	水上安装橡胶护舷 SUC1700H,二鼓一板	套	31.00	8 015.73	248 488	9 803.57	303 911
30	6078 *	水上安装橡胶舷梯,H300 * L3000	套	3.00	729.35	2 188	828.46	2 485
31	0L	购置橡胶护舷,SUC1700H * 2 * 1	套	31.00	312 836.00	9 697 916	312 836.00	9 697 916
32	0L	购置橡胶舷梯,H300 * L3000	套	3.00	11 016.00	33 048	11 016.00	33 048
33	0L	钢管桩阴极保护	根	852.00	8 000.00	6 816 000	8 000.00	6 816 000
34	0L	钢管桩防腐涂层	m^2	48 019.00	140.00	6 722 660	140.00	6 722 660
35	0L	混凝土防腐抗裂	项	1.00	2 843 570.00	2 843 570	2 843 570.00	2 843 570
36	0L	桩顶加固,桩尖处理	根	284.00	15 000.00	4 260 000	15 000.00	4 260 000
37	0L	挖泥	方	141 162.00	25.00	3 529 050	25.00	3 529 050
定额直接费合计:						138 704 465		188 966 348
定额直接费合计:　(概算扩大系数:1.05)						145 639 688		198 414 665
人工费						3 346 665		3 346 665
材料费						128 437 612		178 990 008
船机费						13 855 427		16 078 030
一般水工工程:2～30						38 713 732		46 908 334
外购橡胶护弦(水工):31～32						10 217 512		10 217 512
外购钢桩、大型钢结构、钢拉杆(水工):1						71 328 600		115 908 975
不取费项(计税):33～37						25 379 844		25 379 844
各项取费合计:								20 773 180
建筑工程费合计:						170 972 087		219 187 845

表 6-28　单位工程概算表

工程名称：♯1 栈桥（L＝590.7m）　工程代号：♯1YQ－P2　一类工程

序号	定额编号	分部分项工程名称	单位	工程量	基价（元）		市场价（元）	
					单价	合计	单价	合计
1	0L	购置钢管桩	t	4 617.00	4 000.00	18 468 000	6 500.00	30 010 500
2	2216 *	打桩船打钢管桩（Φ100cm），L≤77m，三级土，斜桩	根	124.00	20 545.85	2 547 685	22 693.31	2 813 970
3	4121 *	水上（搅拌船）现浇桩心混凝土，C45 高性能	方	395.00	1 614.53	637 739	1 989.79	785 967
4	74C	水上灌注桩混凝土	方	561.00	352.04	197 494	426.72	239 390
5	75C	水上灌注桩混凝土，钢筋加工	t	101.00	3 610.15	364 625	4 582.97	462 880
6	63C	回旋钻机水上钻孔灌注桩（120cm 内，孔深 50m 内），抛石层	m	236.00	2 961.62	698 942	3 062.90	722 844
7	62C	回旋钻机水上钻孔灌注桩（120cm 内，孔深 50m 内），V 类土	m	167.00	1 532.46	255 921	1 584.38	264 591
8	13C	水上灌注桩护筒埋设（水深 10m 内）	t	130.00	5 308.95	690 164	7 882.08	1 024 670
9	11C	水上灌注桩工作平台（水深 10m 内）	m^2	216.00	272.86	58 938	341.89	73 848
10	76C	水上灌注桩桩头处理	根	9.00	133.89	1 205	155.17	1 397
11	3055 *	预制混凝土箱形梁（汽车塔吊工艺），C45 高性能	方	5 370.00	666.88	3 581 146	719.68	3 864 682
12	3542	非预应力钢筋加工（预应力构件），箱梁	t	725.00	3 128.75	2 268 344	3 987.25	2 890 756
13	0L	钢绞线加工	t	268.50	15 000.00	4 027 500	15 000.00	4 027 500
14	3182 *	水上安装预制箱梁，60t 内/根，运距：130km	件	211.00	4 559.74	962 105	5 806.79	1 225 233
15	4109 *	水上搅拌船现浇面板，C45 高性能	方	3 603.00	1 102.28	3 971 515	1 322.58	4 765 256
16	4083 *	水上搅拌船现浇横梁，C45 高性能	方	3 323.00	1 315.27	4 370 642	1 610.48	5 351 625
17	4058	陆上现浇混凝土护栏，C40	方	286.00	838.99	239 951	995.85	284 813
18	4144	水上搅拌船现浇墩台（桩基式），C40	方	411.00	844.69	347 168	1 039.84	427 374
19	0L	钢管桩阴极保护	根	248.00	8 000.00	1 984 000	8 000.00	1 984 000
20	0L	钢管桩防腐涂层	m^2	16 128.00	140.00	2 257 920	140.00	2 257 920
21	0L	桩顶加固，桩尖处理	根	124.00	15 000.00	1 860 000	15 000.00	1 860 000
22	0L	混凝土防腐抗裂	项	1.00	2 143 470.00	2 143 470	2 143 470.00	2 143 470
23	0L	泥浆外运	方	561.00	50.00	28 050	50.00	28 050
定额直接费合计：					51 962 524		67 510 736	
定额直接费合计：（概算扩大系数：1.05）					54 560 650		70 886 263	
人工费					2 445 708		2 445 708	
材料费					44 394 791		59 593 168	
船机费					7 720 155		8 847 388	
一般水工工程：2～12，14～18					22 253 263		26 459 261	
外购钢桩、大型钢结构、钢拉杆（水工）：1					19 391 400		31 511 025	
不取费项（计税）：13，19～23					12 915 987		12 915 987	
各项取费合计：							9 656 451	
建筑工程费合计：					64 817 971		80 542 724	

表 6-29 疏浚工程概算表

工程名称:×港×作业区♯1、♯2泊位工程 (单位:元)

序号	项目	费用汇总(元)	备注
1	一、直接工程费	10 406 551	
2	(一)定额直接费	8 971 696	
3	(1)挖运抛(吹)泥费	8 882 164	
4	(2)开工展布、收工集合费	89 532	
5	(3)管线安拆费		
6	(4)管架安拆费		
7	(5)其他		
8	(6)调整数		
9	(二)其他直接费	806 836	
10	(1)卧冬费		
11	(2)山区航道施工增加费		
12	(3)疏浚测量费	61 110	
13	(4)施工浮标抛撤及使用维护费	240 000	
14	(5)浚前扫床费	18 000	
15	(6)施工队伍调遣费	487 726	
16	(7)其他		
17	(8)调整数		
18	(三)现场经费	628 019	
19	(1)临时设施费	179 434	
20	(2)现场管理费	448 585	
21	二、间接费	1 144 721	
22	(一)企业管理费	1 040 655	
23	(二)财务费用	104 066	
24	三、计划利润	808 589	
25	四、专项费用	5 323 557	
26	(一)燃料价差	4 962 285	合计:1 526.857t
27	(二)船员人工费价差	99 372	合计:1 399.6 人工月
28	(三)其他	261 900	
29	五、税金	597 700	
30	六、合计	18 281 118	
31	七、土方单价(元/方)	20.940 6	合计:87.3 万方
32	八、调整系数	1.05	
33	九、调整后合计	19 195 174	
34	十、调整后土方单价(元/方)	21.987 6	

表 6-30　自控工程概算表

工程名称：×港×作业区＃1、＃2 泊位工程　（单位：元）

序号	设备材料名称	型号规格	单位	数量	综合单价	合价
一	可编程序控制器					2 060 472
1	中央机架	CS1D－BC052 5SLOTS	个	1	14 860	14 860
2	扩展机架	CS1D－BI092 9SLOTS	个	5	16 750	83 750
3	电源模块	CS1D－PA207R	块	12	8 103	97 236
4	CPU 模块	CS1D－CPU65H	块	2	57 797	115 594
5	热备模块	CS1D－DPL01	块	1	16 698	16 698
6	CLK 模块	CS1W－CLK52－V1	块	2	36 589	73 178
7	通信模块	CSIW－SCU21	块	3	13 788	41 364
8	AI 模块	CS1W－AD081 8 路	块	6	13 165	78 990
9	DI 模块	CS1W－ID211 DC24V 16Pt.	块	30	2 900	87 000
10	DO 模块	CS1W－OD212 DC24V 16Pt.	块	9	4 746	42 714
11	扩展电缆	CS1W－CN313 WYE 0.3m	条	3	1 467	4 401
12	扩展电缆	CS1W－CN223 WYE 2m	条	2	2 871	5 742
13	扩展电缆终端	HZBF－TB01B5008	条	1	870	870
14	通信电缆	RS232C	条	1	2 175	2 175
15	光缆	8 芯多模光缆	m	1 500	26	39 000
16	编程软件		套	1	60 000	60 000
17	应用软件	梯形图	套	1	360 000	360 000
18	监控软件	WINDOWS 界面 鼠标操作	套	1	180 000	180 000
19	直流电源	AC220V/DC24V 12A 输出 开关电源	台	1	2 900	2 900
20	PLC 柜	含端子排、内部接线等	台	3	58 000	174 000
21	继电器柜	含继电器、端子排、内部接线等	台	2	116 000	232 000
22	稳压电源	220V 10kVA 30min	台	1	87 000	87 000
23	UPS 电源	BEST628 10kVA	台	1	261 000	261 000
二	现场控制设备					250 850
1	电机现场控制箱	IP65 非标	个	10	11 600	116 000
2	现场接线箱	IP65 非标	个	30	2 175	65 250
3	声光报警箱	220V	个	40	1 740	69 600
4	皮带机保护装置	皮带机配	项	1		
三	控制电缆及敷设材料					3 575 600
1	控制电缆	KVVRP－30X1.5	m	2 400	75	180 000
2	控制电缆	KVVRP－24X1.5	m	2 400	67	160 800
3	控制电缆	KVVRP－14X1.5	m	3 400	49	166 600
4	控制电缆	KVVRP－10X1.5	m	4 800	41	196 800
5	控制电缆	KVVRP－4X1.5	m	14 000	23	322 000
6	控制电缆	KVVRP－4X2.5	m	2 500	26	65 000
7	其他控制电缆		项	1	217 500	217 500
8	光缆	四芯多模光缆	m	2 500	17	42 500
9	屏蔽双绞线		m	2 000	36	72 000
10	电缆桥架(托盘式)	300×150	m	1 400	653	914 200
11	电缆桥架(托盘式)	200×150	m	600	508	304 800
12	电缆桥架附件	支架、托臂等	项	1	480 000	480 000
13	镀锌钢管	G40	t	5	8 500	42 500
14	镀锌钢管	G25	t	3	8 500	25 500
15	挠管	G25～G40	条	300	218	65 400
16	安装零星材料		项	1	320 000	320 000
四	合计 一＋二＋三					5 886 922

表 6-31　供电照明工程概算表

工程名称:×港×作业区♯1、♯2 泊位工程　(单位:万元)

序号	名称	规格	单位	数量	综合单价	合价
1	电力变压器	SC10－315/66/0.4kV	台	2	20.15	40.30
2	高压开关柜	KYN－12	台	28	21.70	607.60
3	高压电容器柜		组	2	67.20	134.40
4	低压配电屏	GCL 型	台	8	9.10	72.80
5	低压电容器屏	GCJ 型	台	2	7.70	15.40
6	直流电源屏	DC220V,60Ah	套	1	21.70	21.70
7	控制台		台	2	1.12	2.24
8	变电所微机综合保护系统		项	1	56.00	56.00
9	高压接电箱		台	4	2.80	11.20
10	维修电源配电箱		台	25	1.12	28.00
11	岸电箱		台	4	1.12	4.48
12	辅助设备配电箱		台	4	2.10	8.40
13	12m 路灯柱	12m 2×400W	套	19	0.91	17.29
14	10m 路灯柱	10m 400W	座	19	0.77	14.63
15	8m 路灯柱	8m 250W	座	15	0.63	9.45
16	高压电力电缆	YJV22－10kV(3×400)	km	1.5	126.15	189.23
17	高压电力电缆	YJV22－10kV(3×185)	km	0.6	52.55	31.53
18	高压电力电缆	YJV22－10kV(3×120)	km	5.8	38.30	222.14
19	低压电力电缆	YJV22－1kV(3×185＋95)	km	2.95	66.20	195.29
20	低压电力电缆	YJV22－1kV(3×150＋70)	km	0.72	51.58	37.14
21	低压电力电缆	YJV22－1kV(3×120＋70)	km	0.45	43.74	19.68
22	低压电力电缆	YJV22－1kV(3×95＋50)	km	1.85	34.03	62.96
23	低压电力电缆	YJV22－1kV(3×70＋35)	km	1.98	25.07	49.64
24	低压电力电缆	YJV22－1kV(3×50＋25)	km	1.02	17.84	18.20
25	低压电力电缆	YJV22－1kV(4×35)	km	0.7	14.11	9.88
26	低压电力电缆	YJV22－1kV(3×35＋16)	km	0.12	13.32	1.60
27	低压电力电缆	YJV22－1kV(4×25)	km	1.77	10.95	19.38
28	低压电力电缆	YJV22－1KV(4×10)	km	1.95	5.53	10.78
29	其他型号电缆、电线		项	1	11.20	11.20
30	变电所照明		项	1	12.60	12.60
31	电缆桥架	600×150	km	1.2	111.06	133.27
32	电缆桥架	500×150	km	0.55	97.0	53.35
33	电缆桥架	400×150	km	0.45	66.4	29.88
34	电缆桥架	300×150	km	1.35	55.1	74.39
35	电缆桥架	200×150	km	0.5	46.01	23.01
36	电缆桥架附件		项	1	87.89	87.89
37	港区防雷与接地保护		项	1	14.00	14.00
38	镀锌钢管	DN50～125	t	10	0.85	8.50
39	其他零星材料		项	1	14.00	14.00
40	合计					2 373.43

思 考 题

1. 概、预算的作用是什么?

2. 概、预算的编制依据是什么?

3. 概、预算文件组成有哪些?

4. 沿海港口建设工程的单位工程概、预算费用的组成有哪些? 分别如何计算?

5. 内河航运建设工程单位工程概、预算费用的组成有哪些? 分别如何计算?

6. 沿海港口建设工程总概算费用包括哪些? 分别如何计算?

7. 内河航运建设工程总概算费用包括哪些? 分别如何计算?

8. 已知某分项工程数量为 1 500m^3:基价定额直接费为 800 元/100m^3,定额直接费为 1 000 元/100m^3,其他直接费费率、现场经费费率、间接费费率、利润率、税率依次为 8%、12%、10%、5%、4%,求税金。

9. 某重力式码头,根据施工图工程量计算出定额直接费为 5 760 万元,基价定额直接费为 5 000 万元,独立计算的费用为 100 万元,试计算该工程项目的预算金额并完成下表(其中相关费率分别为:其他直接费 5%,临时设施费 3%,现场管理费 7%,企业管理费 4%,财务费 1%,计划利润 7%,税金 3%,计算结果保留整数)。

××工程项目的预算费用计算表

序号	项目	计算式	金额(万元)
(一)	基价定额直接费		
(二)	定额直接费		
(三)	其他直接费		
(四)	临时设施费		
(五)	现场管理费		
(六)	直接工程费		
(七)	企业管理费		
(八)	财务费用		
(九)	计划利润		
(十)	税金		
(十一)	专项费用	要加税 100×(1+3%)	
(十二)	单位工程概(预)算金额		

附录1　内河航运各类建设项目单项、单位工程的划分

一、航运枢纽工程

(一)航务建筑工程

船闸、升船机、码头、挡水坝、节制闸、水闸、护岸、导航墩、靠船墩及软基加固等。

(二)大型土石方工程

陆域挖、填土石方工程,吹填造陆等。

(三)设备购置及安装工程

(1)水运设备购置及大型钢结构制作及安装;

(2)电站有关设备购置及安装;

(3)机修及其他设备购置及安装。

(四)土建工程

电站厂房以及各种生产、生活设施用房及构筑物。

(五)交通运输工程

道路、桥涵等。

(六)航道疏浚工程

(七)供电照明及通信导航工程

(八)临时工程

施工导流、围堰、施工排水等。

(九)外部配套工程

对外交通工程等。

(十)其他工程

二、通航建筑工程

(一)航务建筑工程

船闸、升船机、护岸、导航墩、靠船墩、软基加固等。

(二)大型土石方工程

闸室、引航道开挖土方、石方,陆域回填土石方等。

(三)设备购置及大型钢结构制作安装工程

(1)通航设备购置及安装;

(2)大型钢结构制作及安装;

(3)机修及其他设备购置及安装;

(4)其他设备。

(四)土建工程

各种生产、生活设施用房及构筑物等。

(五)交通运输工程

道路、桥涵等。

（六）控制工程

（七）供电照明、通信工程

（八）外部配套工程

（九）临时工程

（十）其他工程

三、内河港口工程

（一）航务建筑工程

码头、栈桥、引境、护岸、防汛墙、港作堆场及道路、软基加固等。

（二）大型土石方工程

陆域挖、填土石方工程，吹填造陆等。

（三）港池、锚地及进港航道疏浚工程

（四）设备购置及安装工程

(1)装卸工艺设备购置及安装；

(2)港作车船购置；

(3)机修及其他生产设备购置及安装。

（五）土建工程

(1)仓库、货棚、机械库、机修车间等；

(2)港区作业区办公用房、候工楼及其他生产、生活用房；

(3)宿舍、港外生活及福利设施等。

（六）交通运输工程

港内铁路、道路、桥涵。

（七）供电照明工程

电源设施、输电线路、港区网、变(配)电站等。

（八）给排水工程

水源设施、水塔、给水管道、雨污水排管等。

（九）其他工程

(1)通信导航工程：有线通信、无线通信、调度电话、港区广播系统等；

(2)控制工程：计算机控制系统、闭路电视等；

(3)采暖通风工程；

(4)消防工程、燃油供应设施；

(5)环保工程。

（十）临时工程

（十一）港外配套工程

四、航道整治工程

（一）大型土石方工程

陆上爆破石方、新开河道挖土方、陆域回填等。

(二)炸礁工程

炸礁、清渣。

(三)筑坝工程

各种丁坝、顺坝、锁坝、潜坝等。

(四)护岸工程

(五)疏浚工程

(六)通信、导航工程

(七)临时工程

围堰、施工排水等。

(八)其他工程

附录2　概(预)算表格

总概算表

工程名称:________________　　　　概(预)表一(共　页第　页)

序号	单项(单位)工程概算表编号	工程或费用项目名称	概算价值(万元)					技术经济指标			占总投资(%)	备注
			建筑工程费	安装工程费	设备购置费	其他费用	合计	单位	数量	单位价值(元)		
1	2	3	4	5	6	7	8	9	10	11	12	13

审核:　　　　复核:　　　　编制:

内外币总概算表

建设项目名称　　　　概(预)表二

序号	单项(单位)工程概算表编号	工程或费用项目名称	概算价值　　单位:内币(　　);外币(　　)									
			建筑工程费		安装工程费		设备购置费		其他费用		合计	
			内币	外币	内币	外币	内币	外币	内币	外币	内币	外币

审核:　　　　复核:　　　　编制:

单位工程概算表

工程名称：　　　　**工程代号：**　　　　**概(预)表三**

序号	定额号	分部分项工程名称	单位	工程数量	基价(元)		市场价(元)		备注
					单价	合价	单价	合计	
	合计								
定额直接费合计：(概算扩大系数：)									
其中：人工费：									
材料费：									
船机费：									
施工取费合计：									
专项费用：									
单项(单位)工程费合计：									

审核：　　　　**复核：**　　　　**编制：**

单项(单位)工程预算表

工程名称：　　　　**工程代号：**　　　　**概(预)表四**

序号	定额号	分部分项工程名称	单位	工程数量	基价(元)		市场价(元)				
					单价	合价	单价	合价	人工费	材料费	船机费
	合计										
定额直接费合计：											
施工取费合计：											
专项费用：											
单项(单位)工程费合计：											

审核：　　　　**复核：**　　　　**编制：**

主要材料汇总表

建设项目名称：　　**概(预)表五**

序号	单项(单位)工程概(预)算表编号	工程或费用项目名称	钢材(t)	水泥(t)	板枋材(m^3)						

补充单位估价表

定额项目名称：________ 单位：________ 编号：________　　**概(预)表六**

费用项目名称		单位	单价	数量	合价	编制依据及说明
合计						
其中	人工费					
	材料费					
	船机费					

第七章　P3 软件在水运工程施工组织中的应用

第一节　工程项目管理软件应用概述

随着时代的进步，工程项目越来越大，项目内容越来越复杂，项目资源也越来越多，在制订项目计划和项目计划的实施控制过程中，越来越离不开用计算机进行处理。制订项目计划是个科学决策过程，先进的项目管理决策模型越来越多，无论是 CPM、PERT、非线性规划，还是蒙特卡洛法的应用，它们的求解都离不开计算机。项目计划的实施是动态变化的过程，这就必然导致信息的数量和种类剧增，必须采用先进的技术和手段来处理大量信息，这更离不了计算机。

随着计算机软硬件技术和管理科学的飞速发展及其与工程建设管理长期的实践结合，国内外出现了众多的项目管理计算机软件。

一、项目管理软件的发展历程

计算机在项目管理中的应用是在 20 世纪 50 年代随着网络计划技术的出现而开始的。1956 年和 1957 年相继出现的由杜邦公司与兰德公司开发的 CPM（关键路径法）和美国海军开发的 PERT（计划评审技术），使得计算机在项目管理上的应用成为可能。初期项目管理软件的应用是以进度计划的制定和管理为主，而且其应用对象主要是在少数国家的军事、公共事业和某些大企业的工程项目计划与实施管理。

计算机项目管理软件加速发展的契机出现在 80 年代，随着 PC 的出现和普及，基于 PC 的项目管理软件得到了迅速普及。1982 年出现了第一个基于 DOS 的项目管理软件产品。80 年代中后期，项目管理软件实现了从对单一项目到同时对多个项目进行管理的飞跃，从 DOS 下的字符式软件到完全的图形方式软件的飞跃。但在这一时期，因软件开发公司规模、计算机硬件平台、软件开发运行平台和开发手段等多方面因素的制约，软件的功能和使用效果不能尽如人意。80 年代后期到 90 年代中期，随着计算机软、硬件技术的发展和各类具有特定功能的项目管理软件的日渐成熟，各软件公司以某个（或几个）具有特定功能的项目管理软件为基础，逐步地将各个相关功能进行集成。这一时期出现了很多优秀的多种功能集成的项目管理软件，包括集成了进度管理、资源管理和费用管理的 Primavera P3，集成了进度管理、资源管理、费用管理和风险管理的 Welcom Open Plan，此外还有很多价格低廉、通用性强的项目管理软件，包括 Microsoft Project、Symantec Timeline、CA – Superproject 等。

90 年代中期随着互联网普及，基于互联网的各种应用蓬勃发展。同样，基于互联网的项目管理软件和项目管理模式也开始出现，并迅速得到众多项目参与方的认可和推广。很多建筑企业都将其新系统的范围由企业内部的 LAN（局域网）扩展到 Intranet（企业内部互联网)和 Extranet(企业外部网)的范围上,几乎所有项目管理软件开发商都在其软件当中加入了支持互联网的功能。

目前,项目管理软件正在朝着网络化、智能化、个性化和集成化的方向发展。大多数软件具有良好的开放性和支持开放的后台数据库,可以根据用户的要求选择不同的后台数据库,使得用户可以将所购置的软件与其他系统进行集成。此外,各软件开发商都倾向于向用户提供一体化的解决方案。

二、工程项目管理软件分类

目前在工程项目管理中使用的管理软件数量多、应用面广,几乎覆盖了工程项目管理全过程的各个阶段和各个方面,为更好地了解工程项目管理软件的应用,有必要对其进行分类。

按照项目管理软件提供的基本功能来分,主要包括进度计划管理、费用管理、资源管理、风险管理、交流管理和过程管理等,这些基本功能有些独立构成一个软件,大部分则是与其他某个或某几个功能集成构成一个软件。

(一)进度计划管理

对于工程项目建设来说,时间是最重要的资源。基于网络技术的进度计划管理功能是工程项目管理中开发最早、应用最普遍、技术上最成熟的功能,它也是目前绝大多数面向工程项目管理的信息系统的核心部分。

具备该类功能的软件至少应能做到:定义作业(也称为任务、活动),并将这些作业用施工组织的逻辑关系连接起来;计算关键路径;时间进度分析;资源平衡优化;实际的计划执行状况;输出报告,包括甘特图和网络图等。

(二)费用管理

费用(或成本)管理系统确定项目的价格。最简单的费用管理是用于增强时间计划性能的费用跟踪功能,这类功能往往与进度计划功能集成在一起,但难以完成复杂的费用管理工作;高水平的费用管理功能应能够胜任项目寿命周期内所有费用单元的分解、分析和管理等工作,包括从项目前期的预算、报价及其分析、管理,到中期结算与分析、管理,直至后期的决算与费用分析,这类软件有些是独立使用的功能系统,有些则是与合同事务管理功能集成的。

费用管理应提供的功能包括:投标报价、预算管理、费用预测、费用控制、绩效检测和差异分析。

(三)资源管理

项目管理软件中涉及的资源有狭义和广义资源之分。狭义资源一般是指在项目实施过程中实际投入的资源,如人力资源、施工机械、材料和设备等;广义资源除了包括狭义资源外,还包括其他诸如工程量、影响因素等有助于提高项目管理效率的因素。

资源管理功能应包括:拥有完善的资源库,能自动调配所有可用的资源,能通过与其他功能的配合提供资源需求,能对资源需求和供给的差异进行分析,能自动或协助用户通过不同途径解决资源冲突问题。

(四)风险管理

变化和不确定性的存在使项目总是处在风险的包围中,这些风险包括时间上的风险(如零时差或负时差)、费用上的风险(如过低估价)、技术上的风险(如设计错误)等。针对这些风险的风险管理技术已经发展得比较完善,从简单的风险范围估计到复杂的风险模拟分析都在工程上得到了一定程度的应用。项目管理软件的风险管理功能大都采用了这些成熟的风险管理技术。风险管理功能中集成的技术包括:综合权重的三点估计法、因果分析法、多分布形式的概率分析法和基于经验的专家系统等。

项目管理软件中的风险管理功能应包括:项目风险的文档化管理、进度计划模拟、减少乃至消除风险的计划管理等。目前的风险管理软件包有独立使用的,也有和其他功能集成使用的。

(五)交流管理

交流是项目组织的核心,项目组织与管理就是从项目有关各方之间及各方内部的交流开始的。

大型项目的各个参与方经常分布在跨地域的多个地点上,大多采用矩阵化的组织结构形式,这种情况对交流管理提出了很高的要求;信息技术,特别是近些年的Internet、Intranet和Extranet技术的发展为这些要求的实现提供了可能。

目前大部项目管理软件都集成了交流管理的功能,所提供的功能包括进度报告发布、需求文档编制、项目文档管理、项目组成员间及其与外界的通讯与交流、公告板和消息触发式的管理交流机制等。

(六)过程管理

工程项目是由过程组成的,项目管理的工作就是要将这些过程集成在一起,以保证项目目标的实现。过程管理功能应是每个项目管理软件所必备的功能,它可以对项目管理工作中的项目启动、计划编制、项目实施、项目控制和项目收尾等过程提供帮助。

过程管理功能能够帮助项目组织者把项目管理方法和管理过程实现电子化和知识化。项目负责人可以为其所管理的项目确定适当的过程,项目管理团队在项目的执行过程中也可以随时对其应完成的任务进行深入的了解。

(七)多功能集成的项目管理软件套件

目前流行的项目管理软件大部分是系列化的项目管理软件,通常称为项目管理软件套件(Project Management Software Suite)。套件指的是将管理工程项目所需的信息集成在一起进行管理的一组工具。一个套件通常可以拆分为一些功能模块或独立软件,这些模块或独立软件大部分可以单独使用,但如果这些模块或独立软件组合在一起使用,可以最大限度地发挥它们的效力。这些模块或独立软件都是由同一家软件公司开发,彼此间有统一的接口,可以互相调用数据,并且功能上互为补充。

三、项目管理软件应用的意义

工程项目管理软件在我国工程建设领域的应用经历了从无到有、从简单到复杂、从局部应用向全面推广、从单纯引进或引进与开发相结合到自主开发的过程。目前,在工程建设领域应该使用项目管理软件辅助进行管理已成共识;在项目管理过程中是否使用了项目管理软件已成为衡量项目管理水平高低的标志之一。

(一)微观作用

从微观上来看,工程项目管理软件推广应用的作用表现在:

(1)提升建筑企业的核心竞争力,适应市场化竞争的要求。

(2)提高建筑企业的客户满意度,及时地获取客户需求,实现对市场变化的快速响应。

(3)可以有效提高企业的决策水平。项目管理软件的应用使企业在获取、传递、利用信息资源方面更加灵活、快捷和开放,可以极大地增强决策者的信息处理能力和方案评价选择能力,拓展了决策者的思维空间,延伸了决策者的智力,最大限度地减少了决策过程中的不确定性、随意性和主观性,增强了决策的合理性、科学性及快速反应,提高了决策的效益和效率。

(4)有效降低企业成本。项目管理软件的应用可以直接影响建筑企业价值链任何一环的成本,改变和改善成本结构。

(5)有助于理顺建筑企业内部的各种信息流程及流向,提高建筑企业的管理水平。

(6)加速知识在建筑企业的传播,同时在企业内部营造出一个重视知识、重视人才的环境。

(二)宏观作用

从宏观上看,工程项目管理软件的推广应用对于国家和整个行业的作用表现在:

(1)加速信息在建筑企业内部和工程项目建设各参与方之间的流动,实现信息的有效整合和利用,减少信息损耗。

(2)通过项目管理软件及其所代表的现代项目管理思想的应用,可以提高工程项目的管理水平,提高工程项目各参与方的管理水平,提高工程项目的整体效益,从而增强国家的综合实力。

(3)有利于建筑业迎接加入 WTO 后的挑战,适应国际化竞争。加入 WTO 以后,建筑相关行业将更直接地面对国际竞争的挑战,在全球知识经济和信息化高速发展的今天,作为项目管理工作中重要的知识管理工具——项目管理软件的推广应用已经成为决定成败的关键因素,也是建筑企业实现跨地区、跨国经营的重要前提。

四、项目管理软件使用现状与应注意的问题

20 世纪 90 年代至今,随着计算机的普及,市场上推出了不少通用和专用的项目管理软件,其功能和用户界面也在不断发展和改进,使越来越多的用户可以在短时间内学会和应用。随着 Windows 版项目管理软件的推出和流行,愈来愈多的施工项目管理人员能够运用自如,项目管理软件的应用已成为当今项目管理工作的一个主要内容。

(一)常用的项目管理软件

目前,较为流行的项目管理软件很多,如:

(1)Primavera Project Planner(简称 P3),是目前最先进的高档专业项目管理软件之一;

(2)Microsoft Project,由 Microsoft 公司开发,是应用广泛的、以进度计划为核心的项目

管理软件；

(3)梦龙智能项目管理集成系统，是国内软件公司开发的项目管理软件；

(4)Open Plan 项目管理软件，Welcom 公司开发，是一个企业级的项目管理软件。

(二)常用项目管理软件的特点

这些软件功能各异，但总体性能上有如下特点：

(1)具有进度计划、资源安排与均衡优化、成本控制等功能；

(2)图像屏幕显示、编辑、修改和输出功能。图形的显示和输出大致有 5 类，即横道图(甘特图)、网络图(可带时标)、资源直方图、S 曲线、其他图形；

(3)网络结构的自动生成功能。它可使上机和数据输入大大简化，实现数据共享，自动生成网络计划等；

(4)网络的更新和记录功能，帮助网络计划的查询、比较、调整和更新；

(5)普遍采用屏幕菜单和窗口技术，与其他应用软件提供数据接口等。

(三)项目管理软件应用时应注意解决的问题

1. 信息的标准化问题

随着项目管理软件和项目管理信息系统应用的不断深入，信息的标准化问题已成为当前需要解决的首要问题。不同软件和系统之间、工程项目各参与方之间的数据信息不能共享，设计、施工、监理生产的数据不能进行交流，数据出现脱节，导致在软件的应用过程中发生诸如信息的重复输入、冗余信息大量存在、信息存在不一致等问题，使各参与方在对项目管理软件的应用上举棋不定、难于决断，这种情况的存在严重地阻碍了项目管理软件应用的进程。解决此类问题的关键一方面是在软件的技术方面，即软件厂商之间标准的统一问题；另一方面是在项目管理中加强信息的标准化管理，制定统一的信息规范。

2. 管理理念方面的问题

项目管理软件和以项目管理软件为核心的项目管理信息系统的应用能否取得成功，关键是要将先进的项目管理理念同项目管理实际结合在一起。

3. 建立应用的整体观念

项目管理软件和以项目管理软件为核心的项目管理信息系统的应用是一项系统工程，项目的各参与方应树立以管理技术和管理基础为先导、选择适用的项目管理软件或系统，实施、培训并重的整体观念；事前系统性的整体规划，是整个应用过程实现的技术途径。

4. 单元软件和管理信息系统的问题

在项目管理软件应用的初期，往往注重对具有某些特定功能的项目管理软件的投入，随着应用水平的不断提高，用户应逐渐地把重点转向各种功能软件和信息的集成、整合方面，即工程项目信息管理系统构建上来，不应过分集中在对单一软件的应用上。

5. 项目管理软件和项目管理信息系统的应用是“一把手工程”

所谓“一把手工程”，不仅仅是企业或项目的最高领导亲自参与主持，还应该包括整个决策层的参与决策。

第二节　项目管理软件 P3 介绍

在国内外为数众多的大型项目管理软件当中,美国 Primavera 公司开发的 Primavera Project Planner(P3)普及程度和占有率是最高的。国内大型和特大型工程项目几乎都采用了 P3 进行辅助项目管理。本节以 P3 3.0 项目管理软件为例,介绍该软件的功能特点与基本操作。

一、P3 软件的功能与特点

(一)P3 软件的功能

P3 主要是用于项目进度计划、动态控制,以及资源管理和费用控制。使用 P3,可将工程项目的组织过程和实施步骤进行全面地规划和安排,科学地制定项目进度计划,进度控制需要在项目实施之前确定进度的目标计划值;在项目的实施过程中进行计划进度与实际进度的动态跟踪和比较;随着项目进展,对进度计划要进行定期的或不定期的调整;预测项目的完成情况。

P3 为工程项目管理提供了有力的工具,其主要功能包括:

(1)建立项目进度计划;

(2)项目资源管理计划优化;

(3)项目进度的跟踪比较;

(4)项目费用管理;

(5)项目进度报告。

(二)P3 软件功能的特点

P3 软件功能的特点主要有:P3 软件拥有较为完善的管理复杂、大型工程项目的手段;拥有完善的编码体系,包括 WBS 编码、作业代码编码、作业分类码编码、资源编码和费用科目编码等,这些编码以及这些编码所带来的分析、管理手段给项目管理人员的管理以充分的回旋余地,项目管理人员可以从多个角度对工程建设进行有效管理;P3 可同时管理多个工程,通过各种视图、表格和其他分析、展示工具,帮助项目管理人员有效控制大型、复杂项目;可以通过 ODBC 与其他系统结合进行相关数据的采集、数据存储和风险分析;P3 提供了上百种标准的报告,同时还内置报告生成器,可以生成各种自定义的图形和表格报告。

P3 软件的具体功能特点如下:

1. 工程模式

(1)工程组、工程、目标工程不限;

(2)每个工程可达 10 万条工序;

(3)自动进度计算和资源平衡;

(4)进展骤光灯和自动进度更新;

(5)显示进展线、前锋线;

(6)20 级工作分解结构(WBS)编码;

(7)工程识别编码；
(8)24 个用户可自行定义的作业分类码，可用于选择、排序、分组分析；
(9)智能化作业节点代码分类；
(10)16 个用户自定义数据项；
(11)多个工程汇总成新工程；
(12)赢得值分析评价完成情况；
(13)保存历史数据；
(14)合并多个工程；
(15)总体更新用于一次修改批量数据；
(16)用户自定义的计划模板(子网络)；
(17)真正的同时多用户功能：多人同时更新、分析、制作报表；
(18)可对工程设定多级权限；
(19)与 Microsoft Office 兼容的图形用户接口。

2. 进度计算

(1)关键路径法(CPM)计算；
(2)单节点网络图(PDM)方式；
(3)自由时差和总时差时计算；
(4)支持完成—开始、开始—开始、开始—完成和完成—完成 4 种作业逻辑关系；
(5)关系线上可显示延时；
(6)每工程可使用 31 种作业日历；
(7)时间单位可为小时、天、周、月；
(8)10 种进度限制条件；
(9)9 种不同的作业类型；
(10)作业上可设置停工和复工日期；
(11)可中断的和可连续的进度计算。

3. 资源和费用管理

(1)作业栏位中可显示多个资源；
(2)资源也可有日历；
(3)每个工程资源和费用的种类无限；
(4)平衡和平滑时，作业可以分解、延长和压缩；
(5)簇资源设置资源的层次结构；
(6)非线性资源用量可用户定义；
(7)带平滑的向前和向后平衡都行；
(8)可变的资源单价和限量；
(9)资源可驱控作业的工期；
(10)赢得值(BCWP)直方图，表格和曲线；
(11)预算值(BCWS)直方图，表格和曲线；
(12)费用差值和进度差值计算；

(13)每个工程可有无限个费用科目；

(14)跟踪预算、本期实际费用、累计实际费用、完成百分比、赢得值、尚需费用，完成时费用；

(15)自动计算费用规则功能，用户可定义计算规则。

4. 报表和图形

(1)150 多个预先定义好的报表、矩阵报表和图形，可自定义页眉和页脚；

(2)绑带 Infomaker 制表软件；

(3)完全可自定义显示和输出；

(4)Web 向导，用于 Inter/Intranet 发布报表和图形；

(5)无限显示视图；

(6)可按任意作业分类码和资源组合来组织工程轮廓图；

(7)作业可汇总、分组，与目标比较；

(8)时标网络图既显示横道，又可带逻辑关系；

(9)可颈状显示横道，及按作业分类码显示不同的颜色和花纹；

(10)网络图中也可显示时标；

(11)资源/费用直方图，表格和曲线；

(12)多层次的排序和选择(过滤器)；

(13)用户可定义横道、开始和完成端点的颜色、形状、大小、位置；

(14)界面语言可选择，可形成各种语言的报表；

(15)打印时可指定页数及自动调整大小；

(16)OLE 用于挂接文本、电子表、图形和影像。

5. 数据交换与二次开发

(1)与 ODBC 兼容的数据库；

(2)含开发引擎 RA，任何与 OLE2.0 兼容的开发工具均支持；

(3)Primavera Post Office 允许远程工作，双向审阅计划和进度更新；

(4)可采用与 MAPI/VIM 兼容的邮件系统来互换工程和作业数据；

(5)可读写.MPX 文件，与 MS Project 兼容；

(6)可输入/输出 dBASE、Lotus、ASCII；

(7)与 SureTrak(小 P3)共享数据。

6. 配套与延伸

(1)DataStore for Primavera——P3 与 Oracle 的双向数据接口；

(2)Power Vision——滚动计划发布和执行情况赢得值分析软件，专为 P3 开发；

(3)Monte Carlo for Primavera——风险分析软件，可与 P3 连用。

二、P3 软件的基本操作

(一)P3 软件安装

最低系统需求：486 或更高档的计算机；16M 内存，72MB 可用硬盘空间；中文 Windows98、Windows2000、WindowsXP、WindowsNT。

P3软件安装详见P3软件安装使用说明。

(二)启动P3应用程序

(1)在Windows操作系统下,单击"开始"、"程序"、选择"P3程序组"、单击"Primavera Project Planner"。

(2)根据提示输入用户名和口令(见图7-1),进入P3初始界面(见图7-2)。

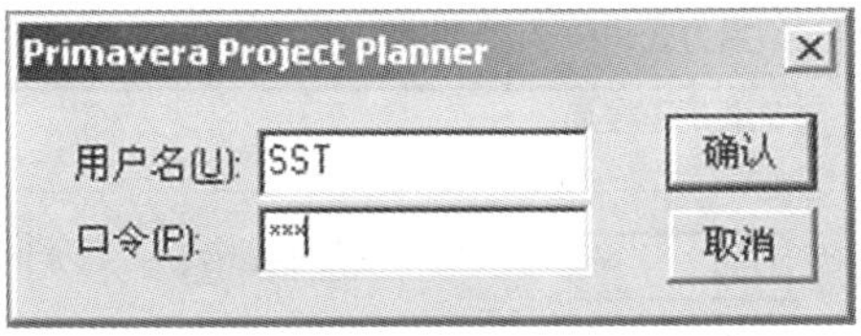

图7-1　输入用户名和口令

图7-2　P3初始界面

(三)建立工程

(1)在文件菜单中单击新增工程或单击快捷图标,打开新增工程对话框(见图7-3)。

●输入工程代码:工程代码必须是四位字符,可用字母和数字,不接受中文,代码建议采用工程的中文拼音缩写或英文缩写;

●输入备注:在此栏位输入工程补充说明或进度计划的版本编号,最长16个字符,此栏位也可不输;

●输入工程名称:工程名称可用汉字,最多36个字符;

●输入公司名称:公司名称可用汉字,最多36个字符;

●在"计划单位"一栏中,选择计划单位,计划单位可以是小时、天,周、月、年,默认值为天;

●在"开工日期"一栏中,单击下拉键,从弹出式日历中选择工程开工日期,默认值为机器当前日期;

●在"每周工作天数"中,输入每周计划工作天数。在每周双休的情况下,输入5天,

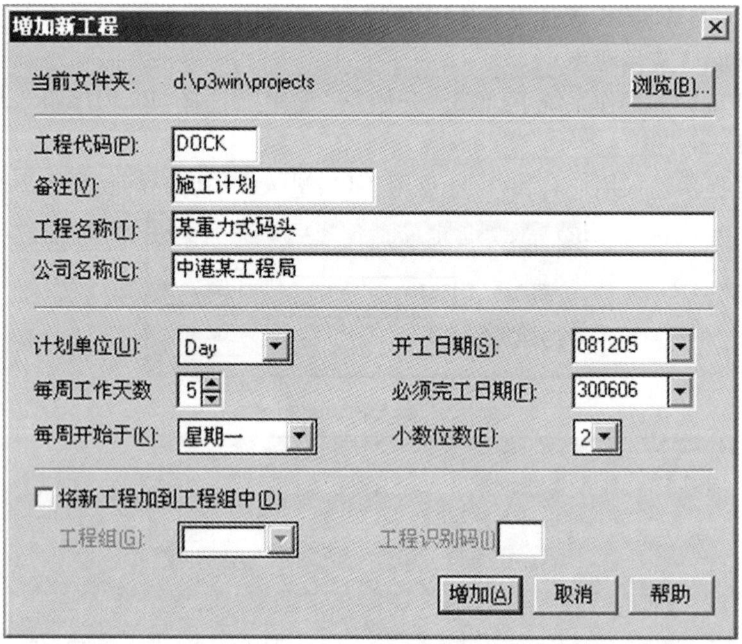

图 7-3　新增工程对话框

在每周开始于栏位中选择相应的开始日期。默认值为每周 5 天,每周开始于星期一;

●在“必须完工日期”栏中,按合同限定的工程完工时间输入工程必须完工日期,可单击下拉键,从弹出式日历中选择工程完工日期,也可直接输入日期(注意日期格式)。也可暂时不输入工程完工日期,以后再在工程概况中输入;

●在“小数位数”中,可选择 2 或 0,这主要是为了资源与费用的管理而设立的。当选择 2 时,小数点后面为 2 位,单项资源与费用的值最大为 100 000 000. 00(累计不受此限制);

●选中“将新工程加到工程组中”。将使新建的工程作为子工程加入到已建的工程中,必需输入两位的工程识别码、选中一个工程组。若不将新工程加入到某一工程组,则不要选中该选项。

(2)单击“增加”按钮,进入默认的横道图视图(见图 7-4)。此视图中没有工程数据,光标置于编辑条处,等待输入第一项作业。

(四)选择显示语言与作业输入方式

进入默认视图后,可单击 ESC 键或单击编辑条中的取消按钮,等设置完选择语言、作业插入方式等以后,再输入作业数据。

1. 选择显示语言

参见图 7-5,在“工具”菜单中选择“设置”,然后单击“选择语言”(参见图 7-6),在对话框中选取“Simplified Chinese”单击“确认”按钮,即可将栏位标题转换为简体中文。

2. 设置作业插入方式

参见图 7-5,在“工具”菜单中选择“设置”,然后单击“作业插入方式”,在对话框中(参见图 7-7)可设置增加作业时作业代码的增加方式以及是否在增加作业时打开作业表格。

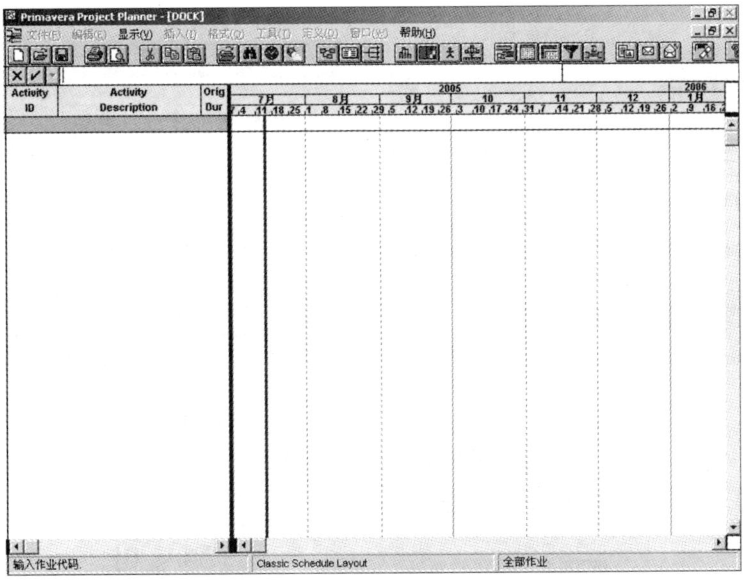

图 7-4　进入默认的横道图视图

图 7-5　在工具菜单中选择设置

(五)设置计算方式

在 P3 3.0 中可设置输入作业时自动进行网络计算与平衡或关闭自动计算与平衡。选择自动进度计算对于安排作业的计划时间较为直观,一输入新的作业工序并明确了施工顺序,确认后立即可得到该工序的进度安排。

进度计算方式设置可在“工具”菜单中选择“进度计算”,在“进度计算”对话框(见图 7-8)中单击“设置”按钮进入相应的对话框(见图 7-9)可设置是否选择自动计算。本例选择关闭“自动进度计算”。

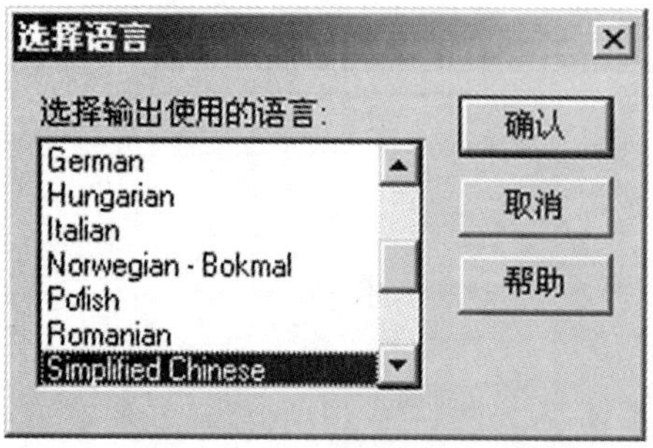

图 7-6 选择语言

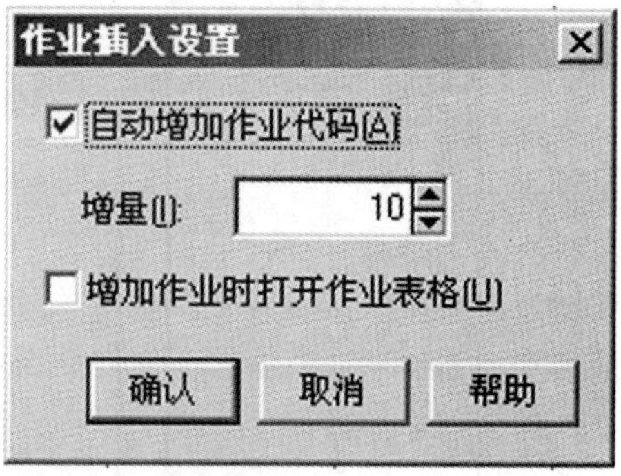

图 7-7 作业插入设置对话框

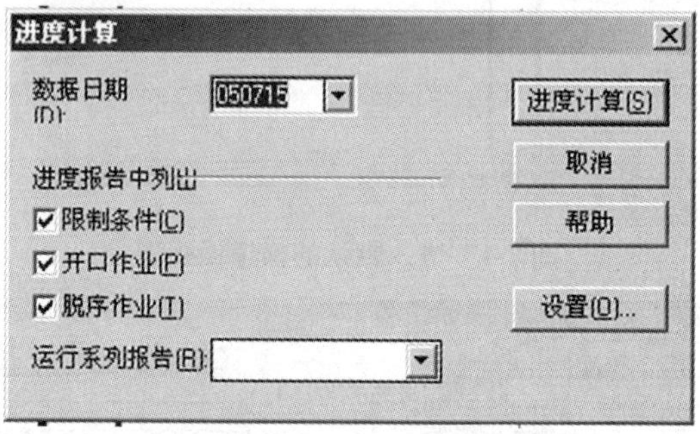

图 7-8 进度计算对话框

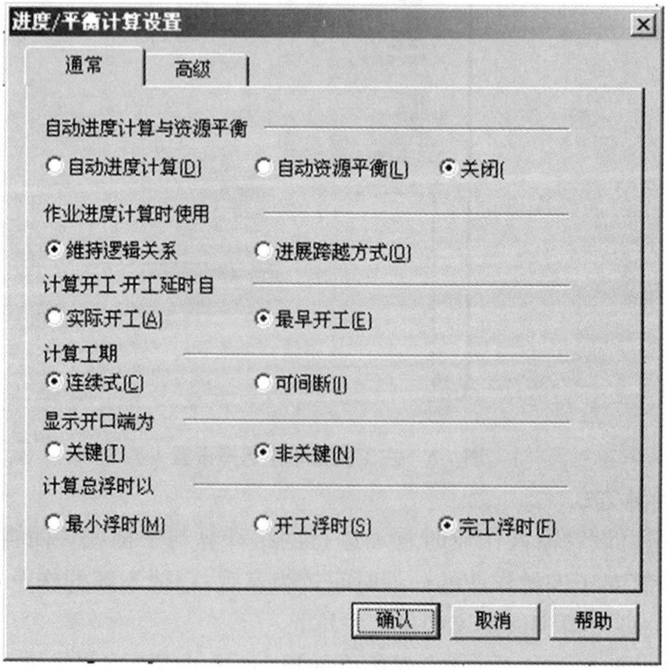

图 7-9 进度计算方式设置对话框

(六)作业基本数据与逻辑关系

要输入的作业最基本的数据有作业代码(Activity ID)、作业说明(Activity description)、作业工期(Original duration)、作业类型(Type)与作业逻辑关系(Relationship)。

1. 作业代码

作业代码在 P3 里很重要,所有的作业数据均与它相关。P3 的作业代码在一个工程里是唯一的,不能重复。P3 作业代码最长十位字符,代码可以是字母、数字以及两者的组合。可以对作业代码分四段进行有意义的编制(参见作业代码分类),也可以仅仅反映作业编号。在主子工程管理模式下作业代码的前两位为子工程识别码。

2. 作业类型

作业类型(Type)有 9 种,它们是任务(Task)、开工/完工里程碑(Start/Finish milestone)、开工/完工旗帜(Start/Finish flag)、独立式作业(Independent)、协作式作业(Meeting)、串集作业(hammock)与 WBS 作业。默认的作业类型为任务。

(1)任务作业:即普通作业,在进度安排时,按工程基本日历安排作业工作,不考虑资源日历(也即资源作息时间)。

(2)里程碑作业:里程碑作业是一种作业工期为零的作业,它用于反映工程中的重大事情的开始与完成。里程碑作业的应用使得我们可以方便地在时标网络中标出"工程控制点",同时使得在以后的工程控制过程中对现行工程与目标工程的里程碑点的比较更加明显直观。里程碑作业必须与其他作业连接逻辑关系,在进度更新过程中必须给出实际到达日期。

(3)旗帜作业:旗帜作业也是一种作业工期为零的作业,它在横道视图中表现为一面小旗子,这也许是沿袭以往甘特图上某项任务开始或完成插上一面小旗子的习惯而来的。旗帜作业与里程碑作业不同,旗帜作业不允许有后续作业,在进度更新过程中,它的更新是自动的。开工旗帜往往与一串作业的最早作业 SS 相关,完工旗帜往往与一串作业的最晚作业 FS 相关。

(4)独立式作业:独立式作业是指一项作业中用到多个资源并且有几个驱控资源参与,资源又有各自的作息时间,作业的完工取决于驱控资源投入情况,驱控资源是可独立工作、不必同时工作的作业。作业工期的计算是从最早投入工作的驱控资源开始到最晚投入的驱控资源工作完成。

(5)协作式作业:协作式作业与独立式作业类似,只不过只有驱控资源同时有效,才给作业安排进度。

(6)串集作业:串集作业其实就是将一串作业用一道作业反映出来,串集作业的工期是由该串作业的工期合并而来的。串集作业与该串作业的最早作业逻辑关系应设为开工—开工关系,与最晚作业的逻辑关系为完工—完工关系。

(7)WBS 作业:WBS 作业与串集作业类似,只不过将比该作业 WBS 编码低一层次的作业予以汇总,不必另设逻辑关系。

3. 作业逻辑关系

P3 提供完成—开始(FS)、开始—开始(SS)、开始—完成(SF)和完成—完成(FF)4 种作业逻辑关系。

(七)作业基本数据输入方法

作业基本数据有多种输入方法,可以根据个人喜好在横道视图(Bar Chart)中利用编辑条输入相应单元格内容或打开作业详情表(Activity Form),在作业详情表中输入基本数据,也可以在网络视图(PERT)中用鼠标双击空白处增加新作业,在作业详情表中输入数据。为了减少作业代码重复部分的输入,可以设定头一个作业代码,并给出代码增量,让 P3 自动产生后续的作业代码。

对于工程技术人员,可使用网络图进行相关工作的进度安排。网络图中输入作业数据连接逻辑关系比较直观,有助于作业工序的安排,可减少一些制约关系的遗漏。如果已有网络草图或作业列表,则在横道图中输入作业数据较为便捷。另外,如果已有作业数据相应的电子文件时可利用 P3 的数据输入模块快速将数据导入到 P3 中。

1. 在横道图中

1)输入作业基本数据

如图 7-10,单击栏位区或横道区的空白处,或单击编辑行中的可插入一道新作业。新作业加在高亮显示作业的后面;如果无高亮显示作业,则新作业加在最后。

可利用编辑栏输入相应单元格的内容,也可打开作业表格(参见图 7-11),输入作业数据。

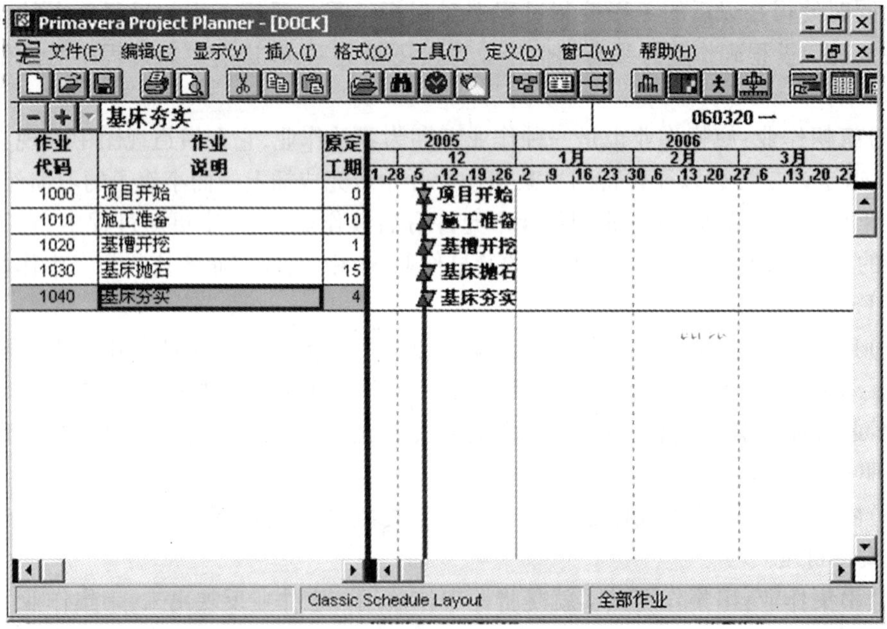

图 7-10　插入一道新作业

2)输入作业间的逻辑关系

在横道图中输入作业间的逻辑关系通常有两种方法:

第一种是直接在横道区中拖拉关系线。将鼠标指向横道的开始点或结束点,当出现时,按住鼠标左键不放,拖动鼠标至相关横道的相应位置,即可建立作业间的逻辑关系。箭头所指作业为后续工作,箭尾所指作业为紧前工作。当作业逻辑关系为 FS 时,应

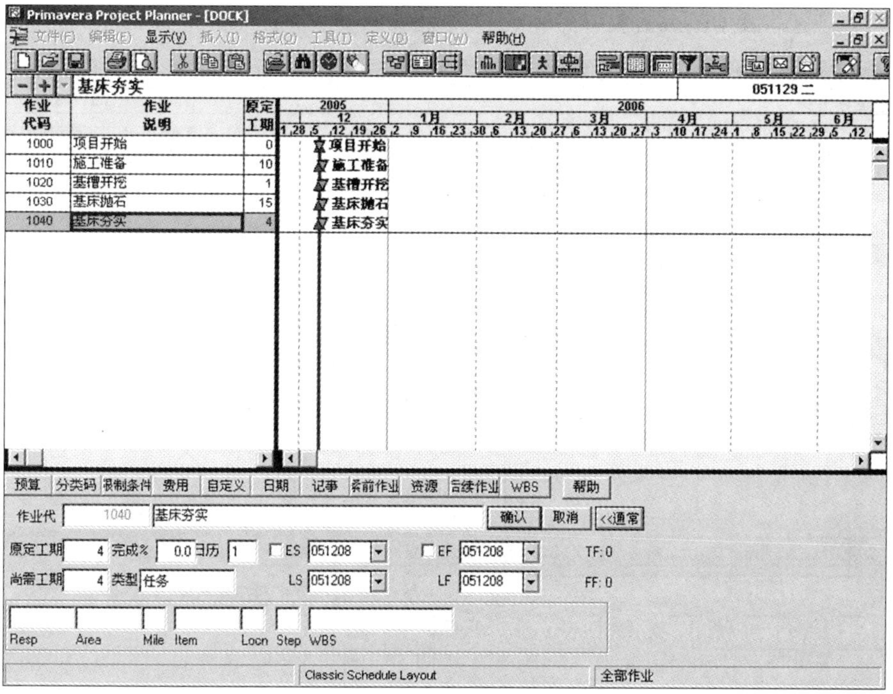

图 7-11　打开作业表格

从紧前工作横道的结束点拖向后续作业横道的开始点；当作业逻辑关系为 FF 时，应从紧前工作横道的结束点拖向后续工作横道的结束点；当作业逻辑关系为 SS 时，应从紧前工作横道的开始点拖向后续工作横道的开始点。如需反映作业间的延时，可将鼠标置于关系线上，单击鼠标，在弹出的对话框（参见图 7-12）中输入。延时值可为负值，负值反映了作业间的搭接现象。在此对话框中可修改作业关系类型或删除作业关系。当作业数很多时，这种方法较不方便，通常采用下面的方法。

第二种方法是在紧前作业/后续作业对话框中输入。

在横道图的横道区，单击鼠标右键，选择作业详情表——紧前工作（P）/后续作业（S），或单击作业表格中的紧前工作/后续工作按钮，打开紧前工作/后续工作对话框（参见图 7-13）。在空白处单击可增加后续工作，作业代码可单击鼠标右键或单击下拉键在弹出的对话框中选取。默认的逻辑关系为 FS，可按选择作业代码的方式设置逻辑关系。作业间的延时可在延时栏位中输入。

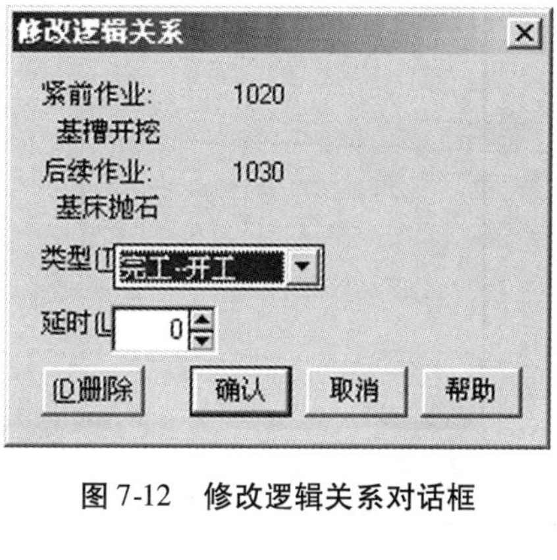

图 7-12　修改逻辑关系对话框

2. 在网络图中

1）输入作业基本数据

双击网络图（见图 7-14）中的空白位置，增加新作业。在作业表格的相应位置输入作业代码、说明、原定工期等数据。

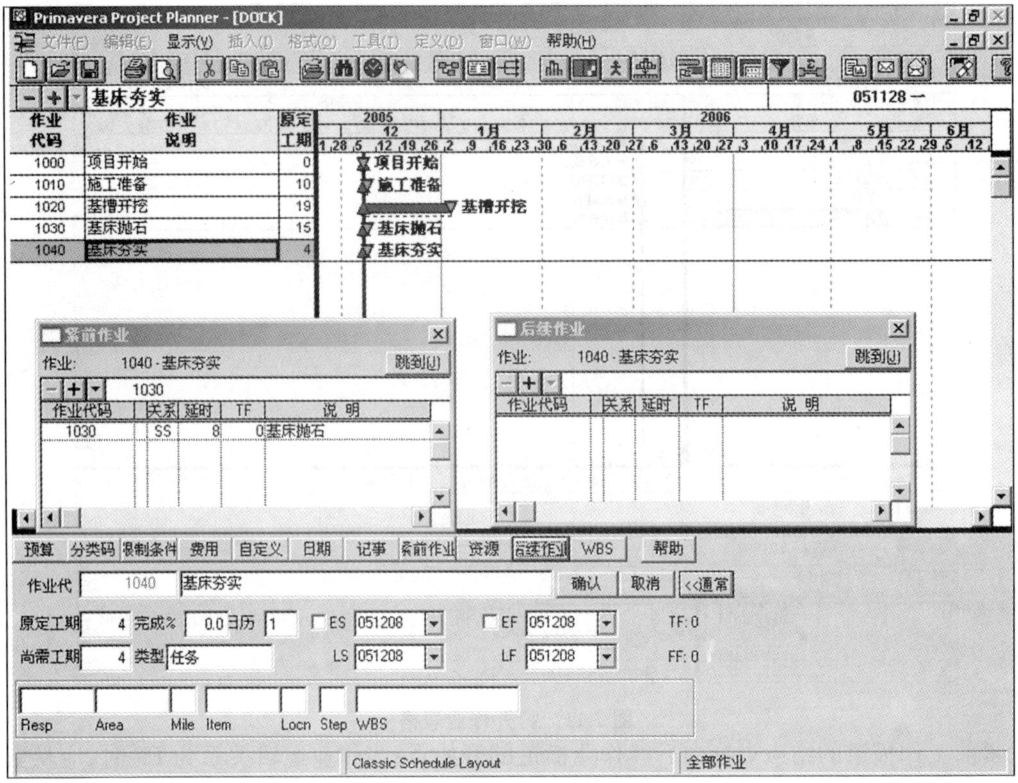

图 7-13　紧前/后续作业对话框

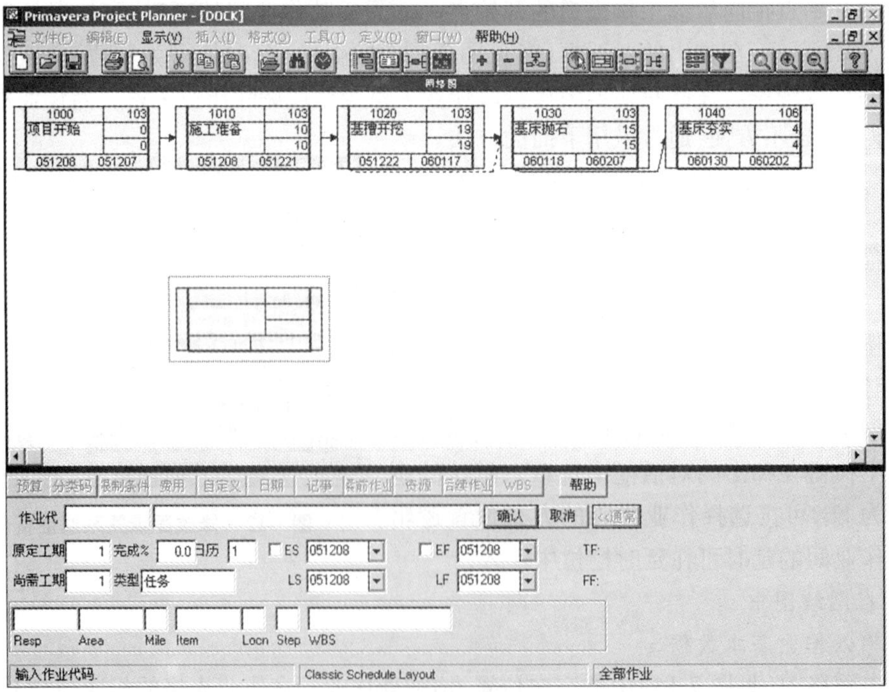

图 7-14　双击网络图中的空白位置并增加新作业

2) 输入作业间的逻辑关系

在网络图中输入作业间的逻辑关系也有两种方法。第一种是直接在网络图中拖拉关系线。将鼠标指向作业框的左端或右端，当出现时，按住鼠标左键不放，拖动鼠标至相关作业框的相应位置，即可建立作业间的逻辑关系。作业框的左端代表开工，右端为完工。在网络图中直接拖拉逻辑关系非常直观方便，可以一边输入作业工序一边就将该工序与其他工序间的关系建立起来，顺便将网络图也做一初步安排。但如果一次输入作业数很多，后才来连接逻辑关系，这种方法较不方便，通常采用第二种方法。第二种方法是在紧前工作/后续工作对话框中输入作业间逻辑关系。

(八) 检查修改输入内容

至此，本例中的 23 项作业基本数据已全部输入 P3 新建工程 DOCK 中(见图7-15)，接下来要对输入内容进行检查修改。

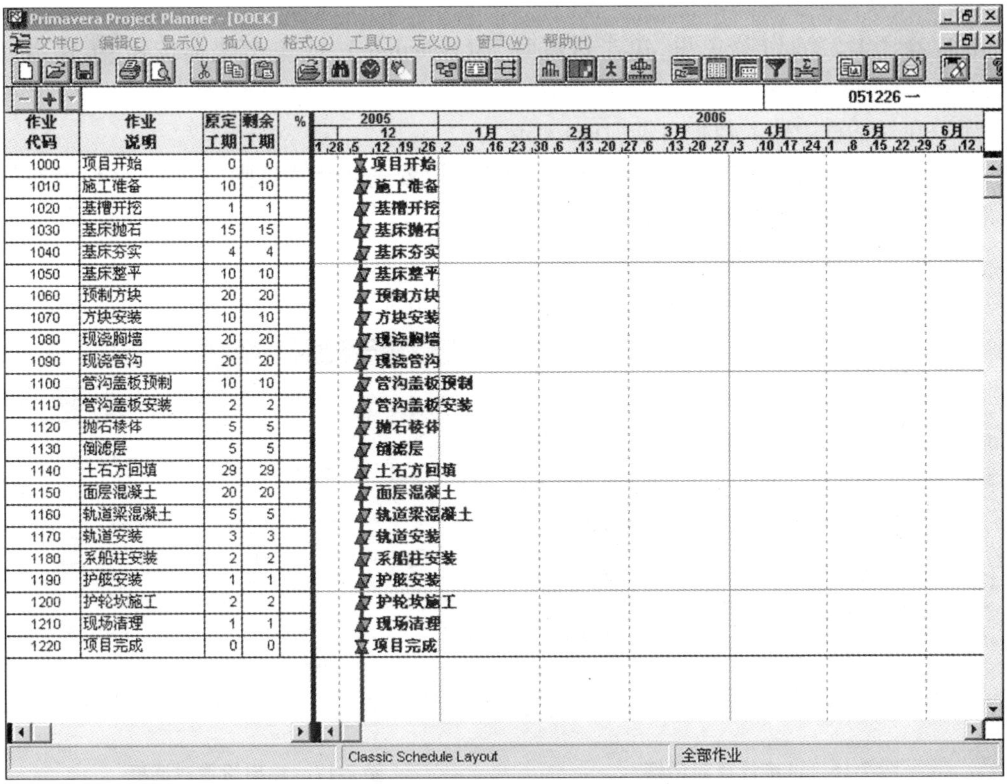

作业代码	作业说明	原定工期	剩余工期	%
1000	项目开始	0	0	
1010	施工准备	10	10	
1020	基槽开挖	1	1	
1030	基床抛石	15	15	
1040	基床夯实	4	4	
1050	基床整平	10	10	
1060	预制方块	20	20	
1070	方块安装	10	10	
1080	现浇胸墙	20	20	
1090	现浇管沟	20	20	
1100	管沟盖板预制	10	10	
1110	管沟盖板安装	2	2	
1120	抛石棱体	5	5	
1130	倒滤层	5	5	
1140	土石方回填	29	29	
1150	面层混凝土	20	20	
1160	轨道梁混凝土	5	5	
1170	轨道安装	3	3	
1180	系船柱安装	2	2	
1190	护舷安装	1	1	
1200	护轮坎施工	2	2	
1210	现场清理	1	1	
1220	项目完成	0	0	

图 7-15　已输入基本数据的新建工程 DOCK

正确地输入工程作业数据是至关重要的。在输入每一组作业时，输完后检查一下作业间内部的逻辑关系以及作业工期。这样在以后的检查中我们只要关注作业组之间的关系即可。如果等到所有作业都输入以后才来检查，检查输入结果是一件令人烦恼且不容易做好的事。当工程项目的作业划分比较细或者工程项目比较复杂时，养成逐步检查的习惯是可取的。

(九) 进度计算

输入作业基本数据以后，P3 就可以自动计算出每道作业的时间安排以及相关网络计算参数。当然也可以将进度计算参数设置中自动进度计算功能关闭，等基本数据输入后才进行进度计算。在计算过程中，P3 会检测作业间是否存在逻辑循环回路，一旦发现回路，P3 将终止计算。

通过进度计算可以得出每个作业工序的最早时间、最晚时间、自由浮时、总浮时等网络计划时间参数；可以得出工程项目的关键线路与关键作业工序（关键线路与作业默认颜色为红色）；可以得出按照当前作业安排的工程最早完工日期；可以得出相应进度计划下的资源、费用需求等内容。

在进度计算中数据日期（Data Date）是安排进度的起点，由于数据日期（DataDate）在进度安排与进展分析中的特殊地位，它在横道图中以垂直蓝线（默认）表示。在工程实施中数据日期是指记录工程实际情况的最后截止日期以及安排以后进度的开始日期。工程未开工进度计算的数据日期即为新增工程时输入的工程开工日期。

进度计算操作步骤如下：

（1）在工具（Tool）菜单里，单击进度计算（Schedule），或单击快捷按钮弹出如图 7-16所示进度对话框；

（2）在对话框中输入数据日期（Data Date）；

（3）设置其他选项，可通过设置 Option 的按钮设置进度计算规则，规则具体设置在软件帮助中介绍，现可先采用默认值；

（4）单击进度计算按钮；

（5）在输出设置对话框（参见图 7-17）中设置输出选项；

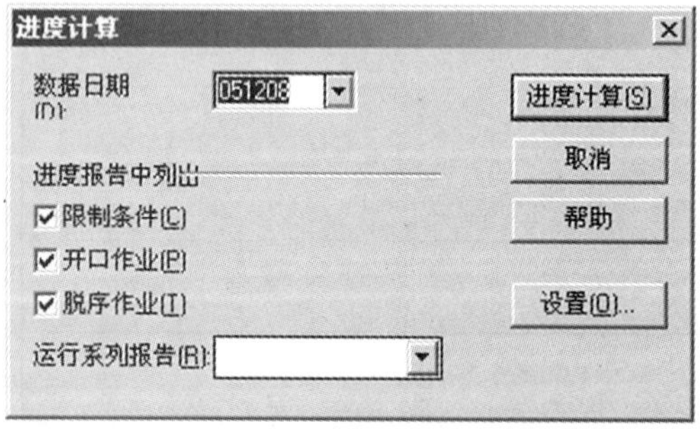

图 7-16　进度计算对话框

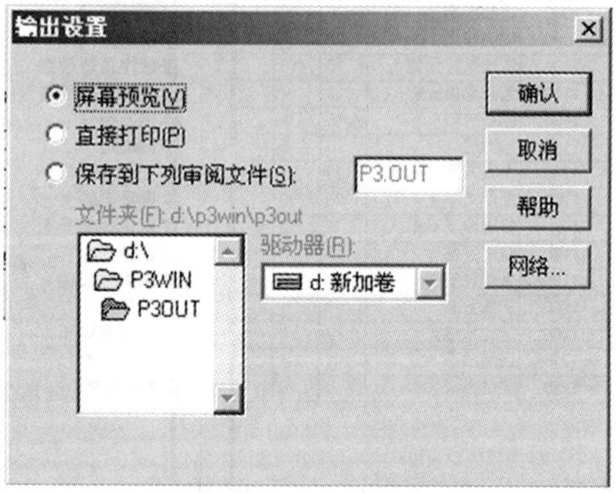

图 7-17　输出设置对话框

（6）单击确认按钮，进行进度计算。

（十）进度状态报告

进度计算以后，可以通过屏幕审阅进度状态报告（见图 7-18），也可打印或存盘输出进度状态报告。进度状态报告反映了一些工程基本进度数据以及工程开口作业、带约束（限制）条件的作业等工程信息。

进度计算以后，返回到默认窗口，还可得到工程进度计划横道图（见图 7-19）；单击关系线按钮可得到带时间参数和逻辑关系的内涵网络横道图（见图 7-20）；单击显示网

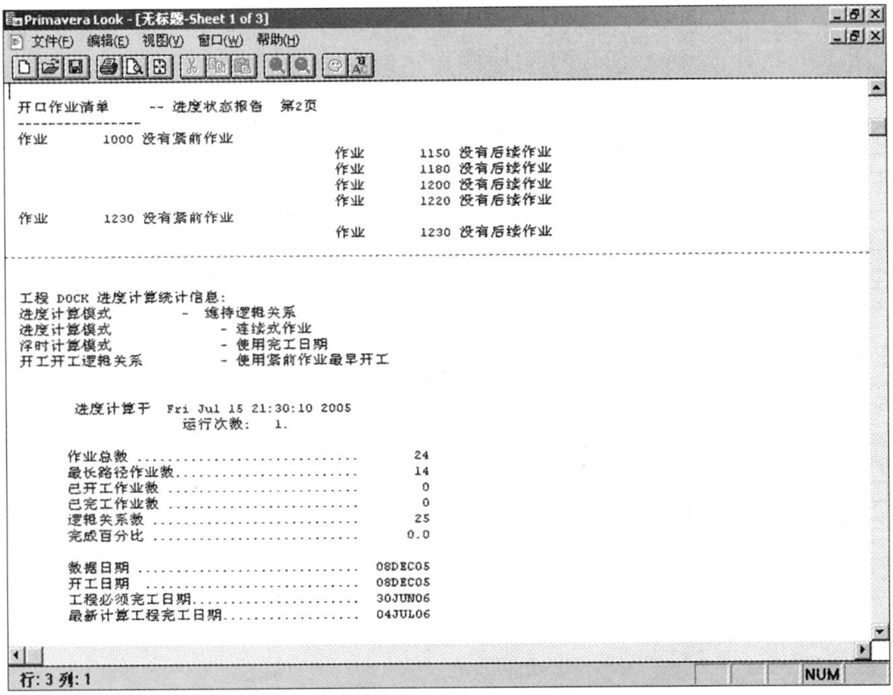

图7-18　进度状态报告

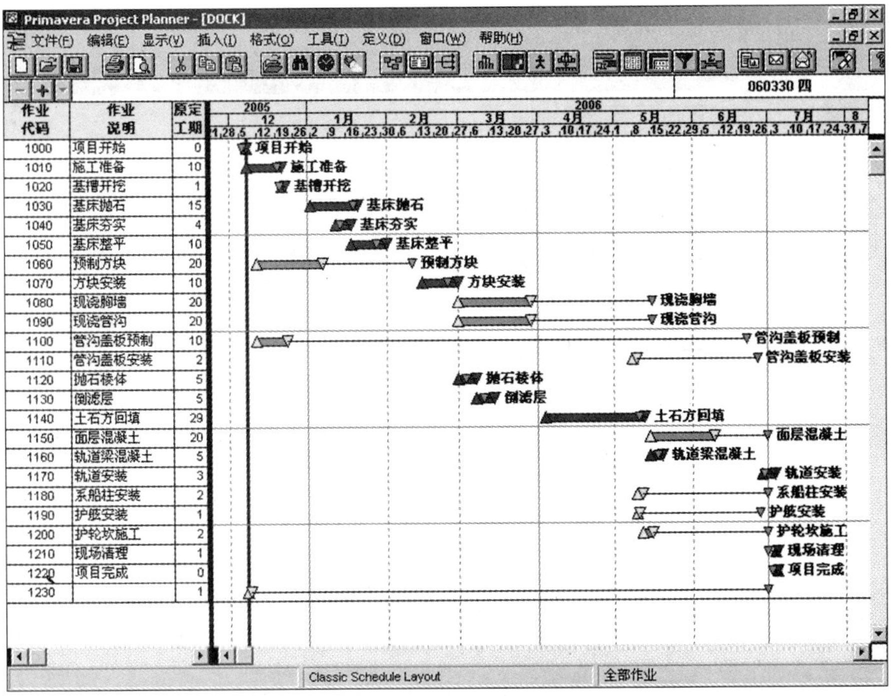

图7-19　工程进度计划横道图

络图按钮可得到工程进度计划网络图(见图7-21)。以上进度计划图中,很容易找出本工程的关键作业和关键线路,红颜色显示的作业为关键作业,全由关键作业连接而成的通路即为关键线路。

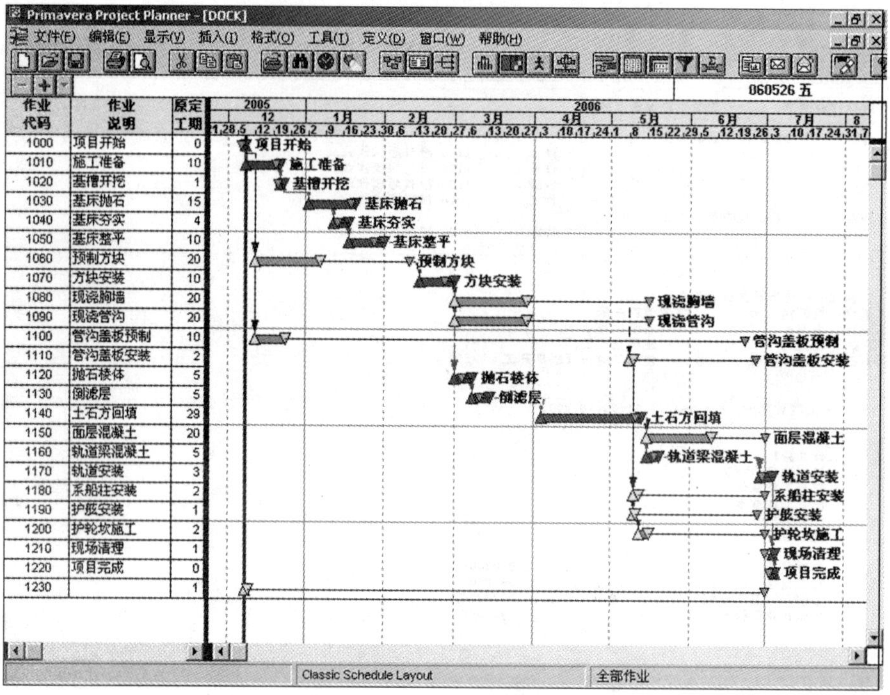

图 7-20　内涵网络横道图

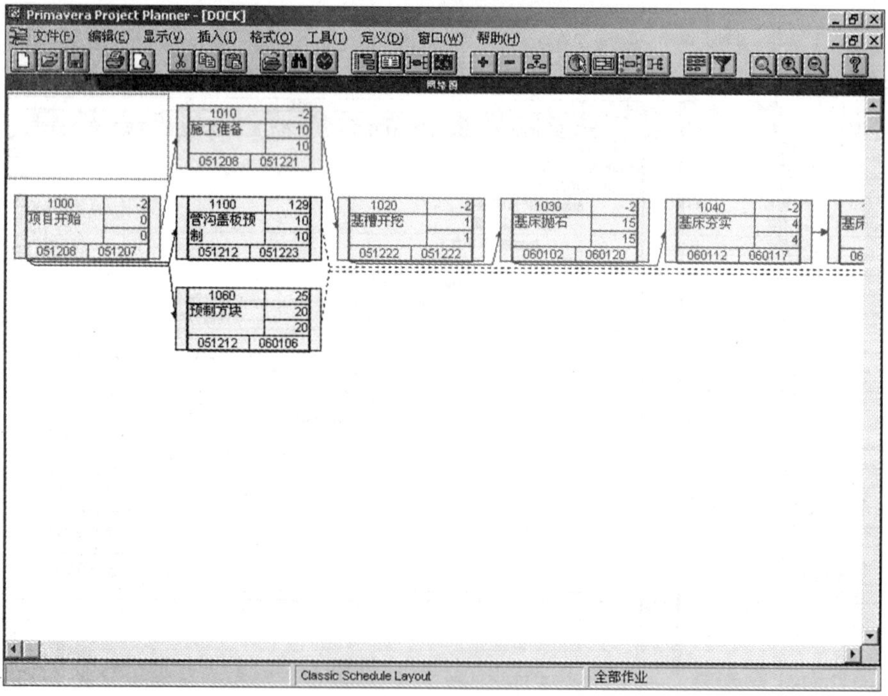

图 7-21　工程进度计划网络图

第三节　P3 软件在水运工程施工组织及管理中的应用

本节以沿海某港口一沉箱重力式码头项目施工为例，在该工程项目的施工计划和施工控制阶段，介绍应用 P3 软件实施以进度计划为核心，进行工程计划、资源管理和费用管理的工作过程。其施工工期计划从 2005 年 12 月 8 日至 2006 年 5 月 8 日。

一、计划阶段

(一)作业清单

根据重力式码头分部、分项工程划分原则，把重力式码头工程分成“基础”、“墙身结构”、“上部结构”、“回填及面层”、“码头设施”5 个主要分部工程。其中“基础”可以分为“基槽开挖”、“基床抛石”、“基床夯实”、“基床整平”4 个分项工程；“墙身结构”包含“预制沉箱”、“沉箱安装”两个分项工程；“上部结构”可分为“现浇胸墙”、“现浇管沟”、“管沟盖板预制”、“管沟盖板安装”4 个分项工程；“回填及面层”可以分为“抛石棱体”、“倒滤层”、“土石方回填”、“面层混凝土”4 个分项工程；“码头设施”可分为“轨道梁混凝土”、“轨道安装”、“系船柱安装”、“护舷安装”、“护轮坎施工”5 个分项工程。

根据业主的要求和承包单位可提供人员机械设备现状，制定了表 7-1 的作业清单。其中包括：作业代码、作业名称、作业类型、原定工期和以紧前作业表示的逻辑关系。

表 7-1　某重力式码头施工作业清单

作业代码	作业名称	原定工期(工作日)	作业类型	紧前作业
1000	项目开始	0	开工里程碑	
1010	施工准备	10	任务	1000SS
1020	基槽开挖	10	任务	1010FS
1030	基床抛石	15	任务	1020SS7
1040	基床夯实	4	任务	1030SS8
1050	基床整平	10	任务	1040FS
1060	预制沉箱	20	任务	1000SS2
1070	沉箱安装	10	任务	1050FS10、1060FS
1080	现浇胸墙	20	任务	1070FS
1090	现浇管沟	20	任务	1070FS
1100	管沟盖板预制	10	任务	1000SS2
1110	管沟盖板安装	2	任务	1100FS、1080FS28、1090FS28
1120	抛石棱体	5	任务	1070FS
1130	倒滤层	5	任务	1120FS
1140	土石方回填	30	任务	1130FS14
1150	面层混凝土	20	任务	1140FS
1160	轨道梁混凝土	5	任务	1140FS
1170	轨道安装	3	任务	1160FS28

续表 7-1

作业代码	作业名称	原定工期(工作日)	作业类型	紧前作业
1180	系船柱安装	2	任务	1110FS
1190	护舷安装	1	任务	1110FS
1200	护轮坎施工	2	任务	1190FS1
1210	现场清理	1	任务	1170FS
1220	项目完成	0	完工里程碑	1210FF

(二)编码系统规划

根据工程的特点和业主对进度计划的要求,建立了如下编码系统。

(1)工作分解结构(WBS)及其编码,见表 7-2。

表 7-2　某重力式码头施工作业 WBS 编码

WBS 编码	编码说明
DK	重力式码头工程施工
DK.1	基础
DK.2	墙身结构
DK.3	上部结构
DK.4	回填及面层
DK.5	码头设施

(2)作业分类码结构划分及码值确定,见表 7-3。

表 7-3　某重力式码头施工作业分类码

代码	长度	说明	码值	码值说明
DEPT	3	承包单位	001	一公司
			002	二公司
			003	安装公司
REPT	3	责任人(监理方)	WZZ	王某
			SST	盛某
			CHP	陈某
LOCA	1	场所	1	预制场
			2	施工现场

(3)资源编码结构

工程资源包括工时资源和材料资源,工时资源是为完成任务而花费时间(或工时)的人员和设备,材料资源是完成任务所用的消耗性原料。

根据施工组织设计的要求,按照 2004 版《沿海港口水工建筑工程定额》提供的定额信息，现将本工程中所耗用的部分资源列于表 7-4。

表 7-4　某重力式码头施工部分资源编码清单

资源代码	代码说明	单位	单价(元)
R01	人工	工日	31.3
R02	潜水组	组日	720
C01	混凝土(C30，最大粒径 40mm)	m^3	410.5
C02	钢筋	t	4 580.79
C03	块石	m^3	53.93
C04	板枋材	m^3	1 290
M01	挖泥船(抓斗斗容 8 方)	艘班	14 482.76
M02	泥驳(容量 500 方)	艘班	1 861.24
M03	拖轮(功率 294kW(400hp))	艘班	2 287.88
M04	打夯船(功率 132kW(180hp))	艘班	1 553.74
M05	履带式起重机(起重量≤15t)	台班	444.21

(三)定义工程日历

根据工程的安排和各个参与方实际情况，在工地和预制场进行土建和安装工程施工时采用每周七天工作制的日历，1 月 1、2、3 日和 5 月 1、2、3 日为节假日。

(四)将所定义的内容输入 P3 软件

按照前述的基本操作方法，在 P3 软件中建立新工程。按照各个编码表格的内容输入各个编码结构和编码值；按照作业清单输入作业及作业的相关内容，同时输入作业间的逻辑关系；将输入的各类编码码值分配(加载)给每个作业；为每个作业指定日历；为每个作业加载资源。具体的操作过程参见图 7-22。输入完成后得到初始计划横道图，如图 7-23 所示。

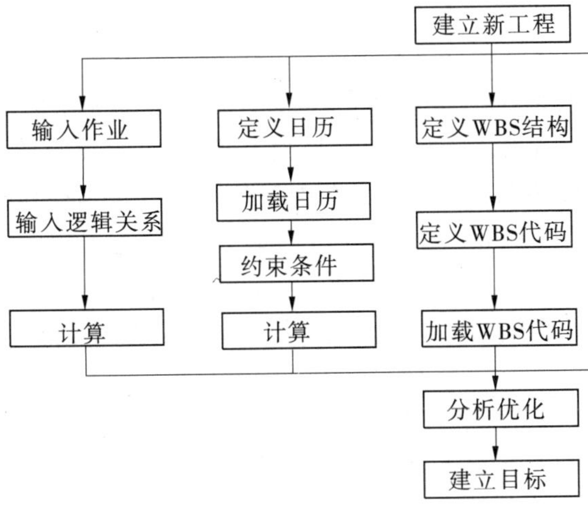

图 7-22　在 P3 软件中建立新项目的操作流程

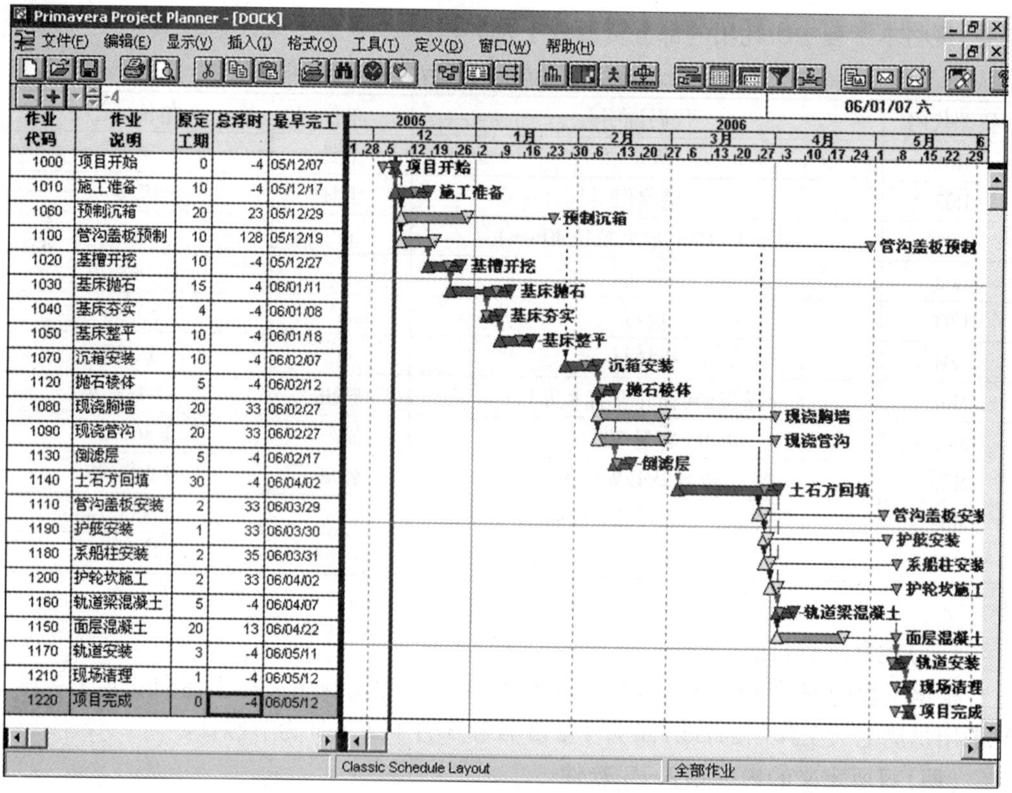

作业代码	作业说明	原定工期	总浮时	最早完工
1000	项目开始	0	-4	05/12/07
1010	施工准备	10	-4	05/12/17
1060	预制沉箱	20	23	05/12/29
1100	管沟盖板预制	10	128	05/12/19
1020	基槽开挖	10	-4	05/12/27
1030	基床抛石	15	-4	06/01/11
1040	基床夯实	4	-4	06/01/08
1050	基床整平	10	-4	06/01/18
1070	沉箱安装	10	-4	06/02/07
1120	抛石棱体	5	-4	06/02/12
1080	现浇胸墙	20	33	06/02/27
1090	现浇管沟	20	33	06/02/27
1130	倒滤层	5	-4	06/02/17
1140	土石方回填	30	-4	06/04/02
1110	管沟盖板安装	2	33	06/03/29
1190	护舷安装	1	33	06/03/30
1180	系船柱安装	2	35	06/03/31
1200	护轮坎施工	2	33	06/04/02
1160	轨道梁混凝土	5	-4	06/04/07
1150	面层混凝土	20	13	06/04/22
1170	轨道安装	3	-4	06/05/11
1210	现场清理	1	-4	06/05/12
1220	项目完成	0	-4	06/05/12

图 7-23　初始计划横道图

(五)初始计划优化

我们已经建立了初始计划的方案,要让这个方案成为具有可行性的实施计划,至少还需要验证分析某些指标或条件,如①计划的完工日期符合业主对工期的要求;②整个工程实施过程中不应出现资源的过分配现象等。

针对提出的两个最基本要求,还需要进行如下工作:

1. 进度优化

根据工期的要求,工程应在 2006 年 5 月 8 日前竣工,当前计划方案的完工时间为 2006 年 5 月 12 日,出现了 4d 的负时差,因此必须采取措施压缩工期。

压缩总工期需在关键线路上进行,图 7-23 横道作业(图中深色)为关键作业,其中作业 1140"土石方回填"为关键作业,安排工期 30d,考虑到其工期较长,土石方工程在施工机械充足时容易压缩工期,故将作业 1140"土石方回填"重新安排工期为 26d,结果是计划的完工时间提前到 5 月 8 日,可以满足工期的要求。工期压缩后计划横道图见图 7-24。

2. 资源优化

由图 7-25 可以看到人工(R01)出现过分配的现象,即该资源的单日用量超过了其最大限量;对此问题,本例采用软件自带的"自动平衡"功能进行处理,处理后的结果见图 7-26。

(六)建立目标计划

目标计划,也称为基线计划,是经过监理工程师批准后作为施工过程中控制工程进度

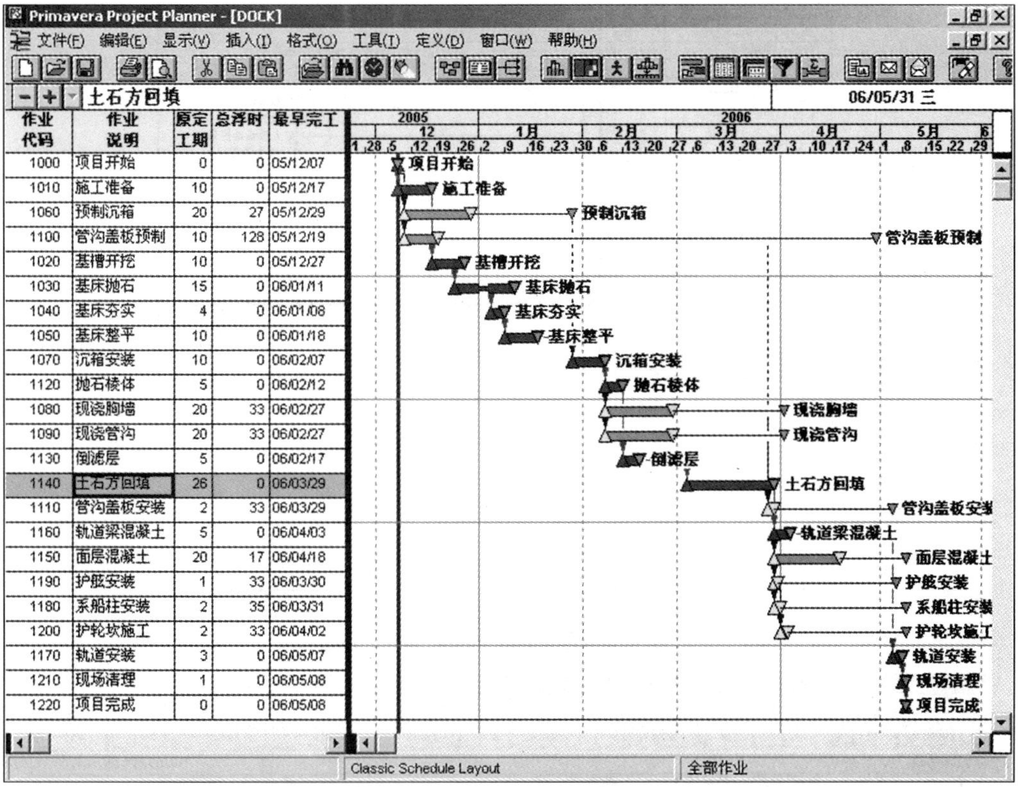

图 7-24　工期压缩后计划横道图

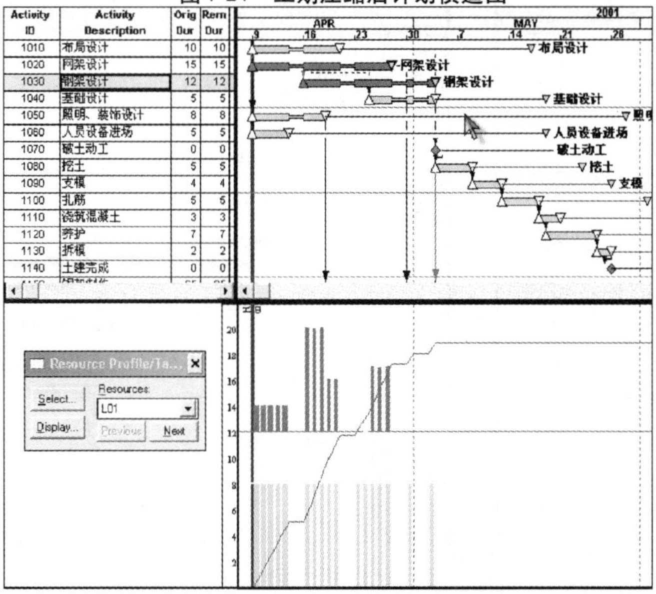

图 7-25　资源过分配示意图

的基准，也是项目计划阶段的最终成果。

经过进度和资源及其他优化的满足各方面要求的计划，即为本工程的目标计划，它是实际工程开工后进度的控制目标。图 7-24 是本工程目标计划的横道图，图 7-27 是按照责

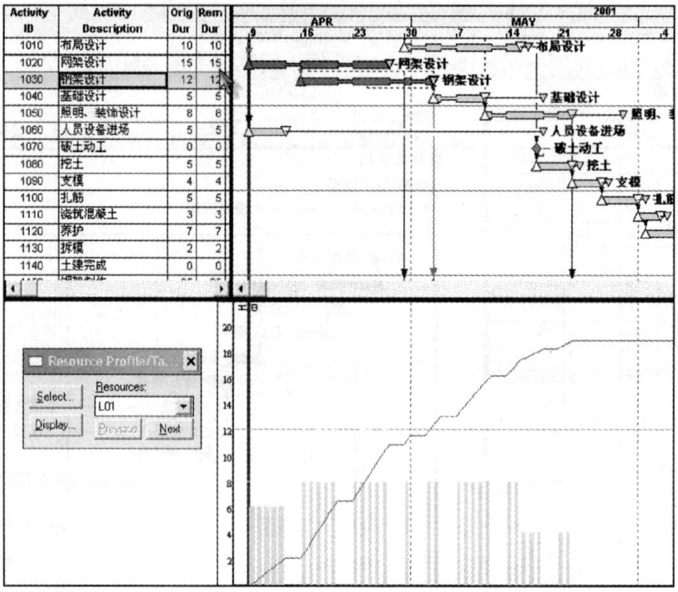

图 7-26 经过资源平衡后的情况

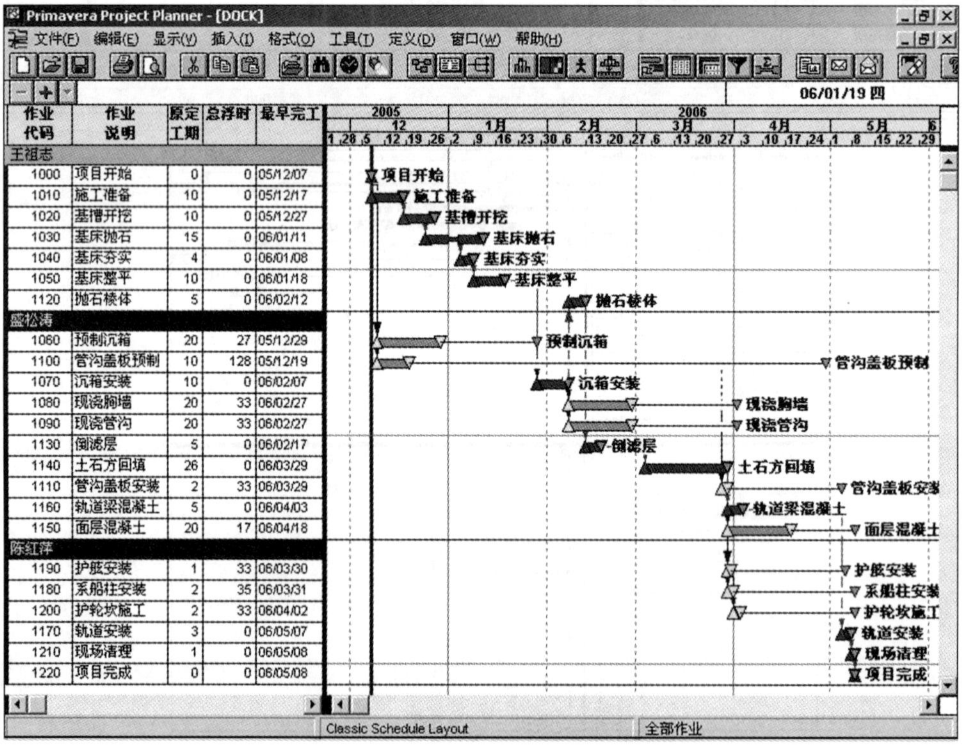

图 7-27　按照责任人分组的横道图

任人分组的横道图,图 7-28 是按照承包单位分组的单代号网络图,图 7-29 为按最早时间生成的项目按周发生的费用直方图和费用累计曲线(S 曲线)。

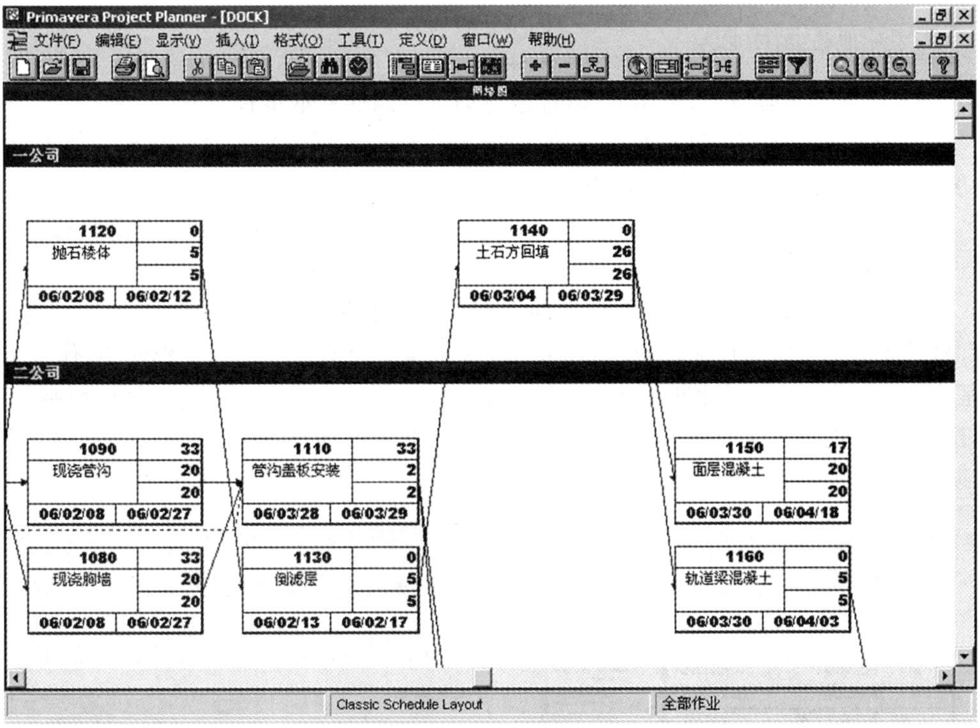

图 7-28　按照承包单位分组的网络图

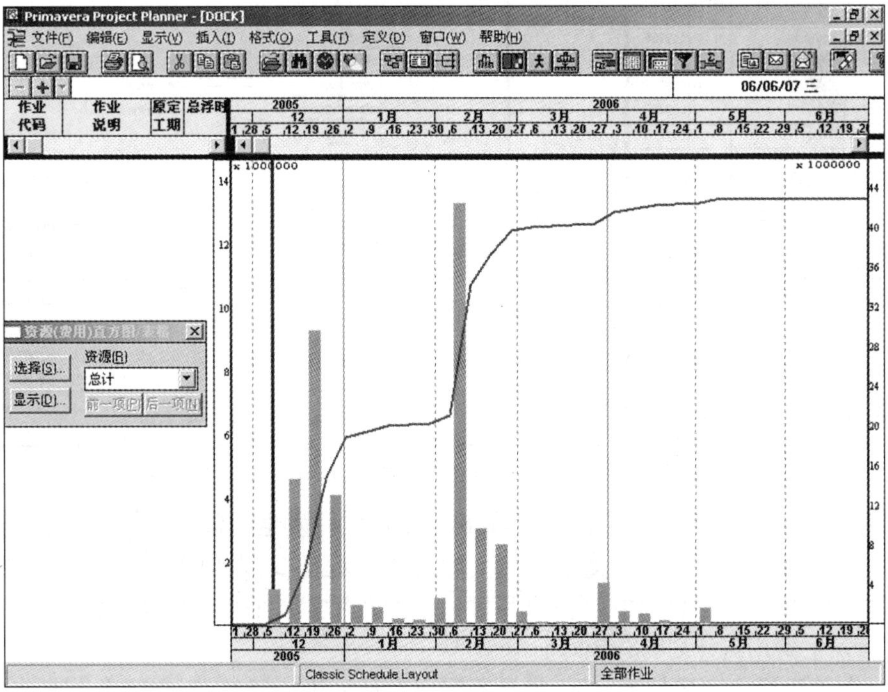

图 7-29　按最早时间计划的项目周费用图

二、实施控制阶段

进入计划实施阶段后，采用 P3 软件进行动态控制的基本步骤如下：

（1）根据事先确定的现场数据反馈周期（即计划控制周期），按时收集现场数据，包括进度数据和资源消耗数据，并将这些数据输入 P3 软件。

（2）将实际进度与目标计划进行比较，并根据工程实施情况确定是否需要对目标计划进行调整。

图 7-30 是本工程项目在第 3 个控制周期结束时实际进度与目标计划的进度横道比较，每组横道下方的是目标计划，上方的是实际进度。可看出在已开工作业中，作业 1030“基床抛石”超前于目标计划，而作业 1060“预制沉箱”工作和 1100“管沟盖板预制”落后于目标计划，但由于这两项工作不在关键线路上，有较长的自由时差，所以不影响工程总工期，整个工程进度仍然超前于目标计划 2d 时间。所以原计划不需要进行调整。

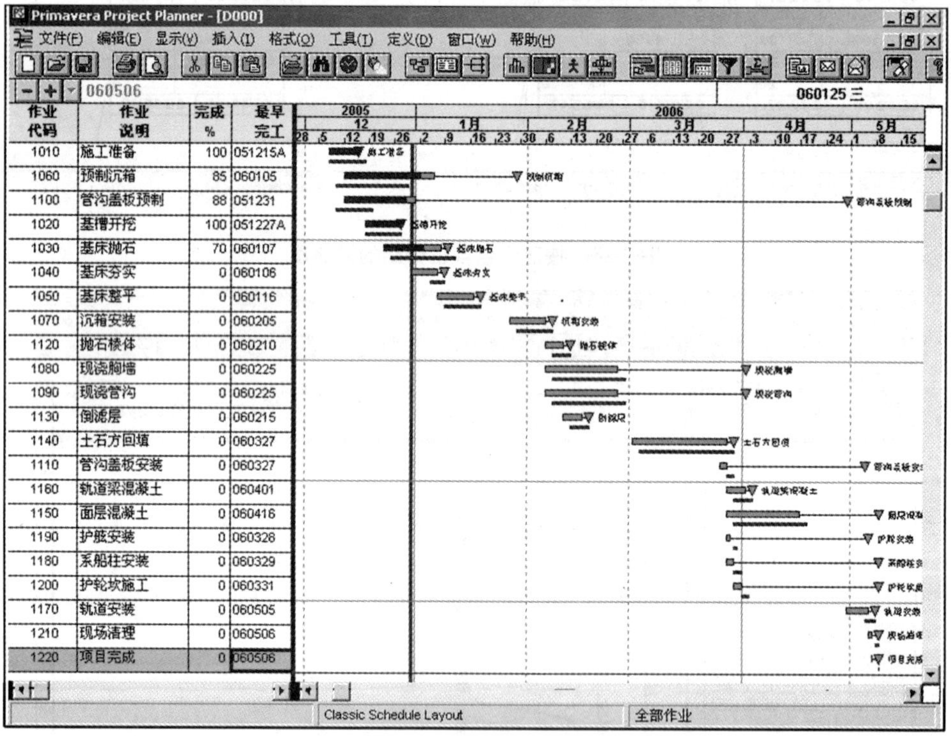

图 7-30　第三个控制周期结束时实际进度与目标计划的进度横道比较

同时 P3 还可根据完成的工程量，计算出到目前实际发生的费用和未来预计需要的工程费用，并与目标计划进行比较。图 7-31 即为本工程前 3 周实际发生费用（直方图所示）、费用预计累计曲线（实曲线所示）和目标计划费用累计曲线（虚曲线所示）。可看出工程实际发生费用与计划吻合较好。

（3）在工程尚未完成的情况下，如果不需要对计划进行调整，则直接进入下一个控制周期，即回到第一步；如果需要调整，则需以基线计划为基础，下发新的目标计划，在下一个控制周期中采用新的计划，直至整个工程完成。

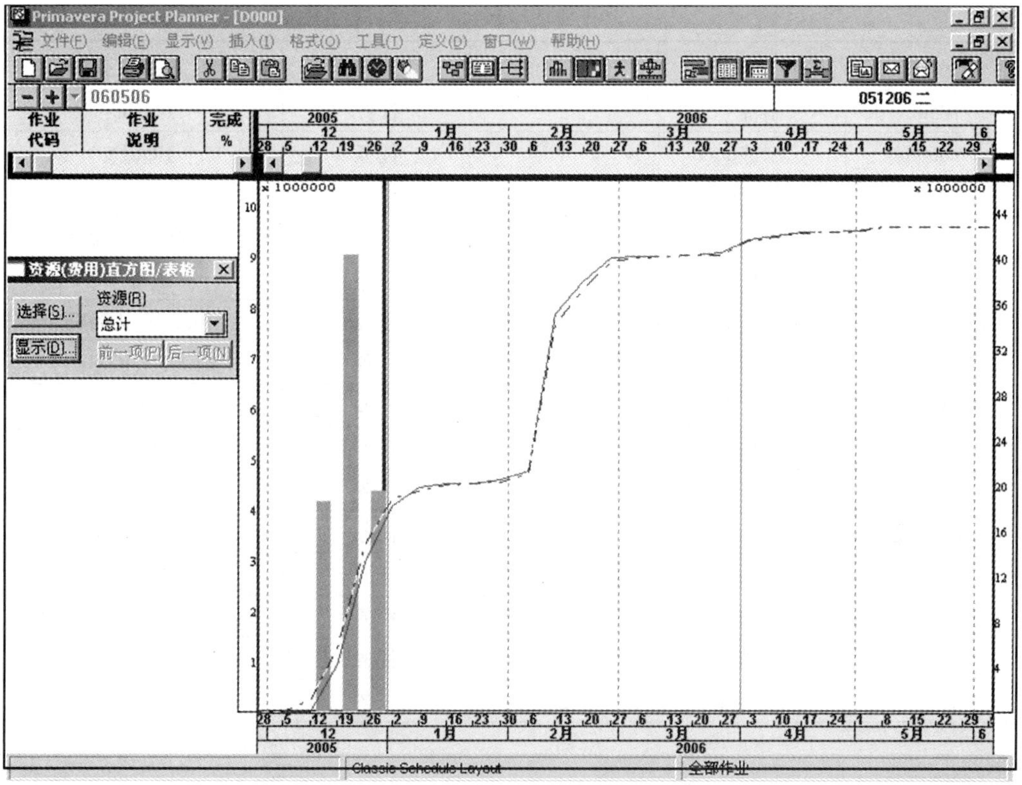

图 7-31　前 3 周实际发生费用与费用累计曲线

上　机　实　验　题

1. 建立新工程。工程基本情况如下：

工程代码：GZMT　　工程名称：某高桩码头施工

公司名称：某航务工程公司　　开工日期：2006 年 12 月 1 日

完工日期：工程必须在 2007 年 2 月 10 日前完成　　计划单位：d

每周工作天数：7d　　每周开始于：星期一

2. 增加工程作业及作业逻辑关系。

(1) 按照作业清单（见下表）输入作业基本数据（虚拟数值）；

(2) 进行进度计算，数据日期为：2006 年 12 月 1 日。

作业清单表

作业代码	作业名称	工作时间	作业类型	紧前作业
1000	项目开始	0	开工里程碑	
1010	施工准备	6	任务	1000SS
1020	预制梁板准备	3	任务	1010FS
1030	预制梁板 1	20	任务	1020FS
1040	预制梁板 2	20	任务	1030FS

作业清单表(续)

作业代码	作业名称	工作时间	作业类型	紧前作业
1050	制桩 1	8	任务	1010FS
1060	制桩 2	8	任务	1050FS
1070	挖泥	2	任务	1010FS
1080	打桩 1	2	任务	1050FS、1070FS
1090	夹桩 1	2	任务	1080FS
1100	打桩 2	2	任务	1060FS、1080FS
1110	夹桩 2	2	任务	1100FS、1090FS
1120	桩帽 1	2	任务	1090FS
1130	桩帽 2	2	任务	1110FS、1120FS
1140	抛石准备	2	任务	1010FS
1150	抛石 1	5	任务	1140FS
1160	抛石 2	5	任务	1150FS、1100FS
1170	上部结构 1	4	任务	1120FS、1030FS、1150FS
1180	上部结构 2	4	任务	1130FS、1040FS、1160FS
1190	收尾工程	2	任务	1180FS

3. 进度优化。根据第 2 题进度计算结果和第 1 题限定的完工日期,对工程进度计划进行优化。